体育人文译丛

丛书主编　曹卫东
执行主编　田　慧

01

Sportsoziologische Aufklärung

Studien zum Sport der modernen Gesellschaft

Karl-Heinrich Bette

体育社会学启蒙

现代社会体育运动研究

[德] 卡尔－海因里希·贝特　著
陈　燕　译

北京体育大学出版社

策划编辑　王英峰
责任编辑　潘海英
责任校对　陈建峰
版式设计　联众恒创

北京市版权局著作权合同登记号：01-2020-7128
Sportsoziologische Aufklärung. Studien zum Sport der modernen Gesellschaft；Karl-Heinrich Bette.

图书在版编目（CIP）数据

体育社会学启蒙：现代社会体育运动研究 /（德）卡尔-海因里希·贝特著；陈燕译. -- 北京：北京体育大学出版社, 2020.9
（体育人文译丛 / 曹卫东, 田慧主编）
ISBN 978-7-5644-3256-0

Ⅰ. ①体… Ⅱ. ①卡… ②陈… Ⅲ. ①体育运动社会学 Ⅳ. ①G80-051

中国版本图书馆CIP数据核字（2019）第239505号

体育社会学启蒙

现代社会体育运动研究

TIYU SHEHUIXUE QIMENG
XIANDAI SHEHUI TIYU YUNDONG YANJIU

［德］卡尔-海因里希·贝特　著
陈　燕　译

出版发行：北京体育大学出版社
地　　址：北京市海淀区农大南路 1 号院 2 号楼 4 层办公 B-421
邮　　编：100084
网　　址：http：//cbs.bsu.edu.cn
发 行 部：010-62989320
邮 购 部：北京体育大学出版社读者服务部 010-62989432
印　　刷：北京玺诚印务有限公司
开　　本：710mm × 1000mm　1/16
成品尺寸：170mm × 240mm
印　　张：13.5
字　　数：212 千字
版　　次：2020 年 9 月第 1 版
印　　次：2020 年 9 月第 1 次印刷
定　　价：158.00 元

前　言

本书精选了有关现代社会体育领域的研究成果，旨在探讨自19世纪中叶以来，基于经验提供和行为模式而越来越受关注的一门社会学学科。由于在体育的独立性及其社会用途产生之后，出现了一些引人注目的现象，所以本研究将另辟蹊径，以全新的社会学视角审视并描述这些独特现象。在开始分析之前，本书将回答一个表面上看似老生常谈的问题：为什么全世界数百万的观众、读者和听众对竞技体育运动充满了热情？为避免受一般理论猜想、心理暗示或人类学假设所限，本书将采用典型的社会学方法拓展研究范围，并辅之以一种在身体、心理和社会范畴内持续作用于人类生活及以特殊方式影响人类生产需求的变量，即以功能为导向的现代社会分化矩阵和离心动力。本书将揭示前人未曾关注的重要联系，阐释关于体育受众和观众动机的理论模型：体育对自身规则和组织形式加以区分，通过国际化和媒体传播，成为社会的第一子系统。在这方面，事实证明，体育主要是一种与语言无关的、可以身体感知的运动行为系统，并能以现代化的方式包容被社会排斥和被边缘化的事物，无须对被忽视或丧失的需求和动机进行粗略补偿。从这个角度看，体育可以被比喻成一种“寄生文物”，在社会从分层到功能分化转变之后，体育可以从人的经历和行为产生的利弊中获益。现代性矛盾的双重基础解释了体育摆脱了与其他社会体制——特别是宗教、教育、医学、政治和军事——错综复杂的纠缠后，作为一种社会文化现象达到的稳定状态。追溯现代以前（中世纪及以前）的身体、游戏和运动实践，体育清楚地显现出其自我指涉性，并将自身建构为一个社会系统，不仅能让大多数社会成员主动参与运动，而且能吸引他们被动地进行娱乐。

第一章重点阐述在社会转型过程中，体育的多重参与及其影响。例如，人们能公开参与体育运动，是在现代通信和交通技术基础上得以实现的。不论来自何方、处于何种地位，人们都可以在闲暇时间参与大型体育比赛，并通过媒体实时了解远在大洋彼岸的赛况。观众观看或听众听到的竞技体育运动的行为，具有高度的现代化特征。一方面，具有以胜利为最高准则，为成绩排名竞争，标准化培训专业运动员和教练员，组建体育组织，商业化、合法化和科学化的特征；另一方面，社会现代化进程也激发了人们通过观看体育运动进行娱乐和消遣的需求，这种需求超越了日常生活和行为惯例，试图弥补人与人之间无法消除的距离感、情感压抑、群体性缺失和自我人格的断裂。人们越来越关注跌宕起伏、激情四射的体育赛事，期待体育明星的出现，向往运动带来的群体凝聚力，由此我们可以反观现代社会理性化的程度，以及社会变革引发的附带效应对日常生活产生的广泛影响。相比之下，在人性、身体及集体惯例和组织流程之外，竞技体育还为人们提供了获得另一种生活体验的可能性，这种可能性还并未被现代社会功能分化无情地碾轧。人们喜爱和珍视竞技体育，因为它有别于其他社会活动。然而，为逃避千篇一律的世俗生活而建立的社会“飞地”，有时也不免落入俗套，被陈陈相因所腐蚀，失去创造力，这种矛盾只有从组织层面才能解决。赛场与看台的分离，充满悬念的开放式竞赛，担任交流和评论的角色，提高人们参与度和热情的专业媒体等，都有助于打破悖论，一扫大众生活的沉闷。

第二章重点围绕体育明星的相关内容进行研究，为明星崇拜提供重要见解。明星崇拜这一主题，在分析人们对于体育的热情动机时，必不可少且意义重大。如果能够了解当国内运动员赢得奥运奖牌或世界冠军时，在国家的庆祝狂欢中，观众如何从情感控制到激动狂喜，了解他们为何纷纷走上街头和公共广场为体育明星庆祝，欢声如雷，那么就可以明白这种集体崇拜仪式和尊重究竟意味着什么。人们如此激动，究竟是在庆祝什么？显然，庆祝的不只是运动员千里迢迢带回国的“战利品”或让世人瞻仰的奖品，而是在体育运动的行为者和观察者集体建立的想象中产生的荣誉、身份认同和大众的参与感。最主要的是：在这个人们为体育明星集体欢呼庆祝的社会中，我们究竟能得出哪些结论？为什么恰恰是运动员而不是商业领袖、政治家、牧师、科学家、士兵或普通志愿者，能够在公众的话语权中牢牢占据垄断地位，获得超越一般社会形象的地位？为了从适应复杂性的角度回答这些问题，我们将首先研究，对促进竞技体育晋升为现代社会明星体系起到决定性作用的框架条件和呈现形式。人们需要不断观察，通过关注和后续交流，基于现有的对照标准对人物进行比较和排序，最终才能宣告谁获得明星的称号，同时，明星也是外界颂歌般的溢美之词。因此，接下来有必要对体育明星史中的人物进行叙述，并为在竞技体育比赛中戴上可以快速识别的“角色面具”、作为个人主题渗透到社会传播全景中的各种明星类型命名。显然，在功能差异化的社会中，专注于竞争、胜利和成绩表现的竞技体育是能够以无害的、为社会广泛接受的方式，产生明星的社会领域之一。正是因为它在社会功能领域中并非必不可少，并且对社会的再生产基础没有任何重要意义，才使人们可以尽情发挥竞技体育促成共识和身份认同的明星塑造作用。体育明星很少会利用金钱、权力、真理或信仰刺激和分化他们的观众；相反，他们通过卓越的身体、心理和战术令观众深深折服和着迷。

在讨论了模范社会人物和集体明星崇拜之后，本书第三、四章聚焦于探明促使人们用健康甚至生命去冒险的心理状态和内在动机。极限登山者、极限冲浪运动员、超级马拉松跑者、自由潜泳者、自由滑雪爱好者或低空跳伞运动员等跨界和冒险艺术家，常常有意识地、主动地去直面自然规律的挑战，以便考验和证明自己。在第三章和第四章中，我们将对这一现象进行清醒的、超个人的社会学探讨：这些具有潜在自我危害的做法能够缓解社会现代化进程引起的哪些心理、生理和社会问题？有关冒险家和风险行为行动者们对追求恐惧、独特性、确定性、活力、身心合一的自我体验，以及对于空间和当下时刻感受的陈述表明，如果人们不仅将极限运动与人类本能、冲动、基因、激素控制水平、儿童早期创伤、人类学规律或自主心理状态相联系，而且将其归因于现代社会的丰富性和多样性，那么人们将会看到功能分化的影响和不同生活世界的合理化。

第五、六章是在三个个案分析中呈现的问题领域：兴奋剂现象，它对体育运动具有系统性的破坏影响。越来越多的体育观众将竞技体育视为“注射器运动”，而且不愿再忽视普遍存在的越轨行为，这就导致体育的良好声誉岌岌可危，并且相关参与者的资源分配也面临被暂停或大幅减少的危险。在那些频频爆出兴奋剂丑闻的体育项目中，其系统和客观环境关系的发展已经充分显现出兴奋剂对整个体育界带来的严峻后果。随着近年来丑闻频发，一些主要赞助商已经对专业自行车团队全面撤资，以免受到媒体头条负面报道的牵连，而且是在没有获得相应“投资回报”的情况下不得不撤资。一些历史悠久的经典自行车比赛也已经被叫停，这项运动因兴奋剂丑闻而劣迹斑斑，得不到预期的宣传效果，市政当局和当地金融投资者不愿再将稀缺的资金投入其中。因此，国家运动员效力于本国专业体育队的机会大大减少，造成国家自行车运动专业化程度大幅降低。同时，公共电视也已经或即将退出大型赛事的现场报道舞台，这对竞技体育和商业之间的关系造成了关键性的影响。在其他体育项目中，类似的情况也开始陆续出现。如果国际协会仍然不遵守欧洲动物福利法规的严格标准，传统马术比赛的主办方将面临公共媒体有可能不再参与电视报道的窘境。如果主办方不允许对运动员进行严格的药品抽检，那么职业拳击领域也将面临同样的威胁。

第五～七章开始以一种二阶社会学观察方式对兴奋剂现象进行分析。兴奋剂现象该如何被审视和重构？对这一问题进行澄清是重要且必不可少的，因为应对兴奋剂使用问题在很大程度上取决于组织化的体育运动和重要的体育环境行动者如何观察和描述该问题领域，以及他们组织反兴奋剂措施的知识基础。事实证明，在体育、法律、教育和大众媒体领域对使用兴奋剂的个人化和单一化处理已成为这个问题的加剧因素。在当前的讨论中，兴奋剂违规几乎完全归因于个人的不当行为。因此，人们使用一种技术来简化对该违规情况复杂性的理解，减少了对兴奋剂现实性的分析渗透，更多的是对组织化运动进行潜在保护。体育、经济、政治、大众媒体和公众等多方行为者参与体育运动的影响将被持续忽略，而经常听到的阻止幕后操纵者的呼声，也只不过是一种对导致兴奋剂使用行为的深层结构动力的习惯性忽视，是以过于简化的基于个人特质的方式去打击兴奋剂问题。而与上述幕后黑手和个人层面相对应的、有组织的体育运动所采取的将兴奋剂作为一种非法行为来消除的举措均不奏效。在耗资不菲的体育项目中，所有试图以伦理道德论证胁迫运动员抗击“邪恶势力”，或通过加强对其越轨行为的控制，以劝阻他们使用兴奋剂的行为迄今为止都失败了，因为正如在第六章中阐释的那样，兴奋剂在竞技体育的微观层面上，被用作对抗运动员身份带来的典型人生风险的多用途武器。从宏观和中观层面来看，兴奋剂也似乎是一种意外现象（第七章），它通过相关行为者之间的纠葛顽固地存在于当代社会，并在结构上不断革新重现。这一非法程序和手段的使用所显示出的持续性和顽固性表明，在竞技体育中，无法从个人的行为意图中直线推断出来的超个体动力处于主导地位。

本书中提到的关于全球运动热情、体育明星社会学、冒险和极限运动的各种动机以及兴奋剂问题的研究都旨在阐明当代社会背景下存在的体育表现形式。在第八章中沿着这一视角我们把目光投向了比纯个人、纯数据或者面向自然的研究更为复杂和多变的体育现象。因此，在理论社会学的帮助下，我们可以将体育作为世界的组成部分，用一种令人耳目一新的方式进行阐述和总结，尽管体育广受公众欢迎，但在许多领域仍然是不透明的。毕竟体育运动的主要观察者，即体育公众和大众媒体，在运动场馆出席比赛活动，用泛滥的文字和图像等报道它们时，并没有产生科学分析的兴趣。简单地说，有些人只是想要享受乐趣；而另一些人则是追求信息传播、获得关注，提高自身的收视率和发行量。所有这些都是合法的，并深深扎根于当代社会的社会结构中。但是，这并不意味着在学术层面要对观众或媒体发表的见解感到满意。相比之下，我们有许多理由使用社会学理论进一步研究体育、体育的观察者及参与者。因为现代社会很显然通过将体育观众和参与者划分开，并通过其功能分化原则和长期隐藏在参与者背后，应对成就和问题（Bette，2010）。就这一点可以提出一个重要的呼吁：谁想要在社会学评判框架内全面提出现代性这个概念，一定不要忽略体育！

然而，体育社会学启蒙不仅要分析体育的不同表现形式和用途，更需要将其启蒙事业扩展到向公众发布体育诉求的有关当局。换句话说，体育社会学启蒙必须使自身成为一个重要主题，并在其观察和描述中不断反思和循序渐进。这种行动方法是必不可少的，体育社会学这样的学科已经在体育中产生了影响，因此这个社会领域不再被视为一个完全没有科学性的领域。体育社会学会影响跟体育直接相关的学科，甚至会起到引领和控制的作用。只要想一想体育语言的“社会科学化”、向体育教师和教练员传播体育社会学知识、由于体育社会学对兴奋剂和流氓行为的研究激怒了相关体育人士，以及通过委员会报告和现状分析在组织性体育运动中得出的经验性数据等就会明白这点。因此，第八章将把体育社会学置于分析中心，对体育社会学启蒙进行澄清和解释。

卡尔－海因里希·贝特

德国达姆施塔特，2010 年 11 月

目 录

第一章　体育热情与社会

竞技体育是当代休闲和娱乐文化不可或缺的组成部分。奥林匹克夏季和冬季运动会、足球世界杯、环法自行车赛、一级方程式锦标赛、大满贯网球赛或各种球类运动的联赛等，通常都会牵动数百万观众的心弦。对很多人来说，竞技体育不仅是一项消遣活动，体育活动的节奏还塑造了广大观众的生活方式和时间分配方式，以致当德甲暂停或者奥运会闭幕式结束时，少数观众出现"戒断反应"或产生忧郁情绪。对于许多人来说，到体育场观看、在电视屏幕前收看、通过收音机收听或在日报上阅读与体育运动相关的信息已经成为一种重要的生活习惯，而相关体育运动信息的缺失对这些人来说将是一种损失。这种流行体育活动直接通过重大事件在观众群体中引发的反响，最初曾经导致了一些文化批评者使用成瘾疯狂、疾病和异化等词语来解释那些对他们来说难以理解的运动热情。但这种解释几乎无法让人信服，因为它未能认真地看待观众的需求和表达方式，而是以一种全知优越的姿态进行批评。观察者关于观众说得很少，但关于他们自己说得很多。他们话语的潜台词指出了身体和运动、乐趣和奉献及集体行为现象的问题。对体育运动中观众这一角色一概而论的人，会对这一全球性现象的分析以一种令人难以接受的方式缩减为他们自己政治变革的愿望。最重要的是，这种以责备和抵触的方法无法在理论上明确解释公众动机，也无法引发和长期保持该公众动机。

在体育热情方面，不仅要看到体育运动有趣的一面，还要看到社会对体育赛事的强烈需求。在群众获得的乐趣中，社会学观察者能够首先敏锐地觉察到社会现代化进程带给人们的影响。因此，下文不仅要弄清楚体育观众对竞技体育产生兴趣及不断保持兴趣的动机，同时，对体育观众动机的解释，也要考虑到当前社会压抑和损失的情境。由此，观众对于体育兴趣的动机就可以基于这些对于时代的判断评估推导出来。在此基础上，还有一些后续问题：观众为什么愿意打开电视看两支球队追逐争抢一个球、田径运动员围绕体育场跑圈，或者自行车运动员自虐般地在城区和山林中骑行几千公里？是什么样的社会条件让人们产生这种本不可能真实存在的热情？促成这种热情产生的社会条件目前还没有进行过主题化讨论。因此，这个在理论方面被长期忽视的领域在本书中终于得到关注。在早期的体育科学反思著作中，关于当代体育运动的热情问题并未引起太多的重视。体育医生主要研究运动员的身体，体育教育者试图将体育专业在学校合法化并提升它的价值，教学法研究者则关注如何学习和传授运动技能，生物力学家研究如何优化体育运动。也就是说，所有学科都对体育运动的某一方面感兴趣，而不是对观众感兴趣。同样，在所谓的“终身运动”或“全民运动”的社会学研究中，观众、读者和听众也直接被遗忘了，这是令人惊讶的，因为观众的动机通常都非常稳定而且能维系终身。

下面的情况增加了近年来对体育观众的研究兴趣。首先，随着体育逐步商业化和媒体化，大学内外已经出现针对体育受众的实证研究。不仅是媒体公司，赞助商也想了解哪些人会打开体育频道收看节目，怎样才能最好地获取他们的目标群体。这些研究结果往往不会进入公众视野，因为研究的委托人不愿看到自己的竞争对手免费使用他们资助的研究成果。委托的研究涉及的关键问题有：第一，谁出于什么原因在何地观看什么类型的体育运动？该如何赢得这些观众？第二，在重大的体育赛事中，有些体育迷的表现非常激进，而人们长期以来对观众的动机了解得不多。为了控制和监管足球流氓行为，有必要阐释驱使体育迷做出反常行为的实际原因。在这一方面，诺贝特·埃利亚斯（Norbert Elias）、埃里克·邓宁（Eric Dunning）和“莱斯特（Leicester）体育社会学派”的文明理论研究对足球观众行为的分类做出了贡献。第三，体育心理问题——哪些因素决定运动成绩？观众能否影响运动场上的结果？（Beckmann，1991；Strauß，1994）球队在客场和主场比赛是否有区别？体育观众是否有内心得到净化的体验？第四，近年来社会学研究在体育运动中观察到的兴奋剂现象（Bette et al.，1995a，1996b）。如何能解释时至今日都无法解决的、在国际和国内所有体育项目中普遍存在的这一偏离标准的现象？显然，兴奋剂使用是竞技体育在不同利益的交织下反复出现的一种状况（参见第七章）。在这种错综的关系中，体育观众成为无组织的群体，他们对于体育成功和自我代入幻想的无节制追求结构化地促使运动员使用兴奋剂。基于上述考虑，体育观众对那些对竞技体育感兴趣的行为者所具有的战略意义就变得很清晰了：公众不感兴趣，经济、政治和大众媒体就不会对竞技体育感兴趣。如果公众对竞技体育不感兴趣，就看不到运动员的汗衫上、汽车上和围栏上的公司标识，接下来就不会做出相应的购买决定，那公司为什么要去赞助那些协会、俱乐部和运动员？如果电视台达不到相应的收视率，他们为什么要斥巨资播放体育比赛呢？体育观众被看作是在运动中决定其他社会参与者利益的关键群体。竞技体育作为一项重要的因素出现在政治行为者的荧屏形象中，这个事实一方面表明国家政治的重要性的丧失，另一方面也显示出政治行为者因竞技体育的可见性而对其表现的高度重视。第五，近年来，一些分析社会功能系统和社会现实的研究，将体育观众作为研究对象，但没有合理定出并有力回答观众的动机问题。鲁道夫·施蒂希韦（Rudolf Stichweh，2005）将竞技体育和体育观众看作是分别独立的社会系统。尼科尔·布尔赞等（Nicole Burzan et al.，2008）研究了部分系统性的包含关系，通过实证研究注意到公众在体育运动中的角色。克里斯蒂安·艾森贝格（Christiane Eisenberg，2008）回答了足球成为世界性事件的特征问题。托比亚斯·维罗恩（Tobias Werron，2010）在鲁道夫·施蒂希韦（Rudolf Stichweh）的研究基础上对“世界体育及其观众”提出了质疑，用棒球的例子证明其言论存在实质性的错误，认为这项运动150年来一直没能成功成为一项受到全球推动和喜爱的运动项目，因此更适合作为世界体育失败的美国化的例子。

接下来的章节不再分析研究体育、观众和社会主要参与者之间的主要参与人—委托人的错综关系，而是更进一步从社会和差异化的理论洞见中推导出最重要的公众动机，由此解决那些在观众背后驱动其产生情感及刺激其采取行动的变量。这一研究方法未考虑到观众对其热爱的体育运动具有不同程度的热情的关联问题，也未考虑观众的年龄、阶层和性别，以及现有的国家偏好和声誉等问题。虽然奥运会或世界锦标赛等重大赛事一再引起全球反响，但观众、读者和听众的兴趣通常主要集中在本国具有优势的体育项目和团队上，或者主要关注那些在国际体育领域已取得成功或有希望成功的运动员。

总体而言，体育观众必须首先学会长期对竞技体育保持热情。自 19 世纪中叶以来，人们对体育的热情已经有了巨大增长。一方面，这种增长与体育能够激发观众的兴趣和热情的戏剧性魔力有关；另一方面，热情的增长也反映了现代化进程带来的变化——关键词：工业化、运输和通信机械化、城市化、组织形成和官僚化、农村人口向城市迁移、工作和娱乐的区分、性别角色的反传统化、抑制繁重的体力劳动、缺乏运动——塑造了发达的工业社会中的个人经历和行为。随着机会结构的改善，如今社会几乎能够 24 小时满足观众多种多样的观看比赛的需求。显然，人们因此越来越迫切地希望能够在工作和亲密关系外从事一些非必需的活动，享受乐趣。

体育观众被划分为专门的研究对象，很大程度上得益于技术的革新。如今火车、汽车和飞机技术日益成熟，人们可以从天南海北来观看体育比赛。现代通信和存储技术的发展——从电报、报纸、广播到电视和互联网——让人们能即刻了解到地球另一端举行的重大体育赛事（Betts，1953；Bette，2010）。可以说，全球各地的观众都能参与体育运动以及体育的国际化——正是因为技术发展取得的成就而得以实现。体育比赛的特点是，它们在发生的那一刻就几乎同时消失——不留任何痕迹，只有借助语言、文字、图像和声音及相应的播报技术，体育比赛的赛况才能保存下来，并通过直播或者录播的方式传达给不在现场的人。观众了解竞技体育，首先是通过大众媒体。即使是那些经常去体育场观看德甲比赛的人，也必须通过报纸、电视或电台来了解其他联赛的信息。那么到底是什么激发了体育观众对竞技体育的兴趣呢？观赏性体育有望解决观众的哪些需求？

一、紧张刺激和不确定性

现代社会产生了相互矛盾的效应。一方面，组织机构通过一种可预期的方式提供特定的服务，改善人们的生活方式。常规化、官僚化和福利化减轻了人们必须亲力亲为的负担，从而使人们产生积极的安全感和信任感，能够从容自如地行动，不必对未来产生恐惧感。另一方面，安逸的生活引发了现代社会无聊症。诺贝特·埃利亚斯（Norbert Elias）和埃里克·邓宁（Eric Dunning）（1970）在关于欧洲文明进程的影响的研究中发现，在个体行为者的层面存在一种“在低压社会中寻求刺激”的状况。换句话说，体育运动以一种微妙的方式获益于文明标准的执行和传播。当今社会通过结构化组织塑造可预见性，将风险最小化，而体育竞赛可以人为制造紧张刺激的体验，对于大众来说具有很高的娱乐价值。因此，竞技体育也被看作是对抗现代社会的无聊和一成不变的社会利器。无论是足球、篮球、手球、摔跤还是拳击，或者其他任何联赛，不仅仅涉及运动成绩、竞争和等级利益，同时也表明人们对多样性、刺激和打破常规的需求。人们能够以观众这一角色作为外部观察者参与社会冲突。作为组织行为者，体育协会通过行政监管、具象化和角色专业化等手段为到场的观众安排和呈现竞争性的活动，让绝大部分无法到现场的观众享受体育的乐趣。

观众的情绪不断地在紧张和放松、欢乐和悲伤及希望和失望间摇摆起伏，这种体验正是体育特有的戏剧性魔力，它让观众全身心地投入正在发生的活动中。观众在观看运动员化解场上危机时，会忘记自我和生活的艰辛，从而达到忘我的状态。陷入“战斗的热情”时，重要的只是体育运动发生的此时此刻，而不是人们作为观众在赛场外要面对的日常问题。紧张刺激的产生并非偶然，而是在公开竞争的原则下体育运动的胜败规则和参与者形式平等的产物。

以胜利或失败为导向是竞技体育的核心指导方向。在这种二元价值方案基础上，从无数个行动可能性中做出高度凝练性的选择，其他的价值方案不予以考虑。根据这种二元对立逻辑，每个角色并非着重凸显自身，而只是通过否定其他价值来获得意义。在一场比赛中，只有在确定别人的失败时，运动员才能获得胜利。换句话说，没有输家也就没有赢家。因此，竞技体育的观众既能分享胜利者的喜悦，同时也分担失败者的失望。当今社会中，差异化导致个体事实的评价模糊不清，而比赛具有直观鲜明的引导性，因此，体育参与者能够通过技术手段始终保持和捍卫比赛带来的精准的确定性。裁判的感官难以评判比赛结果时，摄像头和其他测量系统也可以判定输赢。比赛中获得第二名的人也总是第一个与胜利失之交臂的人。运动品牌耐克曾在 1996 年亚特兰大奥运会上将宣传标语张贴在奥运村对面，并且明确地表达了这样的逻辑：“不要为你赢得银牌而感到高兴，而要为你失去金牌感到伤心。”

除了胜败逻辑之外，竞技体育还存在另一种具有戏剧性的安排，也会让体育观众产生兴奋感：比赛结果的不确定性。一般来说，人们在比赛前都无法预知谁会获胜，竞技体育也因此总是充满悬念、胜负难料。即使参赛运动员或参赛队伍的实力悬殊，但按照重量级别、年龄和性别分组也能为比赛提供一种形式上的平等。如果人们事先就知道结果，比赛就会非常无聊。竞技体育的重要特点，就是结果的不确定性，直到比赛最后一刻才见分晓。在篮球或手球比赛中，往往要到最后1秒才决出胜负，欧洲杯或世界杯的加时赛点球环节同样如此，紧张和悬念会累积到让人窒息的程度。体育运动不分国界，都能让观众血脉偾张、心跳加速。兴奋刺激来源于未来向某个特定方向发展的期待，即使在比赛中看似结果已定，但在最后时刻仍有可能出现意想不到的反转，比如拳击比赛中的“幸运一击”或是篮球比赛中最后1秒的绝杀投篮。

依照规则开展的体育比赛和侦探小说或者恐怖电影这种虚拟世界产生的紧张体验不同，它的结果既没有提前商讨，也没有预先确立。如果人们第二天去电影院再看一遍紧张刺激的电影，或者重温一部侦探小说，就一定会发现之前没有注意到的细节。行为者的行为可以通过图片或文字形式确切地记录下来，并且在纸、胶片或其他媒介上存储和再现。读侦探小说的人，可以直接翻到最后一页了解故事的结局和凶手（Bette，1989）。因此，侦探小说的读者或电影观众要想获得紧张刺激的感觉，就只能严格遵照小说文本或编剧、导演的剧本，从前到后依次阅读文字或观看电影，而不是为了节约阅读或观看时间跳着看书或看电影，并且不提前去看未来发展的趋势。在体育比赛中，类似的官方剧本是不可能出现的，因为比赛结果的不确定性就是体育比赛的一部分。观众更愿意此时此刻在现场参与真实发生的体育比赛，获得同步体验。然而，体育比赛给观众带来紧张体验的前提在于，观众必须对规则、流程和竞赛思路有一定的了解。这就清楚地表明，即使要享受最为悬念迭起的体育比赛，也必须先进行学习。欧洲人第一次观看棒球比赛时，也不一定能感受到强烈的紧张刺激，而很多美国人也觉得欧洲足球非常无聊。因此，观众的刺激体验会受到各个体育项目判定输赢的规则方式的影响。有时间限制的体育比赛通常比没有时间限制的体育比赛更令人兴奋。

竞技体育一方面给观众带来兴奋、紧张，另一方面，它明确地无视其他根据种族、宗教、出身或是道德来划分和捍卫社会地位的分类标准。在百米赛跑中，赢得比赛的是跑得最快的运动员，而不是最漂亮、最富有或者是社会最底层的运动员。参与者拥有形式上的平等，只有合乎规则、准确测量的成绩记录才能计入比赛结果，现代奥林匹克精神等全球传播的理念因此能够很容易地实现制度化。观众在比赛中体验到紧张和热情，其重要先决条件就是原则上在场的观众不确定比赛的结果如何。通常情况下，体育对于观众来说没有任何利害关系，他们可以尽情地激动颤抖、狂喜地庆祝胜利或对失败大嚷大叫，而且，体育比赛本质上的不确定性为观众带来没有负担的享受，一种愉快的“刺激”，一种满足的当下体验。

但总体来说，这并不意味着当代社会中，紧张刺激只出现在体育运动中或者媒体建构的虚拟世界里，也并不是说它会完全被现代生活所取代。事实当然并非如此。只要打开日报，或者收看电视头条新闻，人们就会很快地发现，国内外每天都会发生大量惊心动魄的事件。就算忽略像战争、恐怖袭击或者自然灾害等重大负面事件，每个人在日常生活的典型情境中也经常会遇到紧张的局势、学生排名变化的恐慌、病人手术前的恐惧，或者对失业或社会福利减少的担忧。所有这些紧张感的表现形式都与心理压力和重要的生存状况有关。相比较之下，大众体育运动属于生活之外的消费文化，并非不可或缺，即便是本国德甲球队降级带来的痛苦也无法和失业及婚姻失败相提并论，球迷们也不会因为自己的球队输了比赛而丢掉工作。

由于竞技体育在本质上并非必要，因此它为人们提供了一种合乎社会规则的可能性，让人们能够打破日常生活的常规和局限，至少从充满压力的生活中短暂地脱离出来。竞技体育实现了紧张生活的“暂歇”，也正因如此，其存在的意义对于很多人来说虽与现实相矛盾，却极为重要。也就是说，正因竞技体育本质上对于社会生活并非不可或缺，而且无法达到政治、经济、法律或科学的重要地位，它对很多人——尤其是观众来说就拥有了短暂摆脱现实生活的意义。准确地说：即便没有竞技体育比赛，社会也可以保证其基础性再生产。如果从今天开始，所有的体育比赛都取消了，不再有奥运会、世界锦标赛和联赛，很多人无疑会出现严重的脱瘾症状。休闲娱乐行业中体育领域的缺失带来的损失也会持续地反映在资产负债表的损失中。

正如媒体反复报道的那样，竞技体育是“世界上次要事情中最重要的事”。也许这就应了几年前体育记者乌韦·普利兹（Uwe Priser）针对奥林匹克竞技体育残酷的商业化所发表的观点，体育运动——根据他的解释——变成了“世界上最不重要的大事”（《法兰克福汇报》，1996年9月28日）。

最后一个原因，体育赛事能够吸引大量观众，还因为胜败规则引起的紧张感可以通过货币机制再度编码而增倍。体育投注实际上是将竞技体育的力量转化为经济利益（营利和非营利）。下注的人不仅担心运动员、赛马、赛车和他们的排名，还担心自己下注的钱——他们要么输光，要么翻倍赢钱。体育投注吸引人们参与，就在于他们不需要自己取得成绩或付出就能够获得金钱。人们不用亲自去跑步、跳跃或飞奔，就可以参与到其他人的跑步、跳跃和飞奔活动中。除了用感官观察之外，个人仅仅通过赌注参与正在发生的比赛，他仍然是被动的观察者，由其他人决定他的输赢。这种经济和体育结合的产物常常会减轻自身压力，因此有时会让人们上瘾。

二、欲望和身体体验

现代社会通过科技发展显著降低了对人们体力劳动的需求。即便人们通过体育运动、健身保养或者美容护理提升身体的价值，也无法否认现代社会的运行越来越脱离人们的体力劳动。当下的常用语就足以解答身体为何失去重要意义，以及为什么运动员的身体运动对许多观众具有极大的吸引力：交通运输工具的机械化发展使人们可以自由自在地在空间内移动。现代人大多数都是久坐的人，即便是乘坐汽车和飞机行进，其实仍是坐在其中。随着现代大众媒体不断发展，不亲身处在同一个地点的人也能实现同步交流。工作环境的机械化也让繁重的体力劳动变得越发冗余——其结果是，自19世纪中叶以后，人们逐渐进入先进的智能化和脑力劳动的时代。

与日常生活中这种久坐不动的状态相比，运动员活跃在体育场或是荧屏上的身体就呈现出一种特殊性，可以称为一种过往的身体状态。由于运动员在优化身体机能和提高成绩的培训和竞赛方面花费了巨额费用，运动员可以被视为现代社会中最后一群以身体为导向的个人表现主义者。从这个意义上来说，竞技体育是一项巨大的社会支出活动，它戏剧性地炫耀、展示身体和心理上的过度浪费，并将其制度化。一场比赛中至少有两名运动员互相竞争，就是为了让感兴趣的体育观众消费。对于观众来说，三种以身体为导向的比赛时刻的审美体验尤为重要（Bette，Schimank，1995a）。第一种是风险性的身体美学：悬停的后空翻；以 120 千米 / 时的速度翻越水平杆或在滑雪比赛中的陡坡上做出某些特定动作。第二种是完美的身体运动和同步性的美学：一记漂亮的倒钩球，足球比赛中成功的传球，舞蹈运动中修长身体的协调，艺术体操中的身体、音乐和道具的完美配合或赛车中的人机配合。第三种是体育运动中的对抗美学：全力进行回击，拳击中的对攻、手球或足球中的贴身对抗。

体育特有的基于身体的美学和紧张感得益于其产生失败的可能性。运动员不仅会因为技不如人而输掉比赛，也会在运动过程中摔倒、绊倒、与其他运动员发生肢体碰撞、丢失比赛道具、因过度劳累而崩溃，或者在运动中没有发挥出预期的最佳水平。基于运动中不可避免的激烈对抗行为，体育比赛总是有失败的可能性。参加比赛的人都可能失败，并因为没有成功而感到失望。体育运动因此也与死亡有着一定的相似性。即使是最成功的运动员也知道他们的身体技能和内在动力在某个时刻将不足以让他们赢得比赛，而他们最终也将在某个时刻失败离场。

体育运动与文学、现代音乐或视觉艺术等众多艺术形式的美学形成鲜明对比，它减轻了强迫公众去反思和交流的压力。观众无须付出太多的思考和努力，就可以通过观看运动员的身体活动、赛车或射击、投掷或抛出物体，如球、标枪或铁饼等来直接欣赏比赛。观众必须能够“读懂”运动员的身体活动，以及他们在体育场内或屏幕上的运动顺序，并且直观地感受到运动员在比赛时广泛缺乏反思和交流，因为如果运动员在比赛时过多考虑要采取的策略和战术，就会阻碍自己运动的流畅性。观众可以通过感知身体运动的过程同步体验运动员的身体动作，甚至可以将被观察的运动员作为自己意识延伸的感官，将自己带入到对成功的幻想中。

观众在体育中还能系统地感知到，人们能够通过自身努力超越他人。现实中真实存在的人以个人或团队的形式一决胜负，他们并不是以虚拟的形体出现，而是“有血有肉”的人。因此，体育赛事以可预期的方式让人们有机会表现出各种形式的欲望。观众可以把眼光游移在运动员的肉体和身体线条中：注视拳击手或摔跤运动员发达的大块肌肉，或训练有素的游泳运动员紧实的身体。当运动员在运动中出现失误、事故和受伤时，观众“贪欲的目光”（Mattenklott，1983）总会不断适时地出现。运动员在竞争环境下有意识地冒险，进行高速旋转、猛然加速或者面对面身体对抗，就有可能出现脱轨、不平衡、和队友动作不同步的现象。赛车运动中的事故、滑雪下坡时的摔倒或球类运动中的犯规都会吸引不少观众走进赛场或者在屏幕前观看。在比赛现场，观众特别喜欢站在很有可能发生事故的赛道处。除此之外，体育理论迄今为止还忽略了以下欲望表现类型，即观众不仅观察运动员的身体、美感、成功、失败或错误行为，更多的人还会被视觉享受吸引。观众观察到一种存在模式，在这种存在模式中，人们给自己提供了一种他们在其他社会生活领域被否定的存在感。铁杆球迷挤在足球场南边或西边的曲线看台上，为球队欢呼或向对手和裁判大声喝倒彩，此时，人们处在一个具象和即时性的空间，这是人们在“培养”戏剧性的舞台或剧院里找不到的。在博物馆或剧院中，人们是默默地接受艺术熏陶。然而，在体育馆，当争夺战打响、人们互相叫骂宣泄时，当道德习俗被践踏、由一种粗鲁无礼的规则取代时，人们可以沉浸在随意性和直接性的表现中，并且公开或私下培养自己的同情心。对于那些在日常生活中缺乏热情、冷漠疏离的人来说，他们尤其能够通过观察支持竞争对手的体育观众释放的喧闹情绪体验到陶醉感，这与从大都会的街头运动和人群中获得的“震撼”体验一样。即便是足球比赛刚刚开始或已经结束，观众也能感到兴奋，比如两支竞争球队的拥护者相遇产生冲突，而且没受到警方行动的阻挠。

除了那些现场观众发生体育事故或者球迷打架的特殊情况外，体育满足了人们的一种渴求，它不会对个人造成危害，也不会让人产生愧疚悔恨。观众在体育场、大厅或者屏幕上能够看到其他观众，但并不会作为个体被他人关注到。集体性会让体育场内观众的个体性消失，使其去个性化。由于技术原因，屏幕前的观众和收音机前的听众仍然和现场保持着距离，他们无论是插嘴、中断还是模仿，或者伴随着评论做出手势，他人都不会得知。与那些交通事故的旁观者或者洪灾后到受灾地区游览的游客相比，体育观众具有的优势不需要受到道德谴责，因为他们可以正大光明地指出，自己其实是为了看体育比赛才来现场的，而不是为了看意外事故的。体育窥视者的行为因此也并不是非法的，因为那些他们要观看的人自己本来就要在公共场合露面。秘密窥视的要素就在于在官方允许的观看范围内进行窥视，但是在日常生活中这些是禁忌规定所控制和不允许的。

大众媒体的转播也激发了观众的欲望，并使这种欲望得以实现。在远摄镜头和定向麦克风的帮助下，观众可以看到和听到单纯用自己的感官无法捕捉的东西。因此，未经被观察的运动员同意，体育观众也能“偷看”到一些具体的细节。同时，某些体育项目似乎希望系统地满足观众的窥视兴趣，如网球运动员麦肯罗（McEnroe）在意料之中的脱轨或冰球运动中的“突发”争吵。在这些项目中，武力冲突成为一种计划好的呈现方式，运动员和球队利用这种方式引起社会对他们的关注，而且不少观众也都悄悄等待着它们的发生。如果不发生这类脱离常规的情况，则会被看作是损失，而不是体育公平的胜利。在新的协会规则下，像在女子沙滩排球或 20 世纪 80 年代以来的女子短跑比赛中，人们可以看到体育服装逐渐朝着色情化的方向演变，个体运动员和协会有意识地服务于大众的窥视欲望，引起缺乏社交的观众的注意力。人们通过武力和色情来唤醒观众的兴趣，并希望以此获得更高的收视率和赞助金。

三、明星崇拜和主观体验

人类的日常生活在很大程度上由现代社会的各种组织机构决定。从出生到死亡的整个过程，人们要与医院、中小学、大学、公司、行政机构和其他机构打交道，这些组织对个人进行授课、培训、教育、护理、隔离，或在其死后进行临床清洁。人们的行为边界主要由预先设定好的规则和规定决定。除了一些人们可以自愿选择是否加入的机构以外，像学校、就业单位或税务机构等，人们没有其他选择，只能遵守其规定。一般来说，在由组织决定的特定环境中，人们仅以狭隘的被限制的社会角色被感知和需求，因此要想在预期的行为义务之外额外引人注意，可能性相当低。这与人们在组织中通常只在观众和客户角色中才可能拥有重要性有关。人们虽然确实在采取行动，但是往往只是遵照指令，其他时候人们在行动中都会受到照顾、监督或以某种方式获益。总体而言，人们是在以可替换的个体出现在组织机构的布局中。一生中大部分时光都生活在这些组织机构中的个人，难免会有异化和自我否定的感觉。人们全部的自由都是通过制度的保障和组织的成效获得的，大多数自由在人们的闲暇时间实现，但对组织社会中的个体来说，自由会有逐步消失的危险。人们至少要学会如何有效处理这种由结构化原因产生的矛盾。

在这一背景下，人们可以通过观看体育活动参与到可视化和可呈现的个人或团体活动中，其中重要的关键词是明星崇拜。体育明星是非凡成就的化身。这些卓越的个人可以证明优秀的个性在社会组织结构中依然重要。体育明星是在最重要的时刻发挥作用改变大局的人，因此这一现象始终与现代社会主体消失的假设相反。因此，在体育明星崇拜中，人们崇拜的是自己生活缺失的东西：知名度、超凡成就、社会关注和认可，以及个人或集体行动的有效性。在当今社会中，人们通常由组织机构管理，明星这一社会形象的行为会作为代表性的行为给人们带来影响，后者可能在日常生活中不那么重要，很少受到关注和重视。明星们为自己的团队付出一切，在数百万人的注视下牺牲自己，使出力气、卷起袖子，消耗自己的体力和内在动力，从而超越公众对高成就的期望，因此受到人们的喜爱和欣赏。观众可以通过明星崇拜摆脱日常生活中的单调，摆脱“平衡的富裕社会”的常规性，至少暂时摆脱在身份认同过程中的畸形的平庸。

体育明星通过自己的努力，以某种方式取得成功，从而真实地向观众展示了成功的自主赋权方式，正因如此，他们受到粉丝的尊敬和爱戴。体育明星也为观众承担一系列象征性的表征功能：他们代表着自己的性别或阶层、地区、国家或民族。1954 年，德国国家足球队在伯尔尼取得胜利，让战后的德国人在世界大战失利之后获得了全球性的，尤其是胜利国一方的无歧视的关注，并因此让德国人感受到民族自尊。正如当代观察家所指出的那样，其成就价值相当于成功引入德国货币马克。当泰格·伍兹重新定义了此前一直由白人主导的高尔夫球场的成就标准后，他一下子就成为有色人种儿童和青少年的榜样。

体育博物馆、专为体育运动设立的“名人堂”、体育书籍、体育照片和体育电影，都观察、记录及铭刻着体育明星的非凡成就，让他们在身体机能衰退之前的辉煌得以永存。因此，体育偶像变成了准圣人的形象，人们允许他们犯错，但又认为他们在现实中实际上是不可能犯错的。正如社会学家利普（Lipp，1993）所说，明星魅力是一种与污名相反的存在，只有当体育明星侮辱他的崇拜者，自大无情地愚弄崇拜者，或公然采取不端行为使自己从神坛跌落时，才会再次变为负面形象。美国足球运动员辛普森（O. J. Simpson）的案例就可以说明这一点。

体育比赛提供了一种系统地制造和产生明星的方式，对观众来说富有趣味。胜利与失败之间的两极化导致了竞争，而竞争中可能会出现明星事迹。因而明星的产生并非预先计划的，而是在体育比赛的情境结构框架下产生的。明星产生的机会出现在那些运动员或球队突然超常发挥的罕见瞬间。一个通过熟练的防守让对方球队陷入绝望的守门员，或者一支通过自身努力追平看似无法赶上的处在落后局势的球队，他们最后胜利离场时，向观众表明——个人和集体的努力是值得的，可以实现决定性的不同结果。

因此，体育运动中的明星崇拜至少指出了三个参考点：第一，那些通过卓越成绩成为明星的运动员；第二，观众通过表达适当的崇拜和敬意的行为来确认他们的明星地位；第三，在现代社会，个人的行为在组织机构形成和集体化过程中凸显出来，从结构上为现代的明星崇拜提供了土壤。因此，观众不仅通过运动员的成就而"沉浸在荣耀中"，还反映出他们在现代化社会中对运动员明星主义的稀缺价值的认可和推崇。正如社会学家林德纳（Lindner）和布罗伊尔（Breuer，1978）于多年前表明的，鲁尔区的足球明星以一种理想的典型方式反映了工人为了在严苛的工作环境中生存下来，在煤矿或钢厂中工作所必须具备的素质：强壮、坚持、耐力、毅力、身体灵活、灵巧和不怕疼痛。"作为衡量工作量的体力活动也被用来评估职业足球运动员。"得到积极评价的运动员和观众在工作中感受到的职业道德尤为相似。足球运动员乌韦·泽勒（Uwe Seeler）是德国的国家偶像，直到今天仍然受到尊敬，因为他表现出市民美德；其所在协会和家乡的俱乐部表明，他拒绝转会到国外，没有去追求足球事业国际化的发展。他通过在俱乐部和国家队成功地进球而受到人们的尊重。

明星崇拜往往映射了观众的生活态度，通过观众对那些违背他们期待的运动员的反应可见一斑。如果足球运动员未尽全力，在对抗占优势的情况下反而过多地保守防御和懈怠，或者踢球时一副事不关己的样子，在比赛中就不会获得明星的地位，而会被当作是傲慢的不知天高地厚的家伙，"名不副实"。贝肯鲍尔（Beckenbauer）也是因其球技在世界杯和欧洲杯上收获赞誉，才真正成为国家明星。直到那时，大众才学会欣赏他的极简主义的比赛风格。有时，体育观众对明星的礼赞和崇拜也可能很快走到对立面，变成蔑视和仇恨。当球员不能满足观众的期待和融合了各种因素的幻想，特别是不能满足那些铁杆球迷的期望，甚至还令人震惊地摧毁他们的希望时，人们表现出的嘲讽、恶意的言语和哨声、嘘声、退场等负面行为都是作为足球明星要面对的代价。如果球员对观众发表蔑视和不尊重的言论，会让球迷彻底失去对球员的敬意。体育明星对大众的蔑视确认了这种不尊重。球员和球迷间的关系以前用于提升前者的声誉和稳定身份地位，现在则被赋予了不对称关系的意义，其中大多数人严格使用他们所掌握的权力手段。一个失望的观众确实可以剥夺明星刚刚得到的地位——下面的例子就是公众集体让明星降级的结果。

足球运动员米夏埃尔·鲁梅尼格（Michael Rummenigge）多年前曾接到球迷的电话，问他作为一名职业足球运动员，是否值得获得这么多，他回答说，一个像他这样好的足球运动员是罕见的，而打电话来的这位开锁匠却像海边的沙一样随处可见。经过小报的渲染，这一回答引发了球迷一连串的剧烈抗议。在对这一事件的回顾中，体育记者霍尔格·格茨（Holger Gertz）（SZ，1998 年 1 月 15 日）写道："第二天，他们的对话就出现在各大报纸上，一夜之间，全国的每个球迷都对这个对话烂熟于心。对于将在周末迎来他的下一场比赛的 20 岁的鲁梅尼格来说，一切都和之前不同了。当体育场的播报员念出他的名字的时候，上万人喊着'混蛋'，而当他传球时则会发出愤怒的嘘声。小混蛋鲁梅尼格逐渐变成大混蛋，对许多球迷来说，他在场上待的时间太久了。五年之后，他从拜仁转会到多特蒙德，那儿的人们每天都满怀自豪地去上班，体育场大门前聚集着开锁匠、垃圾车司机、矿工和其他各行各业的人。'因为之前的那番言论，有球迷针对我举行反对游行，'当时 34 岁的鲁梅尼格说道，'那时我就在想，我是否根本就不应该上场。'"

球队表现差强人意时，虽然戏剧化效果不高，但观众也可以提醒自己的球队，他们期待明星有着超常的表现。球迷可以不再支持自己的球队，而是转而给对方球队鼓掌呐喊，他们上半场在体育场的走廊里示威性地站着，涌入球场中激烈地表达他们对球队降级的愤怒，或者在比赛失败后在运动员回家的路上静坐阻挠，以这种抗议的方式表明崇拜和忠诚的代价。这一行为的背后暗含常识以外的交换和公平的逻辑，只有诚实地努力、取得相应的成绩的人才能得到钦佩、掌声或者崇拜，并且值得尊重。观众只有在有限的范围内才能容忍运动员和球迷之间的不对称交流。

四、情绪研究

社会现代化和文明化的进程减少了人们获得刺激、高亢情绪和紧张体验的机会，所以人们要在日常生活中学习如何抑制自己的情绪冲动。那些无法适应公众的文明举止行为期望的人，面临着社会管控机构对其进行管束和制裁的风险。在这一背景下，竞技体育在现代社会中成为表达非常规情绪的核心领域。当人们回顾社会文化演变过程中有关情绪的问题时，体育具有情感宣泄的特性就变得明晰。社会现代化进程使得社会控制日益增强，自发性和直接的情感表达受到了抑制，这是一系列社会发展成就的结果，此处将列举其中的少数几项：通过独立的法律体系的分化使冲突解决合法化，通过形成组织机构使生活世界合理化。正如卡尔·马克斯（Karl Marx）、格奥尔格·齐美尔（Georg Simmel）和诺贝特·埃利亚斯（Norbert Elias）的著作所述，货币机制的发展对人的日常消费产生了规范作用。金钱原本的功能是解决实物交换带来的艰辛、随机性和个体依赖性的问题，却给社会和人们的行为方式注入了新的活力。以量化和计算为逻辑的金钱渗透到几乎所有的生活领域，并以其特定的影响深入参与其中。当消费者和生产者产生冲突，并且无法进一步密切接触时，由于金钱作为具有标志性的普遍化的控制媒介出现在二者之间，冷漠和匿名性就成了意料之中的社会产物。那些不仅是为了直接消费，还通过再投资提高附加值的人，花钱赌的是未来。他们必须考虑更长的行动链，放弃满足即时的需求。因此，自发反应从结构上被取代，同时也导致社会生活的去情绪化。

在文明进程中，暴力、身体性和自发性被边缘化，情感受到了规训，体育则将其解放出来。体育通过现代化将被边缘化和压抑的人群以新的方式带回社会中心，因此体育变成了一种现代神话。例如，在警察和军队系统之外，体育有意识地在一些项目中建立了接近于暴力的互动关系。在拳击、摔跤、橄榄球、冰上曲棍球、美式足球和各种亚洲格斗项目中，使用属于可接受的身体力量手段，人们允许将对手击倒、使其双肩着地，或者为了得分、进球或进入禁区而产生肢体冲突。只要是在规则范围内，双方进行的暴力行为就是合规有效的。身体暴力在体育运动中具有社会性框架属性，反对过度的、不受控制的越轨行为。因此，在面对不文明行为时，体育表现得非常文明。传统的体育运动对那些过度暴力的行为——“最后的斗争”、笼中之斗等反文明的标准都标明了界限。

当代体育不仅对于那些从事体育的人来说是宣泄情感的地方，通过感官知觉过程参与赛事的体育观众，也以积极和消极两种方式释放各自的情感。当球队成功地传球或自己球队的前锋差点错过了进球机会时，观众可以咆哮、尖叫、吹口哨、哀号、乱嚷、抱怨、喝倒彩、鼓掌、兴奋地跳起来、加入其他粉丝拍手的节奏、高唱战歌或集体嗟叹。掌声既可以表达对对手的礼貌尊重，也可以演变成狂欢和歇斯底里的狂奔，即使是向来冷静自持的人，也忘记了他们讲究的矜持，放任自己的情绪以爆炸式自由释放。通过观众的自我情感宣泄，观众席获得了特殊社会场所的认可地位，因为那些向来在日常生活中受到严格社会控制的事物在此地都允许实现。

因此，观众将体育当作可以让日常的行为准则短暂失效的机会。在观众席上，人们可以做出与自身其他社会角色不符的举动，比如大叫大闹、穿着狂欢的装束、任性妄为、说不文明用语、诋毁他人。球迷互相辱骂，或是侮辱裁判员，或者对竞争对手发泄不满情绪，就像多特蒙德的支持者一样毫无风度。这些行为如果出现在体育场外，就会被看成是不正常的，或者会受到处罚。许多观众在粉丝圈子中做的事，在体育场外被司法部门当作侮辱或妨害治安的行为而受到惩罚。人们可以很容易看到，在一些体育项目中表达出的情感具有对抗世界的、反阶层化的特质。发出噪声、进行辱骂及表态的自发性，都是对于职业化的冷静和“超然物外”的一种对抗行为。观众不一定只是默默接受裁判的决定，而可能会产生情绪化的直接反应，最重要的是展开激烈的评头论足。由于人们内化了情感预期的中立性，面部表情和手势也越来越僵硬、平静，因此观众可以在看台上、家里电视机前或者通过收听广播，以绞手、揪头发、跳跃、谩骂、诅咒或模仿动作等方式打破这一固化。

不过，允许观众公开做出激烈的反应可能会对体育内部的规则产生压力。例如，到剧院的观众必须慢慢学会保持沉默。从前，人们在剧院都会大声吵闹、公开表达赞同或厌恶，如今观众和听众席间已经逐渐形成安静肃穆的气氛。体育运动中，这种情绪的表达也会产生逆转。对于网球运动来说，观众长期以来都来自上层阶级。他们对比赛双方都公平友好地鼓掌，展现出自身的教养及对传统体育精神的文明态度，也会真心为运动整体水平的提高而感到欣喜。与此相对的，是那些不良的情感表达和情绪失控现象。观众的民主化取代了这种表现上的冷静疏离。在重要的比赛中，观众越来越多地站在当地明星的一边，并且会为了己方的利益通过一定的干扰手段来激怒对手。

噪声、拥挤和混乱是传统民俗节日的固定组成部分，然而如果体育场或街道上充斥着这些，则会被视为对秩序的潜在威胁，会有相应的措施来规范。在典型的草根体育运动中，直到今天，观众仍会发声来捍卫自己的主张，抵制各种维持纪律的措施。例如，固定观众位置来捍卫在公众场合还没有被文明化的最后一方净土。他们破坏座椅，或者把它们扔出去。这种行为表明，不少观众都不愿意接受自己身体活动的自由被物质手段限制和束缚。为了避免这种形式的脱轨行为，警察投入使用了“全景”技术，这样可以拍摄到观众的样子，识别具体的个人，如果有人行为不端，就会被请出观众席并被禁止进入体育场。

五、群体体验和体育

通过重组其内部关系，现代社会——明显区别于旧欧洲的前现代社会——已经逐渐发挥出巨大的效能。然而，自 1800 年以来，社会子系统的分析也造成了社会成员不得不面临的一些问题性后果。除了结构化产生的无聊、身体压制和由社会组织和家庭的去情绪化造成的主体的消散外，社会现代化造成了在互动层面巨大的集体性损失。例如，由于家庭和经济上的空间和社会分离及工业化的进程，三世同堂的家庭实际上已经非常少了。即使在新欧洲的核心家庭中，持久的集体体验也越来越少，因为父母都要工作赚钱，而孩子融入学校体系也非常耗时，这就阻碍了群体性的主动推进。在城市中，作为一种自利性的自我保护，避免受到过度需求，人们在公共场合对同类表现出明显的冷漠态度。有多少人认识在同一个房子里合租的人？谁认识住在隔壁的邻居？而同样重要的是，电话、电视和互联网等技术创新尽管缩短了人们在空间或技术上的距离，却减少了人们面对面交流的机会。

在当代社会，传统群体在功能差异化过程中变得支离破碎，众多的体育比赛和系列赛由此提供了一种特殊的群体体验——加入娱乐导向的节日和庆祝性群体。这不仅适用于体育场内相互感知并对彼此的表现做出反应的观众，电视观众和广播听众也可以感受到作为群体的一部分，因为他们知道数百万人也在同一时刻跟他们做着同样的事情。那些在赢得冠军赛后不仅只想透过屏幕或通过广播了解，而是想去亲身体验集体性的人，可以加入市中心大声鸣笛的车队中，或者以此作为缘由与朋友聚会。足球迷身着俱乐部服装参与的化装舞会也表明，个人在其自身的表现形式中，自愿地去个性化并加入超越个人的群体。球迷穿着跟所支持的球队球员同样的队服，到赛场边呐喊助威，体现出一种部落式的归属感。众多标志已经脱离其对某一特定阶级和阶层的依附，体育就有可能成为重新寻求部落化和群体化的尝试的避风港。《你永远不会独行》这首歌，最初是格里（Gerry）和带头人乐队（Pacemakers）在英文流行歌曲节目中演唱的单曲，后来不仅在利物浦足球俱乐部的安菲尔德球场和格拉斯哥凯尔特人队的凯尔特人公园球场被人唱起，也响彻许多其他体育馆。它在观众、俱乐部和球队之间形成一种集体归属感，因此，它成为体育运动的音乐标识并非偶然。

运动员、协会、国家和观众通过“想象的社区”（Anderson，1983）有意识地联结在一起，互相产生身份认同，这种现象在今天的体育运动中也有明显的体现。他们一起唱国歌，像以往美国体育运动中流行的那样，集体把手放到胸前或热情地唱响俱乐部歌曲，以便更好地应对体育比赛的激烈竞争。体育比赛的播报员会在进球后激动地喊出射门运动员的名字，让来体育场观看比赛的观众能够接着一起高喊出他的名字。观众以这样的方式来证明，他们是一个内部彼此熟悉的集体中的一员。这种群体性的体育热情短暂地抹除了性别、阶级、种族和宗教信仰等社会特质的差别。个体的自我在集体层面暂时得以弱化。一些体育俱乐部的名字已成为特定地区和观众阶层情况的代名词，如沙尔克 04 足球俱乐部长期以来一直是工人阶级足球运动员创立的联合体，代表了资产阶级体育中工人文化的顽强存在

（Lindner et al.，1978）。

同时，市场营销专家发现了体育形成社群的能力。在某些区域，比如遭受大规模失业和处于工业转型过程中的鲁尔区，为了满足体育协会的利益，会借助体育的集体归属感的力量。全国性的《法兰克福汇报》（FAZ，1997年5月21日）就报道过："两名来自鲁尔区的老奸巨猾的经理，早就取得了球场的话语权，而且承诺会给俱乐部带来巨大的收益。多特蒙德的米夏埃尔·迈尔（Michael Meier）让球队都穿上在黄金时代不合时宜的条纹袜子，并在国际赛事中为土生土长的多特蒙德球员克洛斯（Klos）、佐克（Zorc）和里肯（Ricken）做了特别的宣传。与此同时，即使是多特蒙德的体育用品赞助商博斯森也将多特蒙德工人神话中的亲切、可爱的丑角融入广告宣传策略中，并聘请了一位喜剧演员，以科斯洛夫斯基（Koslowski）的名义在赛场边模仿失业者。"

球迷会戴面具或穿着俱乐部的服装参加化装舞会，这也表明，个体以其自身的呈现形式自愿地去个性化，并且愿意加入一个超个体的社会群体。球迷们穿着和所有支持的球队球员一样的队服，前往主、客场观赛，表现出一种部落式的归属关系。由于现代社会的高度流动性，这种归属关系已经日渐消亡，而体育运动则成为重新获取这种归属关系的避难所。

在体育场中获得的集体体验如今已经有了新的特性，因为观众现在已经学会有意识地协调自己参与体育运动的机会。他们通过吹口哨、唱战歌或集体抱怨或一起发出"啊！"的感叹声来为球场上的比赛配音或者评论。球迷们将声音和有节奏感的鼓掌声融合，彼此同步达成一致，并在短时间内作为一个有组织的集体表现自己的情绪，以欢乐、肯定、讽刺、恶意甚至侮辱来对球场赛况做出响应。这些也是球迷们表现自己并扮演有影响力的观察者角色的重要时刻。虽然观众大部分时候是被动的，但有时也可能非常主动。这种群体体验仍然停留于表面，不会渗透到深度治愈层次。观众群体的特点恰恰在于它反对"亲密的暴政"（Sennett，1983），他们并不构成一个关系亲密的群体，人们仍然不认识对方，但会相互确认彼此作为观众的社会身份。

因此，体育观众以特殊的方式补偿了由世俗化过程而产生的对节目的排斥。到中世纪，欧洲的节日文化都是教会的特权。直到法国大革命时，至少在西欧，教会对节日的垄断地位才终于被永久地推翻。在体育运动的帮助下，新节日化的一个核心组成部分就是使集体性的群体体验成为可能，这种体验通过同步和并行化来提高狂喜的体验感。在一个高度个性化和个体独立的社会中，社会的分级尤为重要。反过来说，体育的轰动现象表明，现代生活显然没有为众人提供足够的多样性、可接近度和群体性体验。

这是因为，在一个复杂的社会中，个体同他人不再属于同一类的现实世界。由于人口流动性的增加，遇见背景相似、有共同语言的人的可能性大大降低。此外，分工和角色分化的渐进过程导致普遍性话题的缺乏，这种情况造成了话语层面显著的群体性缺失。当人们的共同点越来越少时，互相之间该谈些什么呢？如果能选择某些话题，让所有在场的人原则上都能或多或少参与到对话中，就可以展开愉快的交谈了。除了天气这个老掉牙的话题，每天发生的不同寻常的事情、个人经历的某些内容和体育运动提供了一种大众的、非常适合社交的话题。如果聊起天气，人们也只能简单地发表上三言两语，然后谈话会很快变得无聊和尴尬。即使是讲述个人生活的细节（如疾病），也不是每个人都会感兴趣，因为这种对话与存在危机的情况有关。不少学者由此认为：即使体育运动原本不存在，人们也必然因对话层面和群体层面的社会发展需求将其重新创造出来。谈论体育已经成为一种重要的社会润滑剂，而且不仅仅在男性之间。人们可以在不必直接谈论自己的情况下与他人进行交谈。

体育以特殊的方式与社交密码相契合：几乎每个人都对体育运动有着切身经验和体会，都可以基于自己已知的信息或者亲身经历跟上其他人的思路，产生共鸣。体育比赛的结构相对简单，基本上都可以通过观察了解。只要稍有一些社会化经历，比如在学校体育课中学习过或者自己参与过体育竞技，甚至是门外汉也可以看懂比赛。基于技术和定量化，在体育运动为人们展现的这个世界中，成绩具有确定的地位。体育还为大众媒体提供永久性的每日新闻报道内容，而它作为一个交流的主题也会产生无穷的话题。基于体育持久性的现实意义，将其作为聊天的开场白是一个很好的选择，可以让聊天顺利地进行下去，并且避免陷入尴尬的沉默。谈论体育活动与讨论政治和宗教完全不同的是，它是一个具有无害性的社会话题。当人们把注意力集中在双方都觉得有趣且无害的主题上时——比如美国棒球——可以增强家庭的凝聚力，改善父子关系。此外，体育可以让人们不必谈论相互冲突的话题，这就为产生共同的体验提供了良好的机会，而在体育运动之外很少有这样的话题。

矛盾的是，只有基于大众媒体的扩张，同时体育观众不用亲自到体育场观看比赛，从这种限制中解放出来，竞技体育才能成为公共讨论的话题。许多体育爱好者从未进入过游泳池或体育馆，但他们仍然可以尽情满足自己对体育运动的兴趣，并且谈论有关的内容。与依赖于媒体提供的数据和比赛剪辑的电视观众相比，在体育场现场的观众有一个优势：他们对各种感觉器官的使用有更高的感知自主权。但是，他们必须接受现场观看的不利处境：在电视屏幕前，观众可以通过拉近的镜头和定向麦克风更近地看清比赛，看慢动作回放，收听体育记者发表的评论。不过，通过在体育馆和体育馆大厅安装大屏幕，一些体育项目（如田径运动）已经消除了上述某些缺点。观众现在可以同时在跑道和巨大的屏幕前观看比赛。通过体育场的技术革新，现场观众意识到自己不仅是观众而且是演员。借助媒体技术，现场观众充分发掘自己作为观众的角色，他们会用各种面部表情和肢体动作或带来的旗子和海报告诉在家观看比赛的人，他们希望被其他观众看到和注意到。

此外，体育比赛中观众的群体导向不一定总与体育相关。体育也会附加地服务于非体育特性的利益。想一想在一级方程式锦标赛、足球比赛或网球比赛的众多贵宾席中，人们希望被清楚地看到，或者在阿斯科特或巴登-巴登的赛马中呈现出的时尚的上流社会品位。此外，电视媒体名人都利用拳击比赛来表现自己，将自己作为社会组织的成员代表。由此，体育为其他形式的群体构建提供了可能。即便体育场和街头的骚乱也是群体体验的表现。暴力以一种尖锐的方式区分圈内外的群体，试图通过拒绝反暴力和警察的压迫以获得认可。

六、体育利益作为人生的一面

社会现代化在社会成员的人生中留下了难以磨灭的印记。数百万人失去了工作，今天的夫妻关系也不再像以前那样，现有的友情和熟人网络在社会变革的压力下摇摇欲坠，个性化过程使社会成员的差异逐渐加深。前现代时期的人们仍主要在其居住和工作地覆盖的区域中活动，生活完全由宗教的世界观指导；现代人则需要适应空间和社会的流动性。除此之外，他们也正在经历社会内部的巨大变化，进入一种“形而上的无家可归”的状态。当然，现代人不得不接受的严重的断层感，不能完全通过体育中的被动包容性来弥补抵消。但是，几十年来持续对体育的兴趣可成为人生不可小觑的支柱。这种兴趣最初适用于传记式回忆，因为它通常在儿童和青年早期形成，并且对智力要求不高。人们仍然可以出于自身的体育兴趣开展活动。例如，即使他们早已离开出生地，仍然可以支持自己家乡的足球队。大众媒体有助于保持人们的这种兴趣，因为它们通过其存储和传播信息的可能性，为观众对体育的接受进行了去区域化。

体育活动不仅通过回望过去，而且结合持续发生的现在，来构建自己的发展历程。星期六下午电台转播的足球赛况和进展，以及电视播放的晚间体育节目，仍然是周末日常活动的固定组成部分，许多人基于这些习惯来组织和构建他们的闲暇生活。公众对体育的被动式消遣，以及在体育赛事期间对非体育活动的抑制，说明人们需要一种重要的渴望，即获得消遣，并在一个非连续性的时代体验到连续性的消遣。

当今社会，经济、政治、大众媒体、教育、艺术、法律、科学和家庭等领域功能不断分化，遵循体育运动带来的生活节律有助于为个人的生活建立超越日常工作朝九晚五的稳定性。重复性的仪式能创造连续感和安全感。通过系列联赛和其时间安排，体育提前安排了个人的生活：它提前安排数周、数月甚至数年后的活动，在集体基础上构建个人经历，如同电视或广播媒体晚上给数百万观众或听众传播信息，包括灾难和战争的信息，人们则依赖于这些信息媒体。

借助媒体技术，体育运动逐渐朝个人导向的方向发展，如同在旧欧洲的前现代社会中教会的作用那样。几个世纪以来，教堂的钟声决定着人们的日常生活规律。教堂的庆祝活动创造了不断重复的、有规律的情景，且有助于唤起人们的期待和安全感。由于比赛日程固定不变，体育运动呈现出一种类似的可靠性：政客们你方唱罢我登场，股票行情起起落落，但是德甲、奥运会、欧洲杯和世锦赛依然在各个项目中保留。

七、小　结

对紧张体验的需求，对多样性、团体、节日和体育带来的迷醉感，以及身体物质性的需求，表明在由现代社会塑造的日常生活中，这种紧密和混合式的类似需求显然在其他地方无法得到满足。体育运动在人类经验和行动的各个方面创造了一个世界，在这个世界中，它有选择性地解决人们被社会边缘化的问题，给边缘人注入活力，将他们送到一个可控的社会领域中，并为他们提供经验资源。从客观上讲，对于日常生活的常规和无聊，观众至少在坐在收音机和电视机前时可以短暂地抵抗，感受无害的刺激感。紧张刺激的产生并非偶然，而是与竞技体育的胜败规则，以及体育比赛中各种在规则下的刻意呈现和戏剧化表现有关。在这个抽象和彼此疏远的现代社会中，体育观众能够通过大众媒体体验到身体的力量和真正的美感，而不需要自己耗费体力或者冒险。在比赛中，运动员只有在对手输掉时才能获胜，而身体和个体间的亲近也使得人们可以公开或私下一窥比赛的情况。

因此，体育观众对成绩的热情绝不会耗尽。此外，在时间范畴不断发散、个人经历充满断层的不连续的世界里，体育运动为观众营造了一个充满长期可靠性与连续性的环境。体育比赛的节奏可以帮助人们进行日常生活规划，建立起和过去的联系。从社会角度来看，观众对体育的兴趣使他们能够对社会现代化过程对其造成的群体损失做出反应。如今，数代同堂的大家庭几乎消失殆尽，人们借助各种交通工具沉默地来往于家庭和工作地点，没有建立起长久反复的社会联系。人们在工作中细致分工、以竞争为导向、保持情感中立，在工作岗位上也互不干涉，金钱经济让人们可以远距离互动，城市化进程也使人与人之间变得更为冷漠，因此，参与体育活动成为人们另一种全新的体验社交的方式。如果想要明白人们之间的亲密接触是怎么一回事，可以想一想拜仁球迷（Südkurve，南角，位于慕尼黑奥林匹克中心的南角位置，专门为有年票的拜仁慕尼黑队的忠实球迷留的位置，因此，南角指代拜仁球迷），在比赛胜利后加入市中心游行的车队，成为球迷俱乐部的会员，或者在自己家里组织一场体育相关的派对。即便是在屏幕前独自看比赛的个体，也至少能通过观察其他观众的热情而看到和听到——集体仍像以往一样存在。另外，观众的体育兴趣使他们可以获得有关某个主题领域的知识，并且用这些知识在工作间歇或者工作外的闲暇时间可以与他人愉快地聊天。在这一方面，体育有着不可被低估的“社交价值”。体育观众不断增加主体生活的可能性和身份认同感。在对体育明星的崇拜中，观众可以进入另一个世界，在这里，个人或集体仍然能够发挥重要的作用。运动员的可见性、其行为的规则性和成效性，以及由此产生的和前现代社会等级分化机制——如出生、年龄和背景的距离感——的远离，是崇拜体育明星文化的重要条件。体育明星通过自己创造的成绩巩固自身的地位。体育协会也在尽其所能，消除组织和社会在个人取得的成绩中的作用。登上领奖台的是运动员，而不是他的教练员、按摩师或药剂师。

观众的热情不仅针对体育运动及其整体结构，还涉及人们在社会现代化进程中不得不承受的压抑和损失。基于这一判断，公众对体育的兴趣就可以被归类为社会成员的一种应对机制，而且其复杂的动机组合没有任何功能性等价物。不管是政治和经济，还是教育、宗教、艺术、科学或法律制度，都无法通过其特有的基本运作在公众中唤起可以与竞技体育相提并论的持续需求。其原因有以下几点：政党代表大会或议会会议通常只是象征性地展示已经预先确定的结果，因为相关人员事先已经在公众视野之外协商确定。此外，政治行为的后果并非无关紧要，而是会持久地影响人们的生活。毕竟，政治的功能恰恰在于，即使无法达成一致，也要制定具有集体约束力的政策。经济行为在贫富两极的反复之间缺乏那种体育拥有的“生命之轻”。人们在股票市场上遭受经济损失和作为球迷偶尔哀叹本国足球队的失败，两者有着截然不同的重要意义。

即使是传统的官方教会也不适合作为弥补现代化造成的压抑和损失的功能性等价物。尽管存在泛基督教主义，教会的高级神职人员和弥撒仍然被人视为连接想象中的超然存在的纽带，而体育则抚慰着在尘世中问题得不到解答的人们。至少在西欧的教会中，宗教还提供了一种更为缓和的、冥思式的行为和祈祷。因此，不少同时代的人认为教会弥撒更为无聊并且一成不变。通常情况下，弥撒无法达到那种在体育竞赛中令群众着迷和狂热的紧张感。宗教庆典的情境结构既不是对抗性的，也不是以胜利为导向的，它没有给参与者安排具有言语脱轨机会和相应的肢体表达形式的情感自我宣泄。此外，各种宗教信仰尚未能在不产生冲突的情况下实现长久共存。几百年来，体育则在现代大众媒体的帮助下，通过现代奥林匹克精神发展成为一个“横向的世界体系”（Willke，1998），即使是两个有冲突和争议的国家，也能共同文明地举办体育比赛。体育运动是一个“全球玩家”，因为它脱胎于各自国家的社会，能够跨越国界发展。此外，宗教只能通过信仰，依靠超自然的事物来提供确定性。体育观众却通过观察真实存在的运动员的身体运动获得确定性体验，这些运动员在外界可观察到的竞争氛围中相互比拼角逐仅有的体育胜利。因此，即使有些运动员为了获得胜利而信仰超自然的事物，体育代表的也只是自己，而不是任何其他东西。与传统宗教相比，体育既不是以神明为中心，也不追求死后想象中的天国，它更多地关注体育明星在尘世现时的身体状态。

科学也同样无法在功能上同等地弥补由现代化引起的对紧张刺激、群体性、身体体验和明星主义的压制。科学研究的结果经常过于抽象和艰深，不适合让普罗大众都理解。科学领域内的明星，比如诺贝尔奖获得者，也并非在公众的直接注视下、在重要的竞争环境中开展研究，而是在实验室里、在大众视野之外进行的。最重要的是，科学明星获得的奖项和荣誉，都要在非公开的委员会决议框架内取得多年的成果之后才能颁发。观赏艺术活动或者参观博物馆也不会激发大众持久的兴趣，因为艺术作品通常只有内行或者在好心人的陪同讲解下才能看懂。不过，观看百米赛跑或是足球比赛时，即便是那些不清楚了解各项规则的人也能看得津津有味。如果重复参观某个展览，到第三次的时候就会遇到一些不再变化的熟悉固定的东西。即使是带有随机生成器的视频设备也总有一天会让人感到枯燥乏味。相比之下，体育比赛不断创造新情况，其结果无法精确计算。观众参与体育运动时相当于参与了动态的社交活动，运动员行为的结果会随着比赛进行而瞬息万变。在足球比赛的热身阶段，没有人知道球场上接下来会发生什么，因为运动员都在不断对抗，努力地遏制对方的进球机会。

在当今宗教、家庭和工作的传统意义遭受重大损失的时代，体育提供了多样化的体验，对许多人来说就成了生活中新的意义。这既适用于那些亲自积极参加体育活动的人，也适用于那些在体育活动中作为观众、听众或者读者参与的人。正是因为体育比赛对公众来说——对运动员、教练员或裁判员不那么明显——是自愿的选择，而非必要的事情，所以它矛盾地成为奢侈品中的必需品。观众获得以享受为导向的体验，不仅需要体育运动者具有冒险的意愿和能力，最重要的是社会现代化进程下的个性化产物，而社会的现代化进程为现代体育热情提供了基础。在全球范围内，观众对紧张刺激、激动人心的体育比赛的需求日益增加，我们可以据此推导出，生活世界的常规化已经根深蒂固，以及社会现代化进程给人类带来的附带损失已经在日常生活中渗透到了何种程度。

第二章　体育明星：对名人的社会学分析

在现代社会，竞技体育更适合明星人物的诞生。竞技体育所拥有的这种特殊属性也反映在现代社会的媒体语境中。如今，人们在对体育赛事或运动选手进行评论时，时常提到明星。在竞技场上，那些不断超越自我的运动员或团队，以其非凡的竞技表现令观众着迷，并且获得明星称号的加冕。他们的精彩表现有时会超出预期，甚至出现“奇迹”，被人们用“夏日的童话”或“冬日的童话”这种表达方式铭记于心并代代传诵。

体育界对明星这种艺术修辞手法的使用，不仅表明体育运动拥有一种特殊的魔力，可以用运动塑造人物形象或调动广大群众的热情和积极性，还表明其能够重构人们对其他社会领域中明星人物的感知。在现代社会对明星行为的评价中，明星的内涵有所变迁，因为即使是在复杂社会中，如果某人能够在其所处的社会系统中占据主导话语权，并由此成为公众关注的焦点，那么他就有可能获得明星地位（Luhmann，1975a）。因此，在西方社会中，如果政客能成功地通过运用权力实现其政治目标，并且赢得民众的掌声，他们就可以成为明星。然而，近年来，层出不穷的丑闻使政坛名流的正面形象一再破灭。想一想那些为数不少的政党捐款丑闻，甚至将一些曾在其他领域获得过良好声誉的人牵涉其中。此外，在实行选举制度的民主社会中，政客只是被选举出来的代理人，只有当上层被代理人的自身利益不会受到过度影响时，他们才会支持言论开放和具有较强执行性的政治决策。由于在委员会制和代表比例制之下，政治活动中的个体参与者都被各自的政党纳入集体，因此他们很难留下具有个人特点的标识或是明星式的行为印迹。如今，许多政客都被戏称为“党内的士兵”，这并非一种偶然现象。这些政客口径统一、步调一致，他们的行为其实都是在执行党内领导人的命令。

宗教能够通过信仰塑造明星形象。通常来说，宗教中的明星人物常出现在宗教的创立者、继承发扬者和代表性人物中。为了提升道德修养，甚至有相当多的宗教团体挖空心思设计了明星人物的等级制度，并为这一制度制定了明确的准入规则。那些愿意为自己的信仰献出生命的人，能够在这一宗教明星的等级制度中达到特别的层级——殉道者。那些坚持做善事或是带来了“奇迹”的人，在经过专门机构的同行评审之后，会得到逝后的祝福，或被晋封为圣人。然而，随着社会现代化进程不断推进，尤其是科学破除了封建愚昧，人们经历了由宗教引发的战争与冲突所带来的负面影响，宗教明星的形象已经不再像以前那样光辉伟岸了。

与宗教领域相似，如今经济领域中的明星主义也日渐式微。那些成功的企业家、公司领导者和管理者本可被冠以明星称号，但在全球化的时代背景下，这些以赚钱和满足需求为目标的明星更有可能提高企业的“股东价值”，即使在公司已经实现了较高盈利的情况下仍坚持裁员，或将工作岗位迁到海外，以进一步降低成本。而且，公司管理者与监事会心照不宣，形成一种自私的习惯，在企业兼并时沆瀣一气，损害股东利益，这些行为都违反了公众舆论所认为的明星主义特质。因此，在全球经济扩张的竞争背景下，增加经济效益这一首要任务，往往会导致在许多领域对经济领导者的评价出现矛盾。

甚至科学也允许明星成就存在于主体间真理的抽象媒介中。例如，科学界高度重视那些帮助人们重新定义世界的基础研究人员，或是在开发新药物、技术设备或操作程序等方面取得开创性成果的实践者。因此，科学领域的明星常包括诺贝尔奖获得者、著名发明家或理论学者。但普罗大众通常都不能充分理解所谓的科学明星，因为科学成就是十分抽象的，只有少数内行人士才能准确评估。而且，许多科学知识都无法转换成易于理解的图像语言。在以媒体为导向的社会中，一个人若是无法向大众展示自己的成就，无法证明其“新闻价值”，就没有多少成为明星的机会。因此，科学家通常很难在其他领域获得声誉。

最后，民族社会中传统明星——军事体系及其中的暴力实施者——也惨遭巨大的声誉打击。至少是在20世纪爆发的战争冲突之后，军事明星的地位就一落千丈了。军事上的成就与“生命之轻”无关，而是充斥着死亡和毁灭。一些西方发达国家为了最大限度地减少本国士兵的折损，尽量降低大众对参与非对称性战争的抵触，士兵亲临现场作战的情况已经越来越少，取而代之的是在屏幕上按按钮，远程调度杀伤性武器和无人机作战。

人们对政治、经济、科学、宗教和军事领域的骨干精英的评价不断发生转变，在这种背景下，竞技体育在20世纪就已成为现代社会中重要的明星塑造系统。更确切地说：在功能不断细分的社会中，竞技体育是一个能够以无害的方式塑造真实存在的明星的社会领域。正是由于竞技体育对整个社会来说并不是不可或缺的（Bette，1989；Schimank，2001a），它的主要参与者对接受明星称号问心无愧。因为，他们不需要实现某种狭义上的特定社会效用，不需要为本领域的主导性媒介可能造成的影响承担责任。随着大众传媒的普及和“休闲社会”的出现，体育运动塑造明星的过程变得更加容易。财富不断累积，休闲预算逐步增加，技术持续突破，这让越来越多的人可以参加体育活动。并且，在尼采提出“上帝已死”和“重估一切价值”之后，对于很多人来说，宗教对于来世的承诺逐渐失去了吸引力。作为以趣味和娱乐为导向的现世生活的代表，竞技体育在塑造明星形象方面具备独特的能力，因此成了一个复杂的多行为主体构成的集合的核心。简而言之，体育明星的重要意义不仅仅体现在提升竞技体育的吸引力这一点上，他们简直就是新时代的世俗神明。在这个差异化的社会中，尽管各个社会细分领域之间存在多种结构化差异，竞技体育却能够将这些领域黏合在一起，形成一种特定的利益关联网。如果人们想要结合政治、经济、科学、大众媒体和公众等社会领域去讨论竞技体育的重要性，并明确它在各个领域的相应定位，就必须将体育明星作为这个社会系统中的杰出人物进行深入研究。

对于社会公众来说，体育明星可以带来认同感；对大众媒体来说，他们是话题和关注度的营造者；对于经济领域来说，他们是广告媒介；对于政治领域来说，他们可以证明政治活动的合法性。体育明星是不平凡的社会人物，他们在很多“兴奋型社会”（Sloterdijk，1998）中都扮演了重要角色。而竞技体育之所以能够与其周围环境产生关联，首先就是因为国家和国际体育明星在广大群众中获得了“类社会性的”（Horton et al.，1956）地位。具体的表现形式就是，儿童和青少年会崇拜和效仿这些体育明星，开玩笑似的给自己起他们的名字，购买他们代言的运动服装，想象自己就是这些明星，与他们合为一体，分享他们的知名度，而对成年人来说，这些偶像则是促使他们打开电视机的重要原因。他们会在工作或聚会时讨论这些明星人物，到体育场观看他们的比赛，阅读、收听他们的人生传记，而这所有的一切都是在他们从未在现实中结识这些明星人物的情况下完成的。

本章将从社会学的角度对体育明星主义的核心内涵进行分析。第一部分将重点分析竞技体育运动成为现代社会明星体系的条件；第二部分则重点研究不同类型的体育明星，引入明星类型学的概念并进行解释说明；第三部分将叙述和诠释体育明星故事的背后人物。

一、作为明星塑造系统的竞技体育

竞技体育之所以能够塑造明星形象，是其在时间、物质、社会和空间方面不断分化后出现的具体结果。在此基础上，作为竞技体育的团体型参与者，体育协会为明星的迅速诞生创造了特定的机会和环境。在这一点上，无论是经济、政治、宗教，还是科学、艺术或教育等领域都无法与之比拟。需要指出的是：对于政治、经济、宗教或科学等领域的重要社会人物，他们的专业相关活动区域局限在实验室、会议室、工厂或教堂等不为外界所了解的场所，而体育比赛却在特殊空间进行，这些空间是有意识地为外界观察而设置的。体育场馆、运动厅和竞技场都是舞台般的场所，让少数人的一举一动全方位展示在众人的目光中。就算有些比赛不方便让观众亲自到场观看参与，还有卫星转播能够让不在现场的观众也一饱眼福。人们刻意将体育赛事设置在方便公众参与和关注的场所，这就满足了实现大范围明星崇拜的一项重要先决条件：体育明星不仅要取得特定的比赛成绩，还需要外部观察者的参与，使外部观察者在了解现有情况的基础上，充分感受到这些明星的行为是非常人能及的，并且见证这种非凡性。如果没有粉丝和崇拜者，就不会有明星存在。明星是社会建构的产物，是由行为者和观察者之间的相互作用而产生的。它主要指向的并不是具体行为的本质特征，而是受众的体验感和期待值。如果有人默默地完成了某项伟大的事迹，没有被外界所知，或者拒绝交流他采取行为的方式以及达到的效果，那他将永远不会被列入到明星的行列中。

此外，竞技体育塑造明星的能力还得益于，它将公众纳入评价体系的这种较为宽容的特性：只要能够感受和共鸣，就足以参与体育决策，几乎人人都能发表观点，并不需要较高的鉴赏能力或特定的技能。从本质上来说，体育比赛是发生在真实可见的运动员身体之间的，或是人与器械之间的一种非语言性的争论，所以竞技体育可以跨越语言障碍，毫不费力地吸引来自世界各地的人们，为他们带来乐趣。也就是说，在体育运动中，观众这一原本并不包含在内的第三方可以被接纳进来，直接参与裁决过程，感受相应的话语权和权威感。体育领域允许人们在亲眼看到、亲身经历事件发生的同时参与到决策行为中，与那些抽象的、将自己系统内特定行为与外界隔绝的社会领域相比，人们会认为这样一个社会领域具有更高的现实价值。如果你关注股票市场上的数字游戏，你能从经济的复杂性中学到什么？收看电视上的议会辩论，能让你获得哪些精妙的政治见解？与之相对的，体育运动以感受为导向，基于机体共情提供了各种可能性，让观众能够同步地获得参与式体验，并且在其中发挥能动性。在所有合法、非法的“后台”活动中，我们都能在竞技比赛的互动情境下实时观察到每个行为的因果关系：球员 A 传球给球员 B，球员 B 射门得分。这种通过简单的感知过程所获得的明确性，与其他社会领域中普遍存在的模糊和歧义形成了鲜明对比。一场足球比赛最终以 3 ∶ 1 结束，谁胜谁负毋庸置疑，而一场政治选举不仅过程冗长，还需要经过几周的讨论判断谁是胜者、谁可能接管联盟谈判。在这个不透明度不断增加、差异性和确定性逐渐消弭的社会中，运动已成为人们获得可靠体验的重要来源。因为它的行为主体能够被外界直接观察，运动表现和成绩也是可以理解且有迹可循的。与之相对，其他社会领域——出于自身的专业化和功能定位——无法实现这一点。例如，政客出于选举战术的考量，常常含糊其词或者言不由衷；由于专业术语的复杂性和科学知识的抽象性，科学家说的话也常常不能被公众所理解。然而，在体育这个以身体和个人为导向的社会系统中，体育明星就成了清晰、具体和贴近生活的代名词。在明星崇拜的体制下，他们也成功收获了观众的支持和喜爱。

同时，竞技体育塑造明星的能力还得益于以下事实：其主体的行为逻辑无可厚非地受胜败规则的支配（Bette，1989）。胜败之间基本的二元对立为运动员的行为提供动机，长久地刺激他们，使他们不能安于现状，必须不断进取。体育运动之外的其他社会领域也可以利用这种行为动机实现自己的目的。每一位参赛者都有同样的追求，希望赢得比赛的胜利，但只有一个人能够获得成功的殊荣。因此，在每一场比赛中，观众都知道自己应该期待些什么。无论是100米短跑、马术表演还是足球比赛，运动员之间的合作也是一种有意识的对抗。并且，胜败规则还包含一种创造纪录、打破纪录的行为逻辑，这在结构上导致了行为主体长期以来对特定成绩的追求。每一项纪录都是别人挑战的目标，并作为标杆将那些参赛者清晰地分为赢家或输家。没有人可以长期守护早前折取的桂冠，因此，每名运动员都不得不一再证明和刷新曾经取得的成绩。鉴于许多体育比赛是以系列赛的形式出现，运动员就能针对确定的比赛规则一再磨炼技能，出现非凡的成绩也就成为可能。那些团体运动项目，常常会举办为期数月的系列比赛，直到最终决出一个国家或国际冠军队。这种结构化安排对比赛做出了时间上的限定，从而让运动员每周都有机会通过可量化的成绩展示自己。可以肯定，运动员在比赛中的表现和成绩会被外界观察和评价。

竞技体育塑造明星的能力还来源于体育比赛的紧张刺激和无害性（Bette，1989）。所谓紧张刺激，指的是胜败规则以及体育比赛结果的开放性带来的体验。与导演和作者缜密构思出的电影和书籍情节不同，体育竞赛是发生在真实生活中的事件，人们在比赛开始时完全不知道最终会出现什么结果。因为最关键的结果通常直到比赛的最后几秒或最后几米才会见分晓。这种娱乐的方式使观众精力充沛、充满激情。在体育比赛中可能会出现一些平日里不会发生的事情。等待和见证这些可以载入史册的时刻，也是竞技体育的魅力之一。体育运动充满了紧张刺激和结果未知的悬念，这让人们越发对其迷恋。其原因在于，与经济、政治或军事领域的对抗不同，体育运动中的对抗和冲突并不会对人们的生活状况产生根本性的影响。在一场比赛中，观众关注的不是生死大事，不是经济利益，也不是毁灭性的灾难，而是一些本身并不重要、对观众而言也无关紧要的事情，也就是体育比赛的胜利或失败。如果本国足球队在世界锦标赛中没有夺冠，虽然国内民众中可能会掀起一阵悲痛或愤怒的浪潮，但这种结果不会妨碍国内科学研究的进展，更不会影响国家政策的制定和推行。

作为明星塑造系统的竞技体育
◎对以观察为目的的特定场所加以区别，提高运动员的可见性；在体育场馆、竞技场、运动厅或其他体育场所，举办带有展示表演性质的体育比赛
◎感受和共情是将体育观众纳入系统的主要模式
◎观众参与到体育比赛中无须依靠语言
◎胜败逻辑受到全球认可，竞技体育的行为易于理解；通过区分运动规则来降低复杂性
◎体育运动带来相应的紧张体验：胜败规则、比赛结果的不确定性、原则上参与者享有形式上的平等
◎运动员行为与观众体验的共时性；在体育运动的真实生活中，体验同步性和因果关系
◎体育比赛对观众在体育运动之外的生活没有影响
◎基于各运动项目的不同规则及能力展现使成就个体化、个人明星化

图 1　作为明星塑造系统的竞技体育

最后，体育比赛之所以能够塑造明星形象，还在于它提供了一种特殊的方式，可以将体育成就个体化、个人明星化。比赛成绩虽然不是充分条件，却是塑造体育明星形象的必要条件。那些参加竞技体育的人，就得到了基于评价标准的基础上与其他人区别开来的机会，并获得独特性。运动员凭借比赛成绩塑造个人形象时，不是通过运动员在处理金钱、权力或真相方面的抽象沟通技能，而是通过建立在身体、心理、社会和技战术基础上的能力来完成的。那些在其他社会领域中仍然非常重要的划分地位高低的标准，如年龄、出身、财富、外貌、种族、性别、意识形态或宗教信仰等，在竞技体育的竞争中不占重要地位。比赛中会使用测量设备，确保个人基于其表现所获得的成绩是合法的，从而保障结果的可接受性、合理性及明确性。使用摄像机及计时设备，可以在肉眼无法判断谁胜谁负的情况下，精准地确定最终结果。总体而言，竞技体育具有这样的特质：其他组织中的个人通常会隐藏在幕后，在不被外界观察的情况下开展工作，具体行为无法确知，然而体育运动却反其道而行之，它允许个人或团体在众目睽睽之下展现自己的能力，获得曝光的机会，以扩大自身行为的影响，并提高到具有明星色彩的程度。组织赛事的主办方在落实各项安排后功成身退，置身幕后。在竞技体育中，运动员取得的成绩和获得的成就都归功于运动员本人的能力，而不是幕后工作人员或技术设施系统的作用。因此，体育明星成了名人中的异类：他们的荣耀来自经过多年努力所取得的自身成就。他们完全不同于那些经过舆论发酵被推到风口浪尖的社会名人——后者的声誉并非来自取得的成绩，而是由于他们具有反常的精神特质或者愿意把私生活完全暴露在公众视野中。

二、明星类型学

哪里展开一决胜负的艰苦比赛，上演对双方防线的进攻与保卫，吹响进攻与防守战的号角；哪里为了赢取比赛得分，一雪前耻而摩拳擦掌，奋力拼搏，即使是曾经取得过胜利的战略在双方的拉锯战中也有可能会遭遇戏剧性的失败，哪里就为诸多各不相同的明星形象提供了诞生土壤。正因如此，体育运动中的明星并非一个同质化的整体，而是表现出高度差异性特征，受以下因素影响而形成：各个体育项目独有的特点、比赛结果的影响持续程度、运动员的表现所取得的成绩、运动员起到的作用以及他们所引发的观众的感受。为了便于对竞技体育中的明星话题进行探讨，使明星的形象更加明晰，建议首先为明星这个群体设立两个边界点：其中一个是“本地体育明星”，即在本地、区域和国家层面上的体育领域的伟大人物；另一个则是“全球性的体育明星”。后者的出现是建立在大众媒体领域的技术发展之上的，这种发展打破了体育运动中的明星主义传播在空间地域上受到的限制。直到 20 世纪 30 年代，体育明星还主要活跃在电台、报纸和新闻周刊中，例如德国拳击手马克斯·施梅林（Max Schmeling）。而如今，体育明星早已将阵地转移到电视节目和移动互联网中。他们不仅可以在本地、某一区域或本国范围内被媒体报道，而且能够在全球范围里，以多媒体现场直播的方式为广大受众所消费。

从时间角度来看，可以根据明星行为的影响持续程度将他们划分为“短期明星”和“长期明星”。前者的荣誉来自昙花一现的体育成就，也就是说，他们虽然取得了优异的成绩，但由于受到身体机能及动力等因素的限制，或是身体受伤的原因，不能持续稳定地重现这些成就。那些知道如何利用机缘巧合或是由于竞争对手的失败而侥幸登上榜首的运动员也属于此种类型的明星。某位领先的运动员在终点线前突然摔倒，这对他来说意味着一场灾难，但对因此成为胜利者的“第二名”来说，却是一个出乎意料的惊喜。如果将明星比作天空中的星星，那么短期明星就是一颗颗流星：它们明亮又耀眼，虽然引人注目，却转瞬即逝，无法像恒星一样持久地发光，更别说令后人也为之兴奋着迷。因此，在明星这个群体中具有崇高地位的是长期明星。每个体育强国都有自己的体育明星，他们多年来一直以优异的成绩在观众心中占据牢固的地位，他们可以主导比赛节奏，有时甚至让比赛结果毫无悬念。让我们看看那些多年来稳居榜首、耳熟能详的名字：贝利（Pelé）、穆罕默德·阿里（Muhammad Ali）、艾迪·莫克斯（Eddy Merckx）、卡尔·刘易斯（Carl Lewis）、迈克尔·舒马赫（Michael Schumacher）、施特菲·格拉芙（Steffi Graf）、鲍里斯·贝克尔（Boris Becker）和迈克尔·乔丹（Michael Jordan）。在集体记忆中被保留下来的，主要都是这些曾在国际竞技舞台上取得过成功的长期明星，大众媒体使公众铭记他们的辉煌，使他们在特定场合重新焕发活力。

从专业和社会的角度来看，明星人物之间的差异主要来自各类型的体育项目对运动员的不同要求所带来的差异。正如罗兰·巴特（Roland Barthes，1957）在其《日常的神话》一书中所指出的那样，环法自行车赛本身就适合塑造体育明星，它将运动员置于预设的场景中，让他们不仅要同竞争对手展开为期数周的对抗，还要面对“残酷的”自然环境考验，包括身体上的寒热和疲劳，以及陡峭的山脉，长距离、湿滑和坎坷的路面和有限的时间。队伍中的后勤保障人员最多只能成为自行车比赛中的无名明星，因为它们必须在关键时刻消失，为团队和顶尖车手的成绩做出牺牲。

不同运动会塑造出不同类型的明星。例如，高空跳水运动员无须经历数周比赛的汗水和拼搏，他们的夺目之处在于能够优雅快速地征服垂直高度。体操运动员的高超技巧则体现在对自己肢体、重力和器械的掌控方面上。对于百米短跑来说，具有短距离冲刺速度和瞬时加速能力的运动员可以成为这一项目的明星。我们可以想象一下，那位牢牢占据冠军地位的牙买加选手尤塞恩·博尔特（Usain Bolt）。此外，顶尖的十项全能运动选手则是因为能够在两天之内，展现出跑、跳、投等多个方面的出色能力而引起大众关注。一级方程式的明星则是速度、现代性和人机完美配合的代表。他们展现的是个人主义、渴望成绩并愿意接受风险的心理及坚强的意志，有时还会展现出不公平、互相排挤及非常极端的自私心理。

体育明星类型的差异还来源于运动员在肢体动作方面的习惯以及他们所表现出来的特点，这一点可以从他们的绰号以及在比赛中所承担的角色中看出。例如，在足球运动中，“自由人”贝肯鲍尔（Beckenbauer）之所以被球迷誉为“足球皇帝”，就是因为他身上具备领导人的素质，有总览全局的眼光和格局，并且他上半身的肢体动作明显很少。此外，贝肯鲍尔还能主动从与他人的肢体冲突中抽身，避免硬碰硬的蛮力对抗。在足球运动中，每名球员都有非常清晰、专业的角色定位，因而需要相互协调配合。贝肯鲍尔正是那种能顶住压力控制局面的人，还能在某些球员因缺少沟通协调而出现摩擦时挺身而出。

相比之下，比赛中也存在战斗型明星，他们从顽强的争斗中脱颖而出，尤其是在一些运动员之间会有激烈肢体碰撞的运动项目中。对于那些并不躲避肢体冲突，反而因为自身定位常常有意识地寻找对抗机会的人，人们往往会用某种威风凛凛的动物的名称来称呼他们。例如，在足球明星的隐喻中，贝尔蒂·福格茨（Berti Vogts）就被称作“小猎犬”，因为他那顽强的精神常常让对手深感绝望。韦恩·鲁尼（Wayne Rooney）因其决不妥协的韧性与好斗的精神成为英国工人阶级的明星，这种极具“男子气概”的特质使他不仅在场上，在运动之外的领域也获得了广大群众的信服。

还有一些运动员在比赛中扮演着防守者的角色，他们可能会因守护住体育的纯洁与神圣而成为某类特殊的明星。例如，如果某位手球运动员在世界锦标赛上成功防守住对方球员的七米球，从而帮助自己的球队获得了胜利，他就成了“魔法师”明星。对成功的足球守门员来说也是如此。例如，被球迷誉为“泰坦”的奥利弗·卡恩（Oliver Kahn）之所以取得这个称号，就是因为他总是像在作战一样严密守卫着球门，毫不犹豫地攻击对方，阻挡对手的进攻，同时也会毫不遮掩地用手势与表情公开谴责己方球员在防守工作中的疏漏。当守门员巧妙地阻止或控制住对手的射门时，他们就成功地证明了自己是防守型明星，是“家园的守护者”。尤其是当这些运动员飞身扑球，成功地阻止对手穿越防守线冲破球门，避免自己的球队遭受失败之耻时，观众会用充满敬意的肢体语言和仪式赞扬、鼓舞他们。

征服者或进攻者的形象和防守型明星互为补充。他们会对竞争对手展开攻势，用灵活多变的技战术迷惑、打乱对方的防守阵型，或者直接比拼速度超越对方，从而占领并征服对手神圣的空间。在团队型运动项目中，征服型明星是位于一系列行为链条末端的最终执行者，因此他常常能万众瞩目。通常情况下，只有决胜关头之前的最后一个准备阶段会被观众铭记，那些为了这最终一瞬的明星行为做出前期准备和铺垫工作的其他队员很快会被遗忘，而征服型明星和行动的最终执行者会获得全部的荣耀。他们非常幸运地拥有这种特权，或者说是运气，能恰好在正确的时间做出决策。在其他人犹豫不决并且必须坚守自己的位置时，征服型明星敢于尝试一件未知的事情，并且承担这种有风险的选择可能带来的后果。

此外，那些被看作是维护公平正义的复仇天使也常常被公众当作特别的明星。体育比赛必然会产生失败者，产生不服输的情绪，因此人们期待能有人出现，解决旧账，恢复其在竞技体育中的荣誉。尤其是在某些体育项目多年系列赛事中，对战的运动员或团队可能已有几十年的对战历史，结下了深刻的恩怨。这种在漫长历史中不断强化的对立和冲突既可能发生在某个城市内部、几个城市之间，也有可能发生在几个国家之间。例如，在足球领域，以下几个球队的竞争关系就是这样的：拜仁慕尼黑足球俱乐部与慕尼黑 1860 足球俱乐部，格拉斯哥流浪者足球俱乐部与凯尔特人足球俱乐部，多特蒙德足球俱乐部与沙尔克 04 足球俱乐部，卡尔斯鲁厄足球俱乐部与斯图加特足球俱乐部。国家之间的竞争关系也可能如此，比如美国和加拿大之间经典的曲棍球角逐，印度和巴基斯坦之间的冰球之争，巴西和阿根廷之间的足球争霸。代表正义和复仇的体育明星只能在规则范围内利用自己的力量、技术手段或卓越的身体与心理能力在体育运动中展现自己的卓越，严禁出现任何失控的过线行为，一旦发生，他们就会受到相应的惩罚。通常，那些并非由体育内部引起的矛盾冲突和不对等现象也能塑造体育明星，只要运动员能够扮演洗刷耻辱、抚平伤害的复仇者的角色。例如，民主德国的足球运动员于尔根·施帕瓦泽（Jürgen Sparwasser）曾在 1974 年足球世界杯比赛中以一记进球击败了联邦德国的国家队，他也因此成了自己国家的人民明星。他就像是足球界的大卫与歌利亚决战，并且在全世界观众面前展现并证明了自己的强大。即使是在第二次世界大战已经结束六十多年后，德国国家足球队与荷兰国家足球队之间的竞争也不能仅仅被看作单纯的体育比赛，它还牵扯了一大一小两个邻国抚平民族伤痕与应对自卑感的问题，而且这种纠葛在复杂多变的历史中愈加深刻。

体育运动中的明星不仅包括征服者、防守者和复仇者，还可能充当拯救者的角色，每种类型的明星比例各不相同，试想一下成功的足球前锋或守门员。体育运动的观众期待运动员能取得成功，期待不利的事件发生反转，而拯救型明星则能够将观众从这种因压抑的期待而带来的折磨中解救出来。通常情况下，这类明星人物的诞生是因为其采取了某个出乎意料的行动，在灾难降临的瞬间力挽狂澜，或是迅速机智地解决了已经出现的危机，如出人意料地在最后关头成功射门，或是在最后几秒钟投入篮筐，抑或是在赛跑的最后冲刺加速超越对手。救世主明星要么是在比赛中比分落后的情况下追回差距达成渴望的平局，要么采取勇敢果断的行动带领团队获得光荣的胜利。例如，在 2006 年世界杯中德国队对阵波兰队时，足球运动员奥利弗·诺伊维尔（Oliver Neuville）在加时赛中射门成功，德国队 1 ： 0 取得胜利，奥利弗拯救了德国队，使人们陶醉在兴奋和欢乐的海洋中。

很多时候，明星人物成就的关键行为可以看作某个社会团体——如俱乐部、协会、国家或种族群体等——所做的身体献祭。因此，征服者、防守者、复仇者、拯救者转化成为世俗化的烈士。例如，汉斯·君特·温克勒（Hans Günther Winkler）在 1956 年斯德哥尔摩奥运会的马术比赛中，强忍着严重的伤势和痛苦，与他的“奇迹战马”哈拉（Halla）一同征服了障碍跑，为德国队赢得了一枚金牌，成为民族明星。此外，在 1996 年亚特兰大奥运会的体操比赛中，一位美国运动员为了团队获胜，在脚踝严重扭伤的情况下，坚持完成了预定的跳马动作。落地之后，极度的疼痛让她无法起身，面部扭曲，最终只能由教练员背离场地。在所有的美国人眼中，她的这次跳跃代表的是她为了国家而做出的明星壮举。当运动员为了崇高的目标奉献一切，通过适当的牺牲行为使自己的责任与义务变得“神圣”时，他们就成了烈士般的明星。身体的损伤和伤疤恰恰证明了他们心怀热血、勇于奉献。因此，这些伤口和疮疤非但不会被隐藏，还会像“奖章”一样呈现在大众面前。它们可以明确地表明运动员做好准备，尽最大努力奉献一切，因而应该获得感激和尊重。

在体育比赛过程中诞生的、被戏剧性地搬上舞台的另一种明星人物是悲剧明星。他们以自身的失败清楚地展现出目标与成功之间，以及个人意志与实际能力之间的鸿沟。悲剧明星指的是那些在体育运动中没能达到终点的人，因为他们在重要关头或突发情况下，在众目睽睽之下戏剧般地失败了。他们做出了一些错误判断或鲁莽的举动，或是由于受伤而没能取得预想的成绩。想一想齐内丁·齐达内（Zinedine Zidane）在他的职业生涯中最后一场比赛——2006 年的世界杯中用头撞倒对手的事件，我们就不难理解。或是联想一下中国 110 米栏田径运动员刘翔，当得知他由于受伤不能参加北京奥运会而与预期的金牌无缘时，许多中国观众都备感震惊，为其痛心哭泣。

从一个承担着众人希望的救世主角色跌落神坛成为失败者，可能只是一瞬间，这个转变往往会在运动员的肢体动作中体现出来。由于自身的失误或是某些不幸的情况，悲剧明星不得不忍受随之而来的痛苦。他们的身体保持的紧张状态随之消失，瘫软下来，沮丧地靠着墙，内疚得无法自已，只能寄希望于外界的安慰。运动员个人的失败往往意味着其团队及为其呐喊欢呼的观众也失败了，因此，运动员本身的痛苦与对他充满同情的观众所感受到的痛苦会互相反复加深。

悲剧明星属于反明星的范畴，因为他们辜负了观众对他们的期望，带来的常常是伤害和羞耻感。想一想那些在 2006 年世界杯中由于罚球失败而受到集体打击的瑞士足球运动员，他们使整个国家都陷入了暂时的消极情绪中。有时，悲剧明星甚至会引起观众的愤怒和仇恨，运动员和球迷之间的认同机制在这种情况下被完全颠覆成了消极的、有攻击性的关系。那些没有取得荣誉的运动员必须从后门偷偷溜回家，因为对他们充满愤怒和鄙视的球迷正堵在大门口。例如，在 1954 年的世界杯中，匈牙利队在决赛时败给了德国队，队员因而不得不忍受国内严重的谩骂与羞辱。失败被视为国家的耻辱，而决赛中的悲剧明星就成了人们发泄情绪的替罪羊，不得不带着失败的标签继续生活。在哥伦比亚，如果球员在世界杯比赛中罚球没有踢进，甚至可能会被愤怒的群众私刑残杀，尤其是当这一失误令黑社会赌博输了钱时。

体育运动中的明星人物必须通过成绩来不断塑造自己的形象。因此，那些没能登上领奖台的竞争者，其实是体育运动彰显明星形象不可或缺的衬托条件。正如米歇尔·塞尔（Michel Serres，1981）所说的那样，明星与失败者相伴而生。就像星星需要黑夜的映衬才能更光亮一样，体育明星也需要竞争对手的存在，才能为自己所取得的成绩增添分量。鉴于这种必要性，“参与就是胜利”的奥林匹克座右铭有了新的意义。为了保障明星体系能够作为一种世代相传的制度长久存在，体育需要一套合法的说辞，让某些人通过自身的平庸与失败去映衬明星的耀眼。此外，在极少数情况下，失败者也可能与获胜者相伴而生，他们会构成一种另类的明星主义——成为勇敢的输家，这也属于反明星的范畴。在这种情况下，形式和媒介的关系暂时掉转了：取得了优异成绩的运动员无意中成为背景，用来映衬那些天资不太好的、训练不足的运动员。例如，必须与溺水做斗争而难以游到终点的游泳运动员；像“飞鹰艾迪”那样，着陆时总要摔个跟头或者着陆点总是离山峰很远的跳台滑雪运动员；在经过几个小时的自我折磨之后，终于以半昏迷状态到达终点的马拉松运动员。通常情况下，人们只能在奥运会上看到一些勇敢的失败者，他们虽然成绩不佳，但由于各国都有参赛名额，所以他们能够获得参加比赛的机会。观众有时会疯狂地为这些反明星欢呼庆祝，并不是把他们当成骗子无情的攻击，而是惊叹这些成绩不佳的门外汉也有参加比赛的勇气，在此之前，这些门外汉因为成绩较差并没有勇气尝试。因此，如果那些受到众人期待取得高水平成绩的领域出现了较差的成绩，它就有可能引起人们的暂时注意。

在一个将个人能力无情地展现在大众面前，并将获得成就的可能性具体到某个人身上，将个人塑造成明星的社会领域中，运动员始终会面临这样一种风险，那就是他们曾经取得的名声和地位可能因为接下来没能取得好成绩或是被爆出有违反规则的行为而一落千丈。因此，体育明星的地位总是比较脆弱的，很容易受到影响。竞技体育这一系统既可以创造明星，也可以象征性地杀死明星，尤其对短期明星来说更明显。如果某位明星在取得优异的成绩之后无法一直保持下去，那么终有一天他将遭到大众充满同情的嘲笑。与此同时，如果其他参加国际比赛的无名小卒取得了好成绩，将会摇身一变成为民族的明星。这种角色的瞬间转换为人们的交流和讨论提供了绝好素材。

我们大致可以这样总结：通常情况下，体育明星诞生在紧急时刻或预料到要发生紧急事件的情况下。这与日常生活中的明星是紧密相关的。例如，冒着生命危险在地铁站内列车呼啸而过之前救下掉入站台的人；载满乘客的飞机动力系统出故障时，机长将飞机成功地降落到河流中；在美国校园持枪杀人案中，为了让学生能够及时跳窗逃离，教师牺牲了自己的生命。但竞技体育中的紧急情况与这些有着完全不同的特点和含义。它们不是客观存在的紧急感与公民勇气共同作用的产物，而是运动员的两极分化、践行体育项目的规则所导致的结果。在体育运动中，所谓的紧急情况并不需要竭力避免。相反，由于在体育的竞争环境中，一方的胜利只能建立在另一方失败的基础上，因此，人们总是有意识地给对手创造压力和紧急状态。但一方基于战术和自身能力为对手制造紧急情况时，并不是为了使对方丧命或故意给对方造成伤害，它其实是一种人为制造的困境，是为了增加自己的获胜机会并最大限度地减少竞争对手的机会。观众享有实时观察第一手事件的权利，能够看到运动员是如何你来我往互相制造困境以及应对紧急情况的。因此，体育明星被视为这样一种社会形象，他们最终需要凭借勇敢的、有时甚至是自我牺牲的行动，来应对这些结构性的、人为创造的、紧急而危险的情况。例如，滑雪比赛中故意使赛道结冰、为马术比赛设置障碍物、给赛车项目设计困难路段，这些都增加了比赛的趣味度和观赏性，也增加了选手进行比赛的难度。体育联赛中的升级赛或降级赛会自上而下引起小组内相应的波动，也会造成紧急情况，促使明星人物涌现。如果某位运动员可以帮助队伍避免降级到较差的小组，或是通过成功射门或防守帮助队伍提升排名，那他就有可能获得明星地位。举个例子，多特蒙德队的足球运动员亚历山大·弗赖（Alexander Frei）就曾在2006—2007赛季德甲联赛四分之一决赛中，于81 000名观众面前，成功打进两个精彩的任意球，从而战胜了法兰克福足球队，使其球队免遭排名下降的威胁。对此，《法兰克福汇报》（FAZ，2007年4月30日）这一全国性的报纸称之为“多特蒙德之王”和“多特蒙德戏剧明星”。

运动员在体育运动中必须克服重重困难，这让人联想到古代明星经受的考验和磨难。他们需要踏上冒险之旅，打败海怪和独眼巨人，抵抗塞壬的诱惑，或通过航行来证明自己，才能赢得明星的名号。在体育运动中，运动员的任务是跨越障碍、击败对手、采取最佳的方式落实评价方针。他们通常需要离开家乡，离开给予他们支持的熟悉的环境，来到一个遥远而“危险”的地方——也就是陌生的体育馆——完成他们的冒险与挑战，证明自己的能力。因此，当运动员为了参加各自项目的重大比赛而离开家乡时，当地民众往往会举办一系列甚至有些过于隆重的告别仪式。当运动员在奥运会或世锦赛、欧锦赛中成功“逆袭”之后，人们也会在街道上举办狂欢庆祝活动，列队欢迎运动员的返程，或者在广场、市政厅阳台上向运动员致敬。明星的事迹将被记录在“金书功勋簿”中，获得政治要人授予他们的“银月桂叶”勋章。

三、体育明星故事

明星的故事讲述的通常是当事人的人生转折，以及这种转变的最终结果。这里需要涉及几个在古希腊神话中就已经出现的核心问题：个人如何在危急和危险的情况下证明自己？在冒险之旅中又经历了哪些转变？荷马（Homer）和维吉尔（Vergil）所塑造的明星都拥有非同寻常的超能力，这不是他们经过多年的训练和努力得到的，而是神明传授给他们的。对于名誉和荣耀的渴望是促使他们发挥出所有潜力的动力，但有时也会引导他们走向毁灭。在现代社会的生活条件下，与“转变”这一话题相关的故事完全是另一个模样。如今，传统的价值体系逐渐失去了意义，大多数人不再将寻找俗世之外的信仰的救赎视为生活的中心。因此，当代的明星故事不再讲述神灵与凡人的对立和冲突，而是将人们在功能分化的社会中面临的诱惑与危险作为主题。竞技体育这一社会领域尤其适合讲述有关转变的故事，因为它已将遍及整个世界的残酷的竞争关系制度化。因此，竞技体育是一块被认可的社会“飞地”，在这里，第三方的观众可以像看一场戏剧一样，观察某个人或某个团体自我证明的过程，并对此进行裁决（Gebauer，1989；Alkemeyer，1996；Boschert，1996；Immermann，1996）。面对仅有的明星荣誉席位，运动员需要展开意想之中的竞争，这带来了非常尖锐的冲突，并形成了一个基础的、悲剧性的集合。在这个集合中，人们可以预见三种典型的转变：地位上升、下降及卷土重来。此外，这些个人和团体的转变会被一次次重新书写与讲述。

因此，竞技体育的观众可以亲身经历许多故事。例如，励志故事中，那些无名小卒是如何一步步上升直到成为超级巨星和偶像的，那些穷人是如何通过运动成就以及相应的奖金一夜之间变得富有的，那些弱者是如何通过艰苦的训练变得强大的，还有那些缺乏国际比赛经验的足球运动员是如何转变成一个团结的队伍，最终战胜强大的对手获得世界杯胜利的。类似的以积极的转变为话题的故事，就曾于2006年在德国激发了全社会的热情与爱国情怀，因为在此之前，很多人都认为这是不可能实现的。对体育明星的认同带来了对民族社会及其象征符号的认同，也就是构建了“想象的共同体”（Anderson，1983）。体育明星就是这个共同体的代言人。

个人或团队的积极变化能够塑造明星形象，与之相对的则是体育明星逆转为非明星或者反明星，也就是地位下降的故事，这类故事在体育明星史上也时常出现。另一类故事在记叙明星生平时会讲述运动员遭遇困难、形象崩塌和失败的经历。故事讲述的是，运动员或团队未能满足外界对他们的极高期望，在各方面的压力下崩溃了，不得不和他们一直享有的胜利者的头衔告别。除此之外，其他有关地位下降以及逆转的故事还可能讲述的是：运动员交友不慎，将他们的钱投资到不良的渠道，触犯了法律；在通宵狂欢之后将象征其社会地位的汽车开到了墙上；由于性丑闻登上头条新闻；或者为了彩票操控体育比赛不得不结束他们过去光辉的职业生涯。这些有关运动员地位下降的故事描述的是他们人生经历的转折，主要是体育成功带来的负面影响，也就是说，成功者会在特定情境下，暂时甚至是永远地重新沦为失败者。对此，人们只需联想一下到目前为止媒体报道过的与过去的体育名人相关的新闻，如谋杀、过失杀人、酗酒、吸毒、闪电离婚、与黑社会交往及身体与心理上的转变等。

这里需要简单介绍两个典型案例。迭戈·阿曼多·马拉多纳（Diego Armando Maradona）在体育运动的明星故事中是一位固执的、不受约束的、我行我素的足球运动员。他一生都反对经过周密思考和反复推敲而形成的战术体系，他16岁时就参加了阿根廷甲级联赛，还取得了一系列国内和国际冠军头衔（Archetti，2001）。马拉多纳可以迅速改变比赛节奏，能够长距离带球，假动作技术高超，射门精准，还上演过“上帝之手”（译者注：手球得分的戏称），因此他每时每刻都吸引着观众为他着迷。但他的职业生涯充斥着丑闻，因此充满了戏剧性特征，经历的大起大落越来越频繁。在他的足球生涯结束时，马拉多纳在人们心中成了一个奇特的、自我毁灭的、自我放纵的天才，他未能控制住自己的欲望，所以无法脚踏实地地充分发挥他的才能。他用气枪向等待在一旁的记者开枪，酩酊大醉时因吸毒被逮捕，在世界杯的药检中呈阳性，还在意大利因税务问题而被定罪。但他仍然是阿根廷和意大利民众的偶像，是足球之神，所以他的出格行为能够被谅解，这是因为他迄今为止展现出来的所有优点和缺点都极具戏剧性的表现。马拉多纳所经历的转变不仅改变了他的职业生涯和心理，还将他曾经具有明星气质的身体变得臃肿且可怜。但即使是在身材变形的情况下，他仍然可以做出天才般的动作，证明曾经的伟大和辉煌。

另外一个体育明星跌落神坛的例子是曾经的拳王——迈克·泰森（Mike Tyson）。泰森在纽约的街头长大，从小为了生存就饱经磨难。早年间，这位“铁人”遇到了一位亦父亦友角色的人，此人对他进行了暂时的管束，并引导他一步步走向世锦赛一流拳击手的行列。在拳击场上，泰森是令人闻风丧胆的“斗牛犬”，因为这个好似来自野蛮时代的斗士只需要几分钟的时间就可以将对手彻底打倒。在他更换了赞助方，而且那个亦父亦友的支持者去世之后，泰森的人生就开始走下坡路，曾经受人追捧的拳击偶像一步步沦为了暴力犯、强奸犯。他挥金如土，比赛中咬别人耳朵，成了一个彻底的失败者（Jefferson，1997）。在舆论的描绘中，泰森是一个极具阳刚之气但道德败坏的黑人。他在拳击运动给他带来的名誉与赞歌中迷失了自己，遭受了几年牢狱之灾，并且恐怕不得不在人生低谷和债务旋涡中度过一生。就像故事的结尾所揭示的那样，明星是否能够保持明星的称号，也是要接受考验的。并且，很明显的是，并非所有人都有能力永远地守护住他们曾经获得的地位。

近年来兴奋剂问题层出不穷，这让体育明星的形象在公众眼中瞬间跌入谷底，运动员不得不经受意料之外的变化和地位的下降。曾经受到追捧的运动员变成了使用兴奋剂的罪人，而面对他们固执的谎言和欺骗，人们常常也只能报以同情。那些使用非法手段跻身明星殿堂的运动员则会受到相应的管制，最终被驱逐到殿外，他们的名字会被象征性地从胜利者名单和记录中删除，还必须退还奖牌和黄色领骑衫。因此，兴奋剂检测员就成了专业的明星杀手，他们借助科学的测试方法检测明星体内是否有某些非法的、不合常理的痕迹，并将越轨的人送交法院审判。

在体育明星向悲剧明星或恶人转变的过程中，观众可以认识到家庭教育计划中的重要内容，也就是说在青少年时期需要遵守公认的社会规则，要不断地思考未来和为未来做准备，不要为了错误的目标花费精力。这些指导人们如何“正确地”生活的故事是从运动员的失败经历中衍生出来的，这些反面案例不仅具有引导的功能和榜样的作用，还能通过讲述这些成就带来的负面效应疏解人们在这个明显不平等的社会中对他人产生的忌妒情绪。虽然取得成功与荣耀能够带来社会地位的上升，但这也有令人反思之处。只有把这种成功背后的潜在风险以戏剧化的方式表现出来，才能让社会走入正常发展状态。看到明星犯错时，非明星就可以满意地靠在椅背上，庆幸自己的平庸和遵纪守法。作为具有独立性的新闻人，娱乐记者与调查记者现在也开始专注于曝光体育运动明星的丑闻，从后者的日常生活中捕捉异常情况，向公众公开偷拍的照片，揭示这些明星在人前和人后的差距，从而让普罗大众获得心理平衡，对自己的平凡感到满足。

除了讲述体育名人的人生起落之外，还有一种记叙明星生平的方式，也就是曾经的体育明星自我净化重新复活的故事。这种叙事的基本结构与对明星的失误和失败的报道直接相关，但是会以此为出发点，呈现明星后续的积极转变。有些运动员个人甚至是整个团队并未在失败和负面消息的泥沼中消沉，而是振作起来，加倍努力，致力于恢复到曾经的水平，成功地从比赛失败所标志的象征性的死亡中复活。他们重新成为明星，而这种转变使他们再次变得令人敬佩。例如，在十几岁时就取得了奥运会跳高冠军的乌尔里克·迈法特（Ulrike Meyfarth）及取得了游泳锦标赛冠军的弗兰齐丝卡·阿尔姆西克（Franziska van Almsick），她们在之后的运动生涯中都不得不面对一段较长时间的职业低谷，在此期间，她们也遭到了路边小报及一些官员的恶意奚落，虽然这些报纸曾经对她们极尽褒奖与赞誉。但这两位运动员都在多年之后再次取得成功，并在各自的运动项目中重新获得了令人尊崇的地位。另外一个以另类的方式“复活”的故事主角是“绅士”亨利·马斯克（Henry Maske）。几年前，在退役十年之后，亨利重新登上拳击赛场，击败了他的老对手维吉尔·希尔（Virgil Hill），洗雪了他在职业生涯的最后一场比赛中输给维吉尔的耻辱。除此之外，那些在职业生涯的巅峰以明星的身份功成身退的运动员，也可以书写卷土重来的故事。他们可以在沉寂多年后重新复出，与他们的后辈一决高下（例如，迈克尔·舒马赫）。

体育明星重现、净化和复活的故事传递了一条重要的信息，这条信息指明了事件影响广度与后续行动的重要性。也就是说，在短暂隐退甚至失败之后，能够重新站起来，直面挑战并努力地奋斗是值得的。此类故事将时间这一维度与现代主体自我赋权的观念联系在了一起。

明星的故事	转变
作为积极转变的明星诞生和地位上升	穷人通过取得体育成功而变得富有；弱者通过训练变得强大且不可战胜；无名之人变得有名；相貌平平的人变得好看
地位下降以及负面的逆转	胜利者变成失败者；富有者变得贫穷；强大者变得弱小；美丽的人变得丑陋；名人变得寂寂无闻；受人欢迎的人变得遭人厌恶；文明的行为变得不文明；遵守规则变成违反规则
复活和净化	通过克服疲劳和痛苦实现积极的转变；基于艰苦的努力实现光荣的复出

图 2　体育明星故事中的动态形象

通常情况下，明星可以在恢复名誉的过程中寻求外界的陌生人来帮助他们。联想一下 2006 年世界杯的经历，人们可以称之为体育明星主义的克林斯曼效应：一位之前非常成功的足球运动员在退役多年后，带着一系列的新想法和新理念重新回归足球界，与对足球运动具有强大影响力的幕后机构对抗，重塑球队结构并带领它走出失败的困境。因此，体育运动中的明星主义并不局限于运动员自身，还可能出现在教练员、裁判员及其他相关协作人员身上。

运动员的体育生涯时刻处于动态的变化之中。如今，大众媒体会抢先报道有关明星人生起落以及重生的故事，并通过添加配图、使用修辞手法进行渲染。大众媒体传播这些不同寻常的体育成就并将其融入社会日常交流的话题之中，从而实现了对体育明星主义的时间化。虽然有些观众并没有亲临现场见证明星诞生的时刻，但大众媒体的信息存储和传播功能让他们在事件发生之后也能同样感受到明星所散发的光芒。大众媒体，尤其是电视以及热衷于丑闻和八卦的街头小报，会在竞技体育的等级排名规则和对运动员进行筛选的行为中出一份力，并且有意地鼓动明星崇拜或者“杀死”明星，因为它们需要满足自身对戏剧化和个性化的需求。如果它们想要长期地吸引读者、听众或观众的兴趣，就不能连篇累牍地讲述有关现代社会复杂性的枯燥故事，必须提供满足观众娱乐需求的信息和图片。因此，从这一方面来看，媒体特别容易和体育明星的转变产生关联。

20 世纪 80 年代初，随着私人电视台的出现，联邦德国爆发了对明星的大规模崇拜。这些私人电视台就像那些一直以八卦为导向的街头小报一样，开始关注体育明星，并创建了整个明星产业，其目的就是吸引那些公众开始关注自己的节目和广告信息。可以这样说：私人电视台有意地采取了新的策略，开始对明星进行管理和消费。它们不再满足于仅仅报道那些即使没有它们也会实现的体育成就，而试图在自己的导演编排下创造体育明星主义的情节并为己所用。想想看，卢森堡广播电视台（RTL）将德国年轻滑雪跳伞运动员包装成“男子组合”的案例。与此同时，为了争夺高收视率，公共广播公司也开始顺应这种趋势，以适当的形式把体育明星搬到镜头前，对其进行包装和营销。

大众媒体是为观众的幻想服务的，这既包括观众对明星的想象，也包括观众对自己的幻想，虽然他们自己不愿意或无法完成这些非同寻常的举动，但可以幻想自己参与其中。大众媒体还将明星主义图像化：图像和现场原声还原了一切，既有令人瞩目的成就，也可能出现戏剧性的失败。有关体育明星经历种种人生转折的故事可能会被神化，成为体育史诗和传奇。对此，不能只考虑到媒体在重大体育赛事中重演明星行为，还要考虑到体育书籍、体育电影，以及以体育博物馆或“名人堂”的形式表现出的对明星的崇拜。这些结构的存在是为了系统性地观察体育名人。它们明确地规定了什么应该被铭记，而什么应该被遗忘。更重要的是，它们还暗示着人们应该成为什么样的人。

第三章　X- 极限：冒险和极限运动中的合理动机

现代冒险和极限运动的形式和场景是大众所熟悉的：人们背着降落伞从高楼、桥梁或大坝上跃下，完成沙漠马拉松，在有房子那么高的海浪中冲浪，乘坐滑翔伞在危险的大风中飞行，或者是攀登地球上最高的山峰。这些多种多样的活动最初还十分令人惊异，能够引起社会的关注，如今已成为一种独立的体育运动模式的核心组成部分，这种体育运动模式专注于常态化地制造和策划冒险的实践。如今，形式更为简化、缓和的极限运动也成了一种大众体育运动，出现在新兴的冒险乐园中。成千上万的单板爱好者在雪道上自由试验他们的滑行技巧，日常工作繁忙的人周末在柏油马路蹦极或者在极速云霄飞车上体验离心力。极限运动看起来已经成功融入了多彩的现代社会。然而，诸多事故报告表明，挑战风险不仅耗费体力，有时还会造成毁灭性的后果。每年都有不少人为了体验特别的激情而付出生命的代价。

为了解释这种时至今日大部分学者仍逃避解释其意义的行为方式，社会学家指出，不要在人类学或生理学中寻找答案。人类学或生理学的解释通常基于以下核心观点：人类生性需要消遣和新鲜事物的刺激，或者需要体验排解情绪、释放肾上腺素的感觉，从而获得活力。这种方式的解释将人类的冒险行为本体化，在行为和激素之间建立了一种线性关系，因此成了更为复杂的理论工作的思想壁垒。下文将不从个体主体、个体动机或身体激素的角度来解释现代的冒险意愿，而是在社会学理论思想的基础上进行理论阐释。本章的论点是，现今的冒险和极限运动是现代化进程中个人影响与矛盾心理的反映。下文将沿着这一思路展开讨论。

一、冒险体验和克服恐惧

现代社会制定一系列规定，让人体会到充足的安全感。所有事物都被预先设计好，并且按部就班地进行。然而，安全感、常规性和对体制的信任还伴随着另外一面——无聊和空虚。在那些现代性集中体现的地方，即在大城市和人口密集地区，这种现代的“倦怠感”促使人们想出相应的策略以对抗空虚、常规与惯例。在这个过程中，一个独立的行业专为人们制造刺激、迷醉、消遣和焕然一新的感觉。现代冒险和极限运动的出现适逢其时。独特的场景、行为方式和社会形象以一种独立体育运动的形式出现，为充斥着无聊的社会提供了活力。这种体育运动的参与者自愿承担风险和不确定性，以此填补自己在现代社会中的不满足感。这清楚地显示，现代性不仅造成人们对安全感和风险最小化的需求，也同样从另一面推动人们对冒险、不确定性和恐惧体验的渴望。

对于恐惧这种情绪，人们似乎不再避之唯恐不及。相反，它也被认为是一种值得向往的感受，人们可以适度地去体验，以充实自己的闲暇时光。体育运动是人们以享受为目的感受恐惧和不安全感的一种特别方式，因为这一行为领域不涉及解决生态、失业、恐怖主义或过度军事化等社会争议问题。人们在体育运动中试图挑战的诸多风险其实是奢侈的风险，人们在业余时间体验它们，或者由专业运动员代替人们体验它们，以娱乐对冒险感兴趣的观众。

因此，当极限运动员在他们的“突破尝试”（Cohen et al.，1977）中将自己置于危险情境时，并非以自身的死亡为目的。他们更多的是利用失败所带来的潜在威胁感和恐惧所带来的刺激感来提升自身的活力感。法国极限登山家埃里克·埃斯科菲耶（Eric Escoffier）用存在主义者的激情描述了冒险活动赋予人活力的作用：“宁愿像狮子一样仅仅活两分钟，也不愿像只知道睡觉的动物一样浑噩度过漫长一生。”[①] 现代极限运动因此被视为一种确立生命力的文化技巧。在一种摆脱尘世乏味的极端行为中，人们不是在加速死亡的不可避免性，而是通过冒险体验、克服恐惧和偶尔逼近死亡

---

① 38 岁的埃斯科菲耶于 1998 年 8 月在喜马拉雅山的布洛阿特峰失踪。

的体验来使生命升华。

二、自我赋权和自我升华

相对于借助书籍、广播、电影而进行的较为被动的休闲活动，对极限运动员而言，更为重要的是主动采取行动。正如法国社会学家阿兰·图海纳（Alain Touraine，1995）所说的，极限运动员想要成为行动者，而不是代理人。他们想要采取行动，而不是成为行动的对象。他们想要掠夺战利品，而不是领取养老金。他们身上表现出的这种公开的行动主义，不仅是为了获得冒险的刺激、驱除现代社会的无聊和常规，同时也是现代主体的自我赋权。那么该如何解释这种“权力意志”？极限运动中自我赋权的尝试表明，人们不得不接受社会现代化进程导致的软弱无能和无价值的感受。

以下的因果关系可以为前文提供例证：无力和虚无感是现代社会很大程度上以组织性社会的模式运作的结果。自19世纪以来，越来越多的团体从个人与社会之间脱颖而出，极大地改变了以往的人与环境之间的关系。科勒曼（Coleman，1986）就此指出了个体和组织之间日益增长的不对称性，并推测出这种不对称性会不断压迫个体（按照科勒曼的说法则为“自然人”），使其变得无足轻重。这是因为个体掌握的资源远远少于其组织所拥有的资源。这一发现也可以由以下论点补充说明：人们通常也没有退出组织的选择权，也就是说，他们无法避开组织，因为别无选择，只要想想市政府、税务局或学校官僚机构就知道了[①]。此外，在组织看来，个体行为者是有高度选择性的。人们不会永远“全部”只属于一个体育俱乐部、大学或商业企业，而只能在非常有限的局部获得他们的意义。因此，可以预见，组织会令个体成员产生疏离感和无足轻重感。软弱无能和毫无价值的感觉仍会继续出现，因为在组织化的劳动分工社会中，个体行为一般不是在一个闭合的、自给自足的可掌控的环境中运行，而是嵌入在长长的复杂的行为链中。行为的开始和结束通常是难以捕捉预测的。每当参与到社会活动当中，人们就会无法避免地坠入现实，而现实的规则和影响却不由他们说了算。仅仅是由于他们与各种社会功能系统的结构性耦合，人们就会陷入失去掌

① 关于四种可能存在的不对称性，参见席曼克（Schimank，2000b）的文章。

控的情境中，而这种个体影响力的局限性和个体的无意义感也通过现代大众媒体不间断地传播感染到每个个体。新闻广播不只是告知人们世界上正在发生的事情；与此同时，它们也清楚地使人们认识到自己的影响力有多么渺小。于是，对世界的观察和沟通以一种微妙的方式令那些善于观察的人得出了一个判断，即个体是无关紧要的，没有任何影响力。举例来说，当我们看到所谓的第三世界人民的悲惨生活，或者在屏幕上实时收看恐怖袭击时，我们能采取什么直接的行动去改变呢？

我们基于上述思考可以得出如下观点：我们不仅应在无聊、空虚和常规生活的背景下讨论现代极限运动，还应发现它与人们的软弱无能和毫无价值的感觉之间的重要关系，而这些消极感受伴随着现代组织和媒体社会的扩张发展出现。在组织行为者“无形之手”的运作下，个体按照不同的社会子系统的节奏随波逐流，只有在非常有限的局部中才具有个体意义。显然，人们不仅需要被动地参与世界的各个部分，还要主动地、完整地参与和体验世界。极限运动恰好可以以特殊的方式在特定领域满足人们的这种需求。

冒险和风险行为具有一种累加性的特征，因为它们都是以极端的方式吸引受众，并且要求人们具有“超级包容性”（Göbel et al.，1998）。当登山者探索 8000 米以上的死亡区或者在瀑布和漩涡处进行极限划船运动时，他们其实是在拿生命冒险。这里讲的不仅仅是个人承担的部分风险。举例来说，在经济交易中，当人们签署有风险的合同时，其实是将个人的经济状况置于风险之中的。此外，极限运动覆盖的不是特定领域或仅仅是象征性参与的人，而是那些“全身心”投入的爱好者。因此，极限运动以一种激进的方式对抗现代社会的主导力量。应对日常生活的风险时，人们希望获得那种个人可以全盘掌控自己人生的感觉。冒险活动提供了一种稀缺资源：从事冒险活动时，个体通过自身行为的微观层面影响去认识和理解世界。因此，极限运动员做出的种种惊人行为，讲述的是关于应对和克服挑战的故事；而在危机、丑闻和毁灭发生的时候，讲述的是更加偏向于失败和幻灭的故事。

个人为了完善自己，以一己之力或者与一小群志同道合的人一同经历各种冒险和尝试，这是对西方文化传说的典型追溯。精英对大众的蔑视、对自由的幻想和对孤独的渴望，掺杂在这种自我确认的无意识的误解之中。著名职业冒险家赖因霍尔德·梅斯纳（Reinhold Messner，1991）曾经坦言：

“我的人生只有很少的几条准则。其中一条是由冒险的条件定义的：第一，我去的是无人到达过的地方；第二，我受好奇心的驱使前进；第三，我会挑战直至到达自身的极限；第四，我知道有受伤或一去不复返的风险；第五，遵循我的内心，我不会去媒体、粉丝或者我的合伙人想让我去的地方，我要去的是我可能会失败的地方。”①

极限运动员塑造的这种自我风格使自己成为个人和集体意义的影射。时下的广告业越来越喜欢利用冒险型的人物形象和活动，使他们在公众心目中成为个性和自由的标志，用以相应地推广特定的产品。作为自我赋权的社会人物，极限运动员可以迅速晋升为明星。在这个社会的许多领域中，承担着某种社会角色的大多数人的行为保持情感上的中立，个人意义不断丧失，这时，冒险明星以壮观的行动惊人地表明，主体尚未完全死亡。然而，在极限运动员被人们拥戴成为明星之前，他们首先要经历大众可见的困苦，经受人生低谷和失败。他们不一定非要在追求目标的过程中取得成功——仅仅是尝试本身或者可见的努力，就足以令一个勇于抵抗诱惑和贯彻自我的人获得认可。

三、西方社会整体环境是逃离的原因

有趣的是，在现代冒险和极限运动的帮助下，自我赋权是在自我指涉和外部社会复杂性相对抗的框架内实现的，也就是说，它与自然的内在规律、物理宇宙和人体的内在逻辑相对抗。这一阐释具有重要的优势：在这里，个体不必与那些在日常生活中产生外部控制、无意义和过度赋权的象征性力量和强制局面做斗争。极限运动员在进行冒险活动时，起到关键作用的并不是关于复杂的象征的广义控制媒介，如金钱、权力、知识或真相，也不是关于精雕细琢的艺术语言和片面语，而是勇气、灵敏和身体机能上随时投入的状态。当人们在个体交流中找不到安全感时，至少还可以通过肌肉的运动技能和心理素质向他人证明自己的行动能力。与这一逻辑相符，极限运动员选择在山脉、河流、沙漠或者海洋等自然环境或者现代社会中人工建造的街道、摩天大楼、水坝和塔楼等环境中从事冒险行为，以达到

① 除了实质性陈述外，本段引文的另一个特点是经常使用第一人称。

他们的冒险目的。在这些地方，他们通过急刹车、坠落和加速等冒险行为与万有引力定律对抗，还经常要用挨饿、受冻和流汗来证明自己的自控能力。他们的冒险行动往往遵循着地球的自然规律：潮汐涨落、日夜交替、风雨起止、冷热变换。在冒险活动中，人们获得了在社交沟通领域无法获得的差异化体验。

在自然法则世界中进行的自我赋权还具有其他优势：水、空气和泥土给人类的行为提供了可以被观察的环境；而在社会的其他功能领域进行自我赋权的尝试则遇到了阻碍和限制，因为它必须在抽象和象征的世界中才能开展。例如，在科学界发生的头脑冒险和自我赋权的尝试主要反映在书面媒介上，更确切地说是以出版物的形式进行表现。只有这样，社会荣誉才能作为科学真理准则的第二编码得到承认（Luhmann，1970），自我赋权才能得以认可。然而，科学的主要成果通常只有具有阅读习惯的小部分受众能够获得，这也为那些未掌握科学抽象思维和语言的人带来了严重的理解问题。

然而，现代冒险和极限运动是真实生活中发生的事件。在这里叙述或展示的自我赋权故事相对容易破译，因为它们与观众和听众的日常生活密切相关。冒险情节经媒体公开后，可以在"感官移情"的基础上被感知和理解。外部观察者不需要使用抽象的思维模式或掌握冗长的专业知识，就可以快速获得享受。

四、个性化和区分

人们不仅希望通过极限运动进行自我赋权和自我感动，还希望用自己激进的行为获得他人的认可和理解，并创造独立的身份形象。在复杂的社会中，这种行为是可以预料的，因为社会分化会迫使个体必须与其他人相比较来证明自己。与之相反的是，在前现代社会，当时存在的社会阶层对个人生活方式以及自我表达的可能性和界限有着严格的定义，当人们的行为越界时，就需要付出被社会排斥和疏离的代价，因此现代个人主体就面临着对内（自我）和对外（他人）定义和区分自我的重任。由于个人履历是以不断丰富事件的方式而不是其他方式进行的，它就成了主体可以展示自己特征的固定点。极限运动等特殊的活动可以作为传记电影来为个体服务，个体可以在其中编写相应的主观情感和个人生平。

因此，冒险和极限运动员将有组织的竞技体育能提供的可能性和个性化承诺联系在一起，即通过以成绩比较为导向的媒介，在观众面前塑造自我形象。一个短跑运动员能在9.5秒内跑完100米，与其他跑得较慢的同时代人相比，就可以将这一点作为个人的特质。关于极限运动的顶级领域，更多的是另外一种形式的竞争和开拓性成就：高山险峰的首次登顶、发现新线路、横渡海峡或湖泊、单人帆船穿越大洋、首次热气球环球航行、漫游险恶的无人区等。

当所有这些首创性的征服行为都已被人成功完成，无法再有新生奖励时，人们就开始着眼于其他方面的标志性差异来表现个性：作为使用技术辅助或者完全没有技术辅助而完成某项极限运动的第一个男人、第一个女人、第一个美国人或者第一个德国人。为了证明其独特性，人们还会将一项冒险运动和其他几项相结合，组成新颖的冒险形式，不断拓展界限、追求极限，力图创造新的纪录。

极限运动员主要通过示范性冒险和将自我置于危险情境中来塑造个性化特质。与游乐园中的过山车和蹦极等各种简化的日常短期冒险运动不同，现代极限运动的结局是开放性的，即后者是可能会失败的，这一点已经由无数死亡事件一再证明。所以，人们在极限运动中自愿把自我置于危险境地时，就很有可能引人瞩目，因为对于现代人来说，自我保护、健康保健、延长寿命和尽情享受当下在现代文化中占据着极高的地位。

死亡的存在为极限运动进一步添加了神秘的色彩，死亡是对现代个体的终极伤害，这给了那些有意识地接近死亡的人们一种超凡脱俗和大胆无畏的光环。正是因为许多人想要忘记死亡的存在，并且极力远离人类的这一终极边界，那些自愿冒险和主动置身于致命危险情境中的人，才能以一种极为震撼的方式吸引整个社会的注意。有意识地冒着生命危险从事极限运动，可以让人们获得自身冷静沉着、活力四射的象征资本。在冒险和极限运动中，运动员以示范性的方式拒绝社会惯例。[①] 通过将自身置于危险的行为，冒险者与传统体育运动、教育机构、疾病康复中心和健身产业等的期望保持距离。

① 参见福柯（Foucault，1977）有关监狱和精神病院历史的分析。

这些社会组织或实体一直试图以微妙的方式控制和监督社会成员的生命和健康。

五、身体和感知

极限运动员通过以身体为导向的行为来反对日常生活的智能化和限制。攀登山峰、穿越冰原或沙漠的人们，在一个从许多方面来说已经使身体变得可有可无的社会中以示范的方式支配他们的身体（Bette，1989）。日常生活中，人们驾车出行、乘飞机飞行、通过电话或电子邮件进行交流，他们对时间、身体和精力的耗费越来越少。极限运动以一种激进的形象系统地反抗现代性带来的疏离感。他们通过长途探险、徒步旅行、爬山或穿越极地等身体活动来证明：身体作为运动的载体尚未变得完全多余。

在以沟通为基础的社会背景下，极限运动表现的不是沟通，而是感知。人们在极限运动中以一种有趣的方式重新开始感受自己的眼睛、耳朵和鼻子，还有手、脚、方向感和平衡能力。登山者、长距离游泳运动员或极限冲浪爱好者并非要挑战任何需要高智商的任务。在次级和三级间接经验对个人经历和视野持续驯化的社会背景下，他们寻求的是最基本的身体体验和非同寻常的感官印象。

在一个由语言、文字、图片和影像主导的社会中，现实主要表现为人们听到、讲到、读到或者在屏幕中看到的现实世界。但是，语言和文字产生的只是一个符号世界，如果描述和代表事物的词语被当作事物本身，那将是灾难性的（Luhmann，1997）。这表明了基于语言和文字的身体和感知行为的重要性。它为人们提供通往真实的现实世界的通道，让人们能够进入语言和图像可以描绘的，却永远无法通过它们来触碰到的真实现实。人们嗅得到、抓得到和通过自己的身体以各种方式切身感受到的事物所产生的效果、作用，与只能通过沟通来理解的事物不可同日而语。

由于沟通常常引发误解，因此在极限运动实践中以感知为导向的无言的身体行为，在社会中明显有很大的需求。以身体和感知为导向的极限运动被视为弥补个人理解盲点的解决方案。毕竟感知并不依赖于区分信息和观点，而对于沟通而言，这种区分会造成根本性的差别（Luhmann，1984；Kieserling，1999）。信息、沟通和理解明显地互相偏离就会造成误解，而且误解的后果在大众媒体的帮助下也将不断传播发酵，因此在个体层面上，人们开始呼吁感性、快速和简单直接的理解方式。

六、独特性和自我证明

由于宗教起源的固定性以及其成员有限的空间流动性，前现代社会被描述为“确定性社会”（Gross，2000）。相反，现代社会的结构是矛盾和模糊的：除了日常生活的常规之外，人们唯一能确信的便是传统意义上的安全感和确定性变得不再可信。这一评价来自社会结构的变化，这些变化是在行动者的背后由完全不同的动机导致的非有意的副作用引起的。在这种背景下，冒险和极限运动能够做出一种明确去证明的承诺，许多人都愿意接受并且表示感激。只有考虑到现代化造成的确定性丧失，才能充分地理解冒险动机的扩张。我们将通过下面的事例阐明何种力量在推动这一发展。

现代社会释放出一种适应成长、变化和永久增长的动力，这一事实系统地摧毁了传统社会。如果现有的存在只是作为过渡到未来的阶段，那么现有的存在就是有缺陷的，并且需要长期改善。当社会领域各自从某种功能中解放出来，从外部转向自我，最后只对服务于自己的逻辑有兴趣时，就会产生这种人尽皆知的不满。现代科学的独立性以一种相当直白的方式表现出随之而来的明显的缺失。今天的真理，可能明天就被弃如敝屣了。

复杂的社会通过差异化矩阵持续创造一种世界观，这种世界观对许多社会成员来说是模棱两可的、多元化的。现代社会不仅是如格罗斯（Gross，1994）所说的“多元选择社会”，还是一个多元观察社会。这意味着社会的功能分化增加了选择和观察的可能性。当一个单一事件不仅具有政治或经济意义，而且同法律、科学、艺术、教育或宗教问题相关时，人们观察自身和周围世界的可能性将会增加。同时，社会成员也必须接受，自己其实也在被其他人进行各种不同角度的观察和询问。个人与社会之间的统一关系变得不太可能。因此，人们必须了解，他们对自身和对世界的评价都与周围的观察有关，并且并不存在更高级的和所谓“真实的”观察。

此外，缺失现象的出现，是由于当今社会不再存在能够匹敌社会复杂性的可视化解释。例如，当人们在股市中报价时，即使对业内人士来说，股价背后的经济驱动力仍然是个谜，以致这种经济流程可追溯性的缺失同时也成了一个严峻的经济问题。在今天的证券交易所，人们已经不再交易可见的实物商品，如猪肉、汽车或大豆，而是用象征性的等价物通过光纤电缆或卫星频道以最高速度进行交易。

如果这种分析是正确的，并且如果现代社会通过其体制形式不断磨灭传统意义中的现实形象和感知模式，从而剥离社会成员用以证明自我的基础，那么就会出现这样的问题：个体行为者如何应对这种转变，以及反过来社会如何回应这种个人情境下的异议。极限运动，将其推向分析的高峰，是社会对现代化进程给人类带来的附带效应的回应。冒险和极限运动不仅有助于人们消遣、自我赋权和获得个人名望，还可以获得与身体的重新联结，并且滋润心灵。所以，笔者认为极限运动将作为一种崭新的、实现自我证明的机制发挥作用。此时，自然、健康和自我表达的方式就显得尤为重要，因为这些因素可以积极帮助人们实现身体和心灵的统一，而不出现异化特征。

那么，这种自我证明的机制是如何运行的呢？矛盾在于，人们之所以从事冒险活动，是因为冒险的身体本身被视为安全性和确定性的必要基础。极限运动中出现的感受往往显得具体而明确，这是因为冒险的情境很具体，可以通过感知体验并产生累积效应。恐惧不仅出现在脑海中，还充斥着整个身体。将任何现实表现视为纯粹建构的文化批评，在这里毫无疑问会挫败。那些思考他所悬挂的绳索是真实存在的还是想象出来的人，在冒险运动中是不具备行动能力的。他会陷入对自我和世界的探究和怀疑的旋涡中，难以脱离。因此，极限运动产生的现实感和存在感是不可能通过交流等类似的方式激发出来的。

七、空间和时间的融合

空间的物质性和在空间存在的物质世界，在社会的现代化进程中经历了翻天覆地的意义变迁。运输的机械化最初导致了空间和运动的分离。[①] 如今，人们可以在不必亲自移动身体的情况下跨越距离，但只有当人类的移动速度不再受限于双腿迈动的频率或心脏的跳动节律时，当下跨越空间距

① 关于城市空间的体育化与节日化，参见贝特（Bette，1999）的文章。

离的速度才有可能实现。通过现代通信技术的发展，空间不断边缘化。书写、印刷、电报、电话、电视和互联网的发展极大地扩展了交流范围；但是这一进步却是以人、空间和沟通的脱钩为代价的。今天，人们不必同时出现在同一个物理空间内就可以相互交谈。

在这种背景下，冒险和极限运动员将重新夺回由运输和通信技术所取代的空间。他们通过各种极限运动复现了空间的神秘感，并将空间存在的特性转化为合理的可被体验的特质。极限运动员以现实空间中的存在回击现代社会的异位性和不稳定性。极限运动为人们提供了特定的空间，人们乐意将其作为自己行动的定位点。极限运动中的空间是具体的，并非存在于人们的想象之中，不是电视或电影中那样投射在银幕或屏幕上的虚拟影像，当灯亮起或电视机关闭时就会立即消失。现代极限运动不会将人们对世界的参与缩减至二维维度的纸张或画布。滑翔翼爱好者、山地自行车手和蹦极者重新利用了欧几里得几何空间中的三维空间。在这里，他们可以体验全新的感觉，当然最终也可能会失败。

正如海因里希·海涅（Heinrich Heine）1843 年回应其铁路之旅的体验时所说的那样，现代社会不仅“杀死”了空间，也使生活萎缩。现代社会中，生活在当下的时间越来越短，其实是社会差异化的结果。如果复杂社会提供令人眼花缭乱的各种可能性，并且一些要求和行动在此时此地无法实现，那么人们至少可以把这些留给未来，寄希望于以后想出解决方案。鉴于此，“现在”逐渐退化成为一种经验性的特质，当人们试图抓住它时，它就会立即消失。冒险运动对此承诺提供一种短期补救方案，它指向的不是未来，而是现在。格奥尔格·齐美尔（Georg Simmel，1911）在其关于冒险运动的论文中已经指出了这一点。他将冒险家描述为“存在于当下的人”。不过当时他并没有联想到极限运动员，而是明确地提到球员和冒险家如卡萨诺瓦（Casanova）这样的公众人物。齐美尔对这两类人物的描述是：“此刻的迷醉（我更喜欢把重点放在此刻而不是迷醉上）完完全全地吞噬了对未来的展望。”

人们在极限运动中的冒险活动，通过激动人心、富有挑战性的事件，具有了直线性的和同一性的时间标识特点。跳出日常生活常规的冒险活动成为一种赛时情景，人们会自愿并有意识地踏入其中，以便体会到每时每刻都聚焦在当下的迷醉感。过去、现在和将来都被压缩成节点式的体验，只有下一步、抓住下一个才能算作安全措施。用阿洛伊斯·哈恩（Alois Hahn，2000）的话来说，这叫作“现时的膨胀”。

由于冒险活动使身体、意识和行为全面同步，人才成了现代人。在冒险活动中，思想作为心理系统的元素以最纯粹的方式运作，极限运动不仅给人们提供了个人主题化的可能性，个人主题化反之又提供了决策者外部化的可能性。

如果说个体在探究本我时有陷入自我反思的无限循环的危险，那么冒险所蕴含的内在世界将完全拒绝反思。许多极限运动员所提到的陶醉和幸福的体验，有可能进一步演变为成瘾。当极限运动员完成了某个挑战后，他们很快就会计划下一项挑战，因为在他们看来，没有冒险的当下是无聊、空虚、毫无意义的。甚至是从陡峭的山坡冲下这种很多人不愿意做的事对他们来说也很快变得无趣，他们会行动起来寻找新的挑战。

八、对被社会排斥者的包容

人们参与冒险和极限运动的不同动机，反映了现代社会的结构和影响。也就是说，如果人们意识到现代人的冒险偏好的本质，并且不再将极限运动与激素需求、人类学规律或自足的心理状态割裂开来，而是考虑到社会状态的影响，就可以更好地了解社会功能分化带来的可能性和后果。在这样一个以未来指导当下行为的社会中，极限运动追求的却是此时此刻，是忘我地留恋、沉醉于当下。客观来说，极限运动中的冒险导向性抵消了现代社会通过规避风险创造的期望确定性的努力。冒险旨在抵御无聊和空虚的感觉，并为生命注入新的活力。在空间上，极限运动已经开始重新夺回被排挤的属地，而极限运动员作为有血有肉的、“完整的”人，成为社会榜样，受到社会的青睐。自我赋权的战略旨在弥补个体在组织社会中的意义丧失，至少在短期内如此。同样，现代冒险和极限运动通过认真对待作为行动工具和移动工具的身体本身，重新体会感官的作用，站在了放弃身体控制权的对立面。

总体而言，冒险运动促使社会中出现一种显著的反转：日常生活的常规性和主体的社会指向性被描述为人为的状态，目的是将冒险行为标记为人类自然的本能。极限运动员以令人印象深刻的、顽固的个性化方式代表着被社会排斥的人，因此成为社会记忆的重要组成部分。他们通过自己的行动为公众交流提供了新鲜的话题，给人们展现了一个超越常规、无视安全和违反理性的世界。他们对大自然中不可预测、非同寻常、非语言沟通类的冒险活动了如指掌，使人们从极度夸张的不理解转变为认可态度来保持这种生活方式的存在。因此，社会对其的排斥性并未完全消失，而是根据现有社会结构和需要进行重新演绎，纳入相应的计划，作为业余休闲活动提供给社会成员。现代冒险和极限运动员通过不同的差异化定位，还积累了可以弥补自我体验的经验，不必要每项运动都亲身参与就可以获得别人的经验。经由媒体传播极限运动员的行为和感受，从某种意义上来讲可以帮助大众不用亲自冒着生命危险就能感同身受，相当于参与了他们的冒险活动。

如果社会开始批量化制造这种非同寻常的体验，由冒险专家在幕后按照合理的标准设计和计划冒险活动，那么按照乔治·里策（Georg Ritzer，1993）的话来说，冒险活动也会接近“麦当劳化”。有迹象表明，目前的活动体验行业正朝着这个方向发展。然而，由于冒险和极限运动通常会涉及大自然的不可预测性、身体和心理的不确定性，因此会出现控制性和可行性的限制，而这些限制无法通过组织化和客观化来消除。极限运动至少在其极端的变体中保留了无政府主义的特质，在民主化和平庸化的社会中保护那些敢于打破常规、冒险进取的人。

第四章　身体冒险和极限运动

如今，冒险运动和极限运动非常吸引公众的注意力。高海拔登山家、超级铁人三项运动员、自由攀岩者、跳伞爱好者、单人帆船运动员、接力赛车手、滑翔机爱好者、极端冲浪爱好者或横跨沙漠的挑战者们，用自己的生命去挑战各种极限运动，他们在身体和心理上投入的程度，已经远远超出正常情况下人们愿意在体育运动中的投入和牺牲。在这个以满足预期和风险最小化为追求的文明社会中，冒险明星的名字代表着一种狂野的、危险的和紧张刺激的生活。对普通人来说，他们几乎全天候被社会组织管理和控制，而冒险家和极限运动员则以大胆行为成为强大超凡的化身。他们摆脱了按部就班、循规蹈矩的单调，并向抗拒冒险的人们描绘生活的另一种可能性。当他们自愿离开社会的安全区域，主动置身于陌生危险的环境中时，要付出的代价往往不仅仅是极高的受伤率和死亡率。那些在冒险活动中身亡的、冻伤的、摔倒的和下落不明的人，还说明了这样一种紧迫性，即不少社会成员在实际存在的危险情景中重寻被社会现代化进程压抑的个体需求和行为方式。事实上，极限运动中的冒险并不是发生在电影、小说或者电子游戏中的符号世界或虚拟现实中，而是实实在在发生在真实的世界中，就算人们抱有体验极端和自我救赎的愿望，最终也可能会失败。

同时，极限运动衍生的简化形式在休闲运动和大众运动中不断扩散，并拓宽了范畴。现在，很多人都会利用业余时间参与冒险和徒步活动，挑战马拉松或者尝试简化的铁人三项来测试自己的耐力，攀登冰瀑或者徒步探索欧洲以外地区的荒漠，这已经成了一种流行趋势。很显然，冒险家的模范作用为整个社会所用，目的是鼓励人们从日常生活中挣脱出来参与短期的冒险活动，挑战自我的极限，并在战胜不确定性的过程中重新进行自我观察和评估。作为明显超出日常生活范畴的非常规行为，人们在水上、陆地上和空中开展的冒险活动也征服了体育运动领域之外的表现空间。冒险家们挑战成功之后，会转战报告厅、谈话节目、书籍、电影和互联网论坛，用语言和图像的形式向大众转述自己惊心动魄的冒险历程，并用通俗的日常理念进行阐释。与此同时，市场经济还发掘到极限活动行为能带来经济收益的象征性力量。有些极限运动员被雇用为特技演员，冒着生命危险为那些宣扬自由、个性、热爱生活、勇于冒险和强壮健康形象的产品代言。相当多的公司通过使用字母表中倒数第三个字母“X”创造新词和概念，将以前不同的生活领域联系起来，如X-铁轨（X-rail）、X-战警（X-men）、X-极限运动（X-Sport），并且将冒险性和独特性转化为产品和生活方式的意象。

当人们离开熟悉和安全的区域，置身于充满偶然性和不安全的情境中时，并不像最初想象的那样会做一些没有意义的行为。相反，冒险和极限运动行为通常特别富有意义，因为它们并不是偶然发生的，而是人们有意识、有目的选择的产物。整个体育领域也因为冒险和极限运动的存在变得更加重要，因为以前的冒险活动或者由于声誉受损而无法再进行——想一想20世纪灾难性的“战争冒险”；或者不具备“生命之轻”的意义，达不到高于一切或不可或缺的社会功能的社会领域。矛盾的是，正是因为运动不是必需的，而是“多余的”，对许多人来说，它才成为一个重要的必需品。这一点在当代冒险和极限运动中表现得越来越明显。

下面的分析旨在从社会学角度阐释这一行为领域的某些方面。[①]第一部分表明，冒险和极限运动是一种社会行为，它的意义主要在于对现实无意义、社会性之外的部分。在多样化的冒险实践中，重要的并不是人们在社会沟通领域的直接参与，而是超越社会维度的个体式群体同社会的规律性的有意对抗，且绝不排除那些在无意义中寻求意义的可能性和触碰边界时发生的启发性的、伴随的和后续的交流。山脉、海洋、沙漠，以及高楼大厦、水坝和桥梁，都成为冒险者行走、奔跑、攀爬、游泳、划船、飞行、坠落或者滑行的对象，并追求着对它们的征服和驯化。第二部分论述了冒险和极限运动给人们的身体取向和感知取向所带来的益处。寻找内在意义与外在身体和感官投入具有密切相关性。在现代社会中，人体的重要性在许多

① 深入分析详见贝特（2003、2004）的文章。

功能领域逐渐丧失，主体的原始经验被媒体传播的二级和三级经验所影响和覆盖，冒险和极限运动提供了以身体和直接感知为导向的行为和体验的可能性，越来越多的人对它们创造的真实感、自然性和生命力心存感激。第三部分沿用这一思路进一步分析，并研究了这种体育模式中的支出经济。

众所周知，冒险和极限运动员会一直费尽心思挑战自我直到极限状态——这是他们自愿且有意识的选择。他们通过寻求并体验身体和精神上的极度疲惫和痛苦，远离当代休闲健身产业为大众提供的幸福、健康和安乐的方式。由社会现代化进程引发的占主导地位的身体使用模式在冒险和极限运动中被全盘推翻，取而代之的是另一种完全对立的模式。第四部分探讨了现代冒险运动中非同步的同时性，定位了“第一现代性和第二现代性”的冒险实践，并讨论这种有机结合的部分后果。

一、在无意义中寻找意义

冒险和极限运动的首要基准点存在于社会之外，即存在于极限运动员与自然、物理世界的法则及身体内在逻辑的关系中。虽然冒险和极限运动受现存的冒险故事、科考报告和传说、明星神话等交流媒介的内容所引导，而成为一种社会成就，但冒险和极限运动员在应对和解决社会非交流的需求方面是专家。冒险和极限运动涉及人的心灵和身体同自然领域和物质文明的融合。冒险和极限运动员用自己的身体对抗物理世界强大的法则，或创造性地利用这些法则实现运动的目的。正如人们很容易看到的，冒险和极限运动员获得了在日常生活中得不到的个人体验。在齐腰深的粉雪中滑雪、从高空中跳伞后自由落体，或者在滔天巨浪中冲浪滑行，这些活动能带给人们复杂的感官体验，而这种感官体验是不可能在办公桌前或家里电视前获得的。参与极限运动的人不是为了获得金钱或权力这样的社会符号而去竞争的，尽管这些社会符号在人们身后展现出它们巨大的操控力，并常常在日常生活中激起人们被外部操控的无力感、虚无感和过度赋权感。相反，他们以灵肉合一的自身完整性与地球引力做斗争，利用水的不同集结状态来实现自己的前行运动，或者用特别设计的飞行器和滑翔机来模拟鸟类的飞行。他们强行在社会现代化进程远离的事物中，特别是物质和表现形式都非常多样化的大自然之中，重新夺取自我存在和运动的权力。

冒险运动员不仅要遵守自身逻辑的特点，还要爬上高楼大厦或跃入堤坝深处，有意识地遵循不以感官为基础的某些重要规律。这既适用于在运动中使用自己的身体，也适用于地球、水、空气或光的自身动力。旨在改变或成功使用这些社会环境因素的行动，与旨在参与无形交流过程的行动相比，受到不同规则的约束。不同于在组织或机构中工作的人，冒险运动员需要解决在山上、海洋或沙漠中遇到的其他问题，而前者必须在远离他们自己的身体，以及远离山脉、海浪、沙漠和风的情况下实现他们的角色期望。例如，极端登山者为挑战喜马拉雅山峰而训练获得的高强度身体技能，并不适合流水线上的工作。

正是因为地球、水、空气和光以及身体都受到无意义的规则的制约，它们恰恰适合成为确立个人和集体意义的基点。例如，人们在冒险和极限运动中回归社会外的高度是由于参与社会（行动）的人们往往受到的要求过高——即使他们认为自己在闲暇时间受到的要求过低。最后，通过与现代社会的结构联系，人们还会面临在社会交往中多样化的感受、矛盾和后果。现代性虽然将个人主体从早期生活方式的限制中解放了出来，但也以某种不易觉察的方式给他们带来了负担，甚至导致很多人承受“社会中的痛苦”（Dreitzel，1968）。社会组织加速推动人们前进，并诱导他们依照角色被分化、过度承担沉重的期望、在工作和业余生活间不断切换、身体保持静止状态，忍受压力、陈规和无聊的同时陷入超个体引起的冲突和矛盾中。社会产生的交流不仅是广义上对媒体运作的象征性控制，还会在个人层面上产生一种较高的期望和接受动机；它还允许人们参与到各个社会功能领域逻辑之间出现的差异中去。最重要的是，社会给人们带来交流的象征性和抽象逻辑。

在此背景下，出现转向社会以外的世界寻求自治，这也是现代主体为了应对社会转型及其影响做出的尝试。[①] 加速进行的社会变革的情况激发了一种对过去的回想，即永恒和不变以及个体应对的光明和黑暗、温暖和寒冷、高山和深沟、嘈杂和安静、潮湿和干燥、已知和未知的交替。在这种差异化和两极化的背景下行动的人，在很大程度上已经摆脱了社会交流带来的困境、后果、矛盾和不可能性。体育运动的目的不是要建立沟通的意

---

① 关于身体与社会在后现代阶段的关系，见贝特（1987，1989，1999）的文章。

义，而是要让身体的强度、自然的限制和特性及人为的物质性都发挥作用，使人们尝试另外一种生活体验和行为，跳出日常生活观察自我。

人们在冒险和极限运动中的获益，体现在自然因素毫无欺骗地规定了个人挑战和自我赋权尝试的边界。无论是高山的严寒、自由攀岩中的地球引力还是沙漠马拉松的酷热，都不可能通过讨论决定来消除或者通过沟通干预来解决。在各种极限运动中，只允许特定的动作顺序，而采用其他顺序则会受到大自然毫不留情的制裁和惩罚，任何不当操作都有可能会产生致命的后果。可以说，万有引力定律限制了空间中的运动。人们在飞行、跑步、攀爬或游泳时，身体都受到地球控制。大自然为某些行为亮了绿灯，但也同时为其他行为亮了红灯。因此，人们必须学会读懂和理解自然元素的“法则”。极限运动员往往表现出极强的适应环境和做出情境决策的能力，能够果断地决定何时行动、如何行动或放弃行动。下一步要做什么，或者要做什么样的动作才能避免坠落。如何灵敏地调整自己身体的重心，才能安全地冲上浪尖或乘单板滑下山谷。无意义性由此成为行动的节拍器、限制器和推动器。

水、土、空气和阳光在根本上具有的不受影响性，成为人们在追寻和证明自我及实现自主赋权的行为中的一项具体挑战。[①] 并不是抽象和象征的形式，而是生物和物理世界的具体表现形式，像灯塔一样，给主体在赋予意义的尝试和相应的行动中指明方向。换言之：积极推动各项体育运动在如今之所以扮演如此重要的角色，是与社会现代化进程带来的社会、心理和生理影响，以及由此产生的体验和行为的改变分不开的，这也可以作为人们通过结构链接对社会交流的一种反应。不仅是人类，社会系统也以自己的控制语言进行“交流”，并难以被理解，在任何情况，只有“交流才能沟通”（Luhmann，1995），与之不同的是，身体和大自然通过可察觉的和有形的范畴给予一种明确的找寻同类的承诺。

---

① 在冒险和高危运动中，关于自主赋权愿望与现代组织社会主体的成就之间的关系，见贝特（Bette，2004）的文章。

雪地、湖海、沙漠或山脉勾勒了一个残酷的现实世界①，这个残酷的现实世界以“真实”和“不受观察者影响”的合理方式出现在人类观察者和体验者面前。构成这一现实的要素或多或少地紧密联系在一起。人们将这些元素用于自我定位和自主赋权，或者作为产生可靠性和证据感的来源，这种行为是可以理解的，因为如果是在社会领域中做出同等的努力，往往需要通过沟通作为媒介，并且会遇到许多预期的困难。正如最新的社会学系统理论（Luhmann，1981b，1984）所指出的那样，只有同时满足三种不同功能的沟通，才能被认为是成功的沟通。这三种功能如下：首先，必须传递信息；其次，信息要被理解；最后，信息应该被接受。因此，沟通障碍至少有可能以三种方式发生：即使在有需求的情况下，重要信息也常常被有意不进行传递；即使信息已被传递，经常也不会被感知和理解；信息被理解后，它也不一定被接受并转化为内部决策。因此，沟通的常见情况不是达成共识，而是产生分歧——这并不能促进主体参与社会沟通领域的积极性。例如，在高度分化的社会中，人们受到结构多样性的影响。当他们同自我循环交流的封闭社会系统打交道时，他们既没有获得信息，又没有受到影响。

对此，寻求明显的物理性及行动的实体化对解决问题起到决定作用。人们发现，与在日常生活中面对抽象的符号系统不同，通过有意识地同土地、水、空气和阳光打交道，可以获得其他形式的身份认同，并由此建立自我价值感。心理和身体具备的技能和能力对体育运动中争得荣誉至关重要，也就是说，重要的是归属性特性，而不是背景、金钱、职业、地位或学习到的书本知识等资源。运动是关于力量、速度、耐力、敏捷性、技巧、勇气和心理素质的活动。在体育外的社会领域，个人能力的展示通常通过纯粹抽象的方式。想在科学方面取得成功，就必须经历写书、研究数据或者筹措第三方资金等过程；而极限运动员想要赢得美誉和标新立异，就要爬高山、过洞穴或者徒步环大洲，而他们在从事这些挑战时不需要用到语

---

① 西蒙（Simon，1993）提到一种“更残酷的现实”——不考虑冒险和极限运动，其目的是指明：在经典牛顿物理学所描述的领域中，通过该区域的某一观察者来预估现实情况是“更为简单的”。与之对应，社会规则似乎成了“更无力的现实”，因为它们可以因观察者的影响而改变。

言或者文字。

只有当与他人区别开来的突出特征用于个人的身份认同，并被他人注意和确认过后，在无意义中寻求意义的这种交流对于冒险和极限运动家来说，才变得重要和不可或缺。冒险运动中的考验需要可见性，只有这样才能给同伴和后来者留下深刻印象，才能使赞助商感到满意。这就可以解释极限运动爱好者为什么在水下、陆地和空中挑战时从来离不开相机和摄像机，因为他们要将挑战过程捕捉记录下来，用于后续的沟通和展示。任何人如果想要塑造冒险强人的形象，并且避免被人指责作假或者作秀，都必须在登上顶峰后用自拍器给自己拍照，或者自带一支专业的拍摄团队记录下冒险过程。[①] 随着近年来现代数据传输和存储技术的进步，冒险和极限运动也在不断发展。即使是在海拔 8000 米的死亡区尽头，生命的最后一刻，在卫星电话的帮助下，人们也可以与不在场的人通话告别。因此，在非交流领域，极限运动者对于自我的感知与其冒险行为本来是被社会排除在外的，而在这样一个媒体传播和数据存储技术蓬勃发展的时代却能够实现与交流的相伴和联系。最后，由于个人或群体对抗自然或人类文明物质世界的失败和胜利是可见的，所以才会深深牵动那些并没有亲身参与的人，让他们同样地兴奋、激动，并且可能激发适当的模仿需求。同时，书籍、图像和电影确保了极限运动在社会无意义领域中探索意义的交流和传播。

二、身体和感知

在现代日常工作中，人们的身体也逐渐具有了相应的功能特征。个人不得不接受社会的控制，遵守社会规则：必须保持平静、不制造噪声打扰别人、需要有衣物蔽体、在面向公众的职业场合中需要永远保持职业微笑、要遵守工业生产的技术要求或者被迫长时间坐在办公椅上以便更好地处理抽象的业务。[②] 鉴于其身体可能生病、受伤或因年龄相关的原因无法达到某

① 极限运动员成为他们自己的行为的收集者及媒体反响的计算统计者。参见梅耶尔（2003）著作中有关德国媒体对极限跑步者的反响的列表。

② 从社会学角度来看，建议不要在这种背景下提出有关任何现代组织的阴谋论：人们可以利用其身体机能方面的性能，这指的是那些如果没有相应的组织就无法获得的性能。想想疾病预防、病人护理和延长寿命的可能性，这些在前现代时期并不存在。

些功能要求，人们通常需要参加伤病预防或恢复计划，不然就可能会被辞退，由其他合适的人取代。举例来说，企业或者经理等管理人员一般都期望员工身体健康，希望其能适应公司运转的速度和其他必要要求，这往往意味着企业组织只把员工身体作为进行生产运营的资源手段，当员工的身体状况不能满足商业逻辑的要求时，企业就会放弃他们。

极限运动员有意识地激活自己的身体和感觉器官，利用它们来实现自己的目标，成为社会规范化的对立面。在这个身体显得多余的社会中，他们选择乘着滑翔伞在风中起飞或独自在极地地区漫步。身体不再是一种人们默默使用的而不考虑其他用途的工具；相反，它作为行为的基础和载体具有更加直接的重要意义。

当今社会中，大众媒体不仅传播信息和新闻，还积极创造新闻，而囿于日常生活的人们不可避免地要依赖他人的经验和判断来了解自己视野之外的生活，并且接受这种象征性的语言符号。人们在对世界的感知中受到外部控制的感觉是典型的现代体验。电视、广播和报纸不仅传播人们对于世界的了解和知识，还以非常具体的方式影响认识世界的感知步伐和形式。人们在冒险和极限运动中可以产生自由和充满活力的感觉，因为主动沉浸在原始体验中突出了对自己的感官和身体使用的自主权。当观众在电视上观看由导演或摄影师按照一定顺序剪辑出来的图像时，他们看到的世界是被有选择性地呈现出来的，而相比受众只能被动接受，冒险和极限运动行为者则是自己人生的导演。运动装备和技术工具，如赛车、滑翔伞、冲浪板、游泳脚蹼或山地自行车，可以作为人体的延伸和特殊的肢体使用。运动员通过这些装备控制自己在时空中的运动，辅助自己的感知和体验过程，并且监测自己的身体状况。

针对组织和媒体社会对直接的身体体验带来的边缘化和外部影响，极限运动给人们呈现的是一个极为引人入胜的、注重自身体验的个人世界。这些具体的由自我产生的身体体验是对那些在“抽象社会”中不得不接受的经历的反击（Zijderveld，1970）。事实上，现在许多社会成员在体能训练中，为了提高自身的身体有机性，越来越多地回归自身的身体——有机环境，这是不无道理的，因为身体是一个客观存在的实体，是可以在有限的范围内操纵或控制自我意识的。相对于抽象的、非物质的符号性世界，身体能更好地适应大自然的特征。人们可以通过使用身体亲自攀登山峰，而科学真理的高峰却需要他们用自己掌握的认知知识去攀登。

极限运动员通过冒险活动来唤醒自我意识和身体感知，使感官得到直接体验，同由话语、图像、文字和符号构成的媒体所主导的社会形成对立。人们借助日常生活中依赖的语言和图像，以及对其破译和理解参与社会沟通，却并不能充分体会身体感官体验的复杂性和多样性，如在大海深处潜水的感受、在陡峭的山坡上滑雪或乘滑翔伞滑行的快感。显然，社会的功能分化刺激了人们寻求个人感官体验的需求，人们利用这种直接的感官体验对抗由外部世界灌输的次级体验和确定性丧失。在充满偶然、矛盾、分化和复杂性的社会中，自己积累的身体经验承担了对抗抽象性和身体无用论的任务。人们从这种转变中受益，因为直接的身体感知体验有助于建立一种安全感基础，这种安全感是无法仅通过参与抽象象征的符号系统或虚拟现实而获得的。个体在其现实体验中是否主要受符号学，即受到语言、文字或图像的影响，或者其自身是否在直接的感官接触中可以抓住、理解、嗅到、听到、探索或者观察到“现实”，并被实际存在的自然元素包围和影响，这些都具有不同的意义。手、脚、眼睛、耳朵和鼻子使我们能够参与到那种通过抽象和符号体系试图再现的现实，却永远无法直接触碰到。人们滑行或走过的雪地，游过或潜过的水域，用自己的手和脚慢慢攀爬上的崖壁，还有走过或跑过的土地，所有这些都创造了一种无与伦比的独特体验，这些无论是通过书籍读物还是通过各种运动形式的影像资料都无法体会到的。

人的身体有不同形式的通往现实的路径：手指和手掌负责捕捉和掌握近距离的物体，眼睛则专注于感知和参与远距离的无法直接触碰的世界。根据波匹茨（Popitz，1995）的简化释义，双手、大脑和眼睛构建了一个“有机的技术的规律循环”：双手做出动作并改变着物质世界，眼睛则监督管理手的使用，而大脑会将行为与存储的既定目标进行比较并负责校正。因此，根据波匹茨的说法，由于其技术适用性，双手是让“世界开放性”成为可能的重要条件。从哲学和人类学的角度来看，人类被允许通过改变世界来适应世界。他们不仅能与外界建立联系，还能架起通往内心世界的桥梁，比如用双手触摸自己的身体时。

在体育运动中，生理感觉的复兴恰恰受益于现代社会层面上两种逆向趋势的对立。人体负责抓握和行走的肢体在现代化进程中逐渐失去了重要性。[①]早期由双手履行的职能都分派给了机器设备。人们无须用自己的手书写字母，就可以在计算机软件的帮助下编写文本。如今的汽车主要是通过机器人和机械手拧紧并焊接在一起的。医生在复杂设备的帮助下诊断疾病。激光可以照射到并观察人眼和手指到达不了的体腔内部。双脚也逐渐退化，只有在运动和跨越短距离时才会使用，因为汽车、火车和飞机的出现使大部分远距离的移动不再需要双脚。

运动（极限运动）弥补了缺失的曾用抓握和移动的肢体的社会意义，这在那些充满攀爬、抓举、推动、拉动、行走和奔跑的体育项目中尤为明显。人们在利用自己的双手来跨越垂直距离和抵抗地心引力，或者移动双脚来征服空间的过程中，收获了一种基于感官印象且不需要交流式理解就能获得的确定性。双手和双脚能创造一种直接经验，而语言则会解放它们（Gebauer，1984）。感知主要指涉的是在场的事物；而交流则是针对那些不在场的事物，通常以语言或文字的形式表现。当然，人们在工作场所——如坐在电脑屏幕前时——也能获得感官体验，此时他们的身体仍然很重要。人们用手指在屏幕文本中输入单词，或者移动操纵杆来绘画和创作动画，眼睛对于屏幕动作的协调也是必不可少的。尽管如此，值得注意的是，机械化和自动化时代的直接感知已经沦落到只是按几下按钮、拨动开关和注视屏幕这样简单的感知。在这一背景下，人们可能会在玩电脑游戏时从屏幕的二维表面上体验到跨越空间的感觉，也可能在真实的三维空间中与水、土、空气、阳光、对手和自我身体的局限性做斗争，如参加铁人三项比赛时亲身游泳、跑步和骑自行车，从而拉近与自己身体的距离，这两种体会截然不同。在极限登山或长达数周的远洋帆船比赛中潜在的、对个人安全的威胁也是真实存在的，而不是在读小说或看电影时所想象的危险。

三、消耗经济

冒险运动通过彻底摆脱现代社会中人们通常使用身体和心理资源的方式，获得了自身特定的形象。它将人的身体从日常生活中习以为常的环境

---

① 魏厄（Weyh，1999）描述了现代人对肢体接触和失去触觉的恐惧。

中抽离出来，将其转变成承受风险和痛苦的身体。忍受物资匮乏、孤独、寒冷，以及饥饿、酷热和口渴，至少能够证明人们有意识地，哪怕只是暂时地放弃现有的文明标准的努力意愿。疲劳、流汗和力竭是前现代时期常见的身体状态，这就使得对于体能要求极高的运动再次富有意义。在最终失败的达摩克利斯之剑的威胁下，极限运动正在主动消除现代社会对于艰苦体力劳动的边缘化。他们不想节约体能，而是要肆意挥霍来表明立场，因此，这些挥霍掉的体能就成为衡量他们行动意义的准绳。冒险运动根本无法依照以舒适和愉悦为导向的享乐心态行事；它的快乐更多地来自艰苦的身体行动和苦行僧般缺乏舒适和便利的状态。其行为者正是通过这一方式反对人们总是尽力避免体能损失和使用技术机械设备作为交通运输工具来节省时间的观念。极限运动中这种必要的体能消耗改变了社会上通用的标准，即对最有效和最温和的体育锻炼方式的追求。

可以这样说，高海拔登山家、超级铁人三项运动员、远距离游泳运动员或极限滑雪运动员追求一种成就个人主义的社会形象，他们在这种特定分支的消耗经济领域中，用自身的苦行僧般的运动行为来抵制社会上避免体力消耗的观念。极限运动员有意识地追求那些只有通过高强度的身心努力才能实现的目标，他们也由此以这种另类的方式成为“不合时宜的”人。如果一个目标不需要付出很多努力就能实现，那么对他们来说是无聊的、没有意义的，只有必须耗费大量体能的目标才能让他们的行为值得敬佩。在他们消耗身体体能时，往往认为应该减少使用现代技术，而这种技术会引起身体的“功能简化”（Luhmann，1997）。冒险运动的倡导者明确表明他们不想通过技术手段来达到日常生活中可以实现的便捷效果。他们认为，复杂性不应该人为地减少；相反，主体应该有机会获得被技术取代的复杂性。①

因此，登山者在登山时可以选择放弃使用现有的技术设备，比如不去

① 梅斯纳（Messner，2002）说：“在我们这个遍体鳞伤的星球上，几乎没有任何空间能让我们忘记工业社会，考验我们最原始的力量和能力。这就是我认为人类征服高山是最有吸引力的挑战的真正原因。我拒绝让任何技术手段破坏这一挑战，简而言之就是诸如氧气设备、螺栓、直升机技术设备等是能够让不可能成为可能的工具。”然而梅斯纳并不反对乘坐飞机更加舒适地去到地球偏远地区。

乘火车或缆车到达山顶。他们只利用自己的双手和双脚，忍受着高强度的身体不适，以一种单调、危险和压力极大的方式一步步攀登高峰。只有当他们仅凭借自己的双脚艰辛地爬上顶峰，而且其他登顶的人也是以类似的全凭体能的方式自己走上来的时候，他们才能获得积极正面的体验。冒险家和极限运动员常常谈到，他们的行为动力源于一种愿望：逃离通过将人们的行为限制在纯粹的脑力工作和身体保护来发挥其权利和控制力的社会机构和组织。在许多工作场景中，如果一个人汗流浃背、筋疲力尽，其身体功能就会失调，第二天可能无法顺利地履行工作职责。

当代冒险家和极限运动员的行为具有一种“目的—方法—理性”的逻辑，它与现代社会通常对待身体的方式形成对比，并且证明了其自成一派的合理性。身体的力竭和心理的疲惫不再是一种威胁，而是一种以意义为导向的生活方式的条件。拒绝按照人们使用身体的常规理解，可以作为极限运动员的防护堡垒，抵御日常习惯和行为期望的渗透。那些在非体育领域由工会和雇主使用的防止人们身体和头脑过度疲劳的保护措施，在极限运动中是不存在的。甚至在现代日常生活中扮演重要角色的工作和闲暇之间的区分也不复存在。冒险运动员必须保持身体全天候处于工作状态，这一点在当代的帆船冒险、穿越大陆和超级铁人三项比赛中已经被不断证实。即使冒险运动员自身行为的“不合理性”没有逃脱人们的关注，却仍被用于描绘个人的独特性。冒险明星在拒绝和否定日常实用主义的世俗观念中展示出自己作为专家的形象。投身冒险和极限运动并超越过往极限的人是理智的；不理智的是那些放弃这些的人。只有这样，外部参照的影响才能逐渐被减弱，人们也才能证明自己的行动自主权。

极限运动员受益于身体在日常生活中的制度化和模式化。当今社会已经在工作、学习、交流和移动等方面确立了尽量减少使用身体的这种理性概念，而极限运动员塑造了以身体为导向的行为方式。他们有意识地将自己置身于一种情境中，以便向自己和他人证明，他们可以顺应或者违背现有的自然法则，实现对自己身体超越常规限制的使用。他们不仅反对日常生活中身体的享受、取乐和舒适，而且反对通行的健康理念。健康在现代社会中具有“无可争议的最高价值，也是唯一超越所有意识形态争议的最高价值”（Luhmann，1983）。极限运动员站在这种“最高价值”的对立面。那些想要保持健康的人是不会冒生命危险的，而极限运动员选择承担损害健康的风险，因为这样他们才可以与世俗常规保持距离，证明自己的独特性、差异性，以及自己行为的意义。极限运动员追求的是与众不同，而不是社会保障和健康领域的同质性。对于他们来说，意义始于健康和福利导向的终止之处。

与为保持健康而进行的运动不同，冒险和极限运动并不是以保护和康复身体为主题的，而是有意识地将其置于危险之中，有时甚至是面临危及生命的挑战。从事冒险运动跟延长生命、精心恢复健康、消除身体机能障碍没有什么关系，而是有关借助自己的身体能力战胜风险、实现征服和成功。抗拒极限运动的身体，是不适合冒险和面对危险的，在这个行为领域没有用武之地。当人们通过自我危害来获得自主赋权的意志时，那些在日常生活中附着于身体之上的意义就会发生逆转。身体最真实的意义是其“极其”重要。不听身体的信号可能会产生致命的后果，然而，如果过于爱惜身体，就会阻碍冒险目标的实现。

在医疗十分发达的现代社会，人们使用化学物质来麻醉并消除自身的疼痛和不适，而极限运动却提供了另外一种身体体验。某些强调耐力的冒险活动可能会持续数天、数周或数月，人们忍受痛苦，以流血、出汗、流泪、冻伤、睡眠不足、呼吸困难、起水疱、饥饿和干渴为代价与大自然的艰苦环境抗争，以此作为对现代社会的回报。在身体承受了极端负荷和多重考验后，面容憔悴、筋疲力尽、干渴脱水和过早衰老都是典型的事后症状。当人们自愿承受自然的偶然性，并尝试打破日常生活的千篇一律和正在发生的调整时，那么布满皱纹的脸庞、迟缓的脚步、精疲力竭的身躯都只是对刚刚战胜的危险和艰辛的见证，以及必须付出的代价。①

主动自我殉难的观念是极限运动的一个重要组成部分。在任何情况下都必须避免的痛苦，在这里并不会被视为负面信息；相反，它更多的是构成特定的身体项目的组成部分，这与社会中其他人不遗余力地避免劳累形成了鲜明对比。高海拔登山家、超级马拉松跑者、极限自行车手和长距离游泳运动员都是自愿忍受痛苦的化身，以自身消瘦的外表抗议现代个体的“娇弱”。在他们的行为逻辑中，劳累和匮乏是积极因素，因为在这个追

① 想想极限登山家赫尔曼·布尔（Hermann Buhl）首登南迦帕尔巴特峰之后的样子。

求最小化体力消耗和避免遭受痛苦的时代中，劳累和匮乏可以拓宽他们看待事物的视野，带来罕见且非比寻常的体验，同时有利于实现差异化的目的。通过有意识地在冒险和极限运动中消耗身体体能和锻炼心理素质能力，个体行为者可以作为特别的个体呈现，证明自己独特的个性特质并确立个人身份。

因此，体力消耗也涉及界限和权利。为了约束自己并获得新的经验，也为了通过对外表现出来的自律来影响他人，天性和欲望就要屈服于个人意志的约束。在这个大多数人都参与其中的物质过剩的商品社会中，消费理念的生活方式得到广泛传播，而消费主义和禁欲主义就成了社会阶层区隔的重要工具。在这种情况下极限运动员作为放弃社会期望的超人出现，他们借由媒体的帮助以夸张的形式展示他们对于身体的另类使用方式。

这一点在应对冒险行为的客观后果时也表现得很明显。受伤的身体，如手指冻伤和截去脚趾的形象，为冒险者授予了真实可信、诚实坦然和敢于牺牲的光环。在现代社会中，大多数人都借助美容业追求光滑、紧致、完好的皮肤，希望拥有完美无瑕的外观，而伤痕和伤疤作为从事冒险活动直接可见的后果，恰好帮助冒险运动员实现了不同于一般人的差异化。一般情况下，人们稍有不适就会去医院看看，而那些因冒险受伤却坚强地忍受疼痛的人，甚至连导致他们受伤疼痛的情况都是自愿造成的，看起来就会很特别。当冒险经历以这种方式铭刻在肌肤和身体上时，这些记号的承载者就会相应地得到钦佩和崇拜。他们不会去对那些由冒险导致的身体伤残自怨自艾，而是接受其作为参与某种冒险项目的代价。疼痛、受伤和伤口以触目惊心的方式表明，个人已经做好准备实施其与众不同的冒险计划，并愿意为之做出相应的牺牲。不少冒险运动员已经拥有了殉难者的心理状态，因为他们已经做好准备将自己的生命完全献给一件非同寻常的事情。人们会想到那些在集体记忆中占据一席之地的极限运动员，他们在冒险过程中迷路走失，并且再也没有回来。

在消费支出和能源浪费的社会背景下，从社会学角度来看，不仅极限运动者的冒险行为及其身体实践活动是有趣的并与社会是息息相关的，同样重要的是社会对此的后续讨论。现代冒险和极限运动允许将那些仅能够或者想要被动地参与冒险世界的人纳入其中。这样做的前提条件是，冒险主体在无意义领域的意义探索是通过语言、文字和图像来沟通传播的。极限登山家、生存专家、沙漠赛跑者、潜水员或者长途帆船手通过技术媒介创建图片和影像，讲述和描绘自己的感受和动机，也可以让那些不愿冒险、不敢经历类似的自我危害和遭受痛苦的人，以另一种方式参与分享他们的体验。从数量级上来说，后者甚至更为重要，因为只有极少数同代人热衷于在业余时间付出精力亲身从事冒险活动。现代体育冒险家、征服者和探险家，以自身的差异化为导向创造自己的经验，这些经验很适合二手体验。于是，极限运动员作为以一种另类的方式使用身体的社会形象，代表其他人过一种野性、危险、匮乏但精彩刺激的生活。

在一个社会组织通过结构性预防措施降低风险、寻求期望安全的社会中，对于其他同胞来说，冒险和极限运动员作为被压抑的世界里实际存在的一种象征符号，证明社会中仍然有狂野和极致的位置。许多时候，冒险者已经达到了明星般的高度，因为他们可以通过实现非比寻常的冒险成就和将另外一种身体使用方式演示给大家，从而将自己塑造为具有重新唤起被社会排挤的意义的专家形象。他们是代表和演绎被压抑者角色的社会人物，同时使自身的行为可被大众观察。像赖因霍尔德·梅斯纳（Reinhold Messner）、阿尔韦德·富克斯（Arved Fuchs）和吕迪格尔·内贝格（Rüdiger Nehberg），以及许多其他沙漠跑者、环球帆船手、热气球驾驶员、极限自行车手或者高海拔登山家，他们的行动制造了一些关于打破墨守成规、风险最小化、身体压抑和抽象的话题供公众讨论。因为现代的传播技术实现了对排他性的包容，因此，社会中的其他人也能接触到视野之外的冒险和极限运动。此外，从文化批评和社会批评的角度发出的合法化言论，可以相应地从内部和外部帮助冒险和极限运动行为的意义合理化。值得注意的是，许多冒险和极限运动员将他们的生活作为与现代社会模式对立的反抗故事讲述出来，这些模式包括福利国家使个人丧失行为能力、现代日常生活的无聊和一成不变、闲暇时光中挑战的匮乏、技术社会压制原始和真实的体验。冒险家和极限明星通过将精选的冒险情节夸张地、清晰地展现出来，使那些不在场的人也能有身临其境的感受。因此，他们能够在社交传播场景中实现惊人的与其同在的效果。

在功能分化的社会中，冒险和极限运动因其另类的身体使用模式和行为选择成为一种多情境主题：经济产业利用高风险的冒险实践活动，为特定的产品和生活方式做广告。人们可以想一想红牛公司的扩张，其就是利用对冒险和极限运动员在竞技体育（足球比赛和一级方程式锦标赛）中的表现进行推广和媒体刻画而完成的。他们的营销策略就是要对内建立大众的忠诚度，对外代表国家形象。很多国家都展开了最先到达两极、潜入最深的海洋或攀登最高山峰的竞赛。由于极限运动具有个性化的同时又紧张刺激，充满乐趣，可以创造源源不断的新闻，并使受众产生强烈的了解需求，因此，大众媒体会定期报道过去发生的或者全新的冒险挑战尝试。

与此同时，私营电视广播公司开始参与冒险活动的策划管理。电视台或报社联合商业赞助商共同组织极限运动赛事，供广大群众观赏娱乐，如举办汽车拉力赛、沙漠马拉松、冲浪、飞行竞赛、徒步穿越落基山脉和环大洲航行，或者赞助著名的“超越界限者”的探险之旅。在这些活动中，人们会被送到荒岛上，在电视摄像机的拍摄下执行危险的任务，类似现代版的“鲁滨孙探险记”。或者会让当代名人在沙漠或丛林环境中进行艰苦的冒险比赛和徒步行进。借此，大众媒体系统地利用了大众的冒险幻想和窥探欲，并为观众提供了他们自身不愿意或做不到的、逃离日常现实和进行自主赋权的画面：具有视觉冲击力的画面、涉及生死大局的情境故事，参与者在这些情境中既有可能取得非凡的成功，也有可能出现戏剧性的失败。

四、冒险运动作为现代性综合体

冒险和极限运动之所以与现代社会有关联，是因为在冒险和极限运动中，“第一现代性”和“第二现代性”相互交融，并以显著的方式相互连接。[①]“第一现代性”是贯彻自身的现代性，即逐步地消除并取代前现代社会关系，促进功能分化，以特定方式重塑人与社会之间的关系的过程。“第一现代性”导致了人与自然之间的疏离，压抑和驯服了野性的身体，瓦解了多功能的、混乱的、互相连通的社会结构，并通过自我指涉的和遵循自身逻辑的社会领域将其取代；它压抑了人们的情感，使其生活体验失去魅力，

① 对于将这一观点应用于以赛事为导向的观赏性体育，参见贝特（Bette）、席曼克（Schimank）的分析（2000b）。

产生了工作组织和官僚机构，给社会成员的内心带来了压力和单调、乏味的感觉。最重要的是，为了避免通过出身、种族和宗教信仰来分配稀缺的社会资源和社会地位，它建立了成效原则。

“第二现代性”是对“第一现代性”的后果的反应，解决处理其产生的后续问题。它唤起了对人与自然关系的新的敏感性，有选择地、情节化地释放了野性的身体，重新发现了被压抑的空间和时间，在组织化社会中鼓励自主赋权的尝试，并引发了在社会学范围内对“第一现代性”和“第二现代性”条件和后果的反思。两种现代性之间并不是严格的并列关系或前后关系。在某些社会领域中，“第一现代性”很早就出现了，“第二现代性”也相应地出现得较早，而在其他领域中，“第一现代性”还没有出现。

这些对于“第一现代性”和“第二现代性”意义的普遍思考，与我们的主题直接相关：极限运动已发展形成了适应和反抗现代社会影响的双重特征。它既是对现代性的否定，也是对现代性的肯定。一方面，极限运动是现代的，因为“极限”这个词真正意义上是以成效为导向的，同时也借助所有现代文明的成果来进行，如戈尔特斯（Gore-Tex）防水透气布料服装、GPS定位、科学的天气预报和卫星电话等；另一方面，冒险和极限运动是一个戏剧性的反转舞台，对“第一现代性”时代的表现形式和后果提出质疑和批判。基于此，这种运动模式的目的是在新的条件下将以往排斥在外的内容纳入自身体系，重新激活复杂性、客观化、身体投入、空间体验、现时体验及偶然性体验。

由于冒险和极限运动的反结构化倾向并非发生在现代社会外部，而是在内部，所以在这一行为领域产生矛盾和悖论就是可以预料到的，即它使行为个人和社会组织处于压力下，并引发其反应。对此我们可以找到许多例子：为了到达开展冒险和极限运动的特殊空间，极限运动员需要使用交通工具，这就肯定了现代性的成就。他们乘坐飞机和汽车，安稳地坐在座位上，是为了接下来可以在地球某个偏远的角落使用身体攀爬、冲浪或者奔跑。其他极限运动员可能先借助技术设备节约体力，以便后续可以从生理和心理上完全投入冒险活动。

“第一现代性”和“第二现代性”的同时性反映在个人层面渴望安全又追求冒险的矛盾心理。即使是那些冒着生命危险挑战高山、大洋和沙漠的明星，一边在书籍和视频影像中对同代人追求安全感和他们的“娇弱化”以及福利主义大发评论，一边也不忘保护自己的房屋不受暴雨和冰雹的破坏，确保能够安度晚年。在“第二现代性”中，人们不仅对社会现代化造成的问题性后果进行反思，同时更多地会利用工业资本主义现代性开辟的可能性：物质财富、带薪假期、选择的多样性和高度科技化的交通和通信。所以，当代冒险和极限运动员似乎是一种社会混合体，他们既有意识地利用现代性的成就，同时也以抗议姿态反对现代性。

“第一现代性”和“第二现代性”的交汇，从组织角度来说产生了某些社会性后果：反对现代社会的影响、抗议通过组织产生的常规化、个人被纳入组织和外部控制，这些反应甚至已经进入了集体行为者的计划中。如今，很多特殊社会组织都在陪同并支持个体行为者的冒险和自主赋权的努力。可以这样说，当代冒险和极限运动是“做出反应的企业化”的一部分（Schimank，2001b），这种反应是在现代社会中体育运动之外的领域产生的，对匿名的、不透明的和异化的大型组织机构主导地位的一种反应。目前，很多冒险和极限运动的场景已经被打上了尝试消除矛盾性的印记，它们努力与自身的矛盾性做斗争，主要体现在以下方面：组织发现冒险和极限运动，并尝试在现代体验和活动的行业背景下将其日常化，这并非不会带来任何后果。为了解决这种矛盾的局面，以差异化为导向的个体行为者进入了不断偏离常规的螺旋中。因此，现代冒险和极限运动似乎通过加强这种偏离而获得了现在的活力。人们试图通过成就、风险范例、极端化、崇高的自我表达和荒谬表现摆脱“个性悖论”（Bette，1999）。那些已经探索过垂直距离并在顶峰留下首位登顶标记的人，如果其他人效仿他，那么他就会去探寻水平距离的挑战。在“技术再现性”的冒险时代，极限运动场景必须被不断重新定义和确立，以证明原创性。

在组织的支持下，如果其他人的个人努力有可能追赶上冒险家和极限明星，那么这只会有利于冒险程度的进一步加深。极限必须被更极限所超越。在差异性和舒适性之间的区别中引入偏差，至少可以给予主体短暂的作为独特个体的感受。然而，当个体与其他人不同的身体不再参与冒险实践时，其履历传奇就会遇到上限。赖因霍尔德·梅斯纳（Reinhold Messner）由于伤病和年龄问题不能再完成某些徒手攀岩路线，并且在这个领域被年轻一代超越后，他就转而选择去挑战其他项目：他去攀登那些极高海拔的山峰，并且不使用技术设备和氧气，通过攀登地球上所有海拔 8000 米以上的高峰，发现冰原和沙漠地区的水平线，从而在冒险的数量上取胜。目前，他通过自己神圣的行动在阿尔卑斯山上建立了以他的名字命名的博物馆。

出于这个原因，冒险者和极限运动员禁止现代社会的外行开展冒险行动。极限登山家、生存专家、超级马拉松运动员或南北极穿越者等同于那些在非体育领域，通过示范作用的边缘性、不同寻常和抗议姿态在社会中做出成就，找到了自己位置的抗议先锋人物。极限挑战者很难在这样的情况下保持初心。于是，现代冒险和极限运动已经与行为者的身体实践和自主抗争混合成为综合的矛盾体：如果他们想要从平庸普通、追求安逸、疏离身体以及无聊空虚的社会中脱颖而出，就要到人造或自然形成的环境中冒险，但基于他们个人之前的和社会观察到的自我定位，他们最终也只是做到外界期望他们做到的事。与其他人激进地追求自由、自主和差异化的自我形象相比，极限运动员实际上却是遵循了社会对他们的期望：追求自由和自主，敢于冒险，尽可能地接近身体负荷的极限，冒着生命危险从事“独一无二”的挑战项目，同时将所有这些体验都以演示的方式呈现给其他人。

第五章　兴奋剂话语中的集体个人化

近年来，兴奋剂已经成为人们谈论体育运动时的固定话题。对于竞技体育赛事的报道和评论不再完全是一片和谐之声[①]，关于违规行为的新闻报道已经成为当今体育报道的常见内容。鉴于频繁发生兴奋剂丑闻，我们几乎可以说，谈到体育话题已经不可能不提到兴奋剂问题了。在公共和私人场合谈论体育话题时，即使人们没有直接提到诸如血液、尿液或氯仿牙膏之类的东西，也总是笼统地影射着兴奋剂问题——造成的结果是，如今人们取得的任何突出的体育成就都不得不接受涉嫌使用兴奋剂的怀疑。因此，很多人对竞技体育的未来感到担忧。这种强烈的不安全感已经蔓延到社会的各个子系统中及其成员心里。

对现在的形势做出这一判断，不仅是因为日益泛滥的兴奋剂违规现象，也是因为一系列相关的上级组织无所作为的结果。首先，各协会迄今为止未能依靠自身的资源手段对兴奋剂开展有效打击，而且单个协会在打击使用兴奋剂犯罪的单方面努力，在国内和国际上总是遭到反复破坏和抵制。如果说曾经取得了任何值得一提的进展，也最终步了中世纪前进方式的后尘：进两步，退一步，而长期无视问题、无所作为与偷偷利用“有用的非法性”[②]使用兴奋剂，令形势更加严重。其次，从医学和药理学来看——无论是出于何种原因，到目前为止都还未制定出任何程序来准确和公平地评判某人是否使用兴奋剂。具备一定动机、装备手段的运动员在某些环境中，仍然可以选择使用特定药物，而不必担心被发现。最后，由于将兴奋剂视为某个特定社会集合关系的产物，因此没有针对结构性的偏差进行阐释。

---

① 在20世纪五六十年代的体育运动中，体育记者的批判性报道主要是针对业余运动员违反规则的情况。

② 参考2000年1月国际奥委会在洛桑对世界反兴奋剂机构（WADA）条例的落实。

不只体育运动组织机构，其他经济、政治和大众媒体领域的参与者都认为自身清白无辜。此外，许多体育观众显然认为他们与兴奋剂行为毫无关系。这种对自身参与的系统性否定是反思的源泉，这样说不是为了道德谴责，而是为了指出结构性的学习障碍和观察缺陷。

反兴奋剂斗争的困难，不仅与目前的经济、法律和逻辑方面的限制有关，同时更是一种——这也是本文的主要论点——个人化情境定义的后果，这种情境定义违反事实，顽固地主导着关于兴奋剂话题的公共讨论。尽管普遍存在违反规定的情况，但人们似乎仍然将使用兴奋剂完全归因于个人的错误行为。这种危险的简化结论并非偶然，而是现代社会内部在处理兴奋剂问题时结构性的产物。如果不单是体育组织将兴奋剂的使用归因到个人层面的不端行为，其他所有相关方出于各种原因都持同一论调，那么就会产生这样的结果，即问题不仅更难得到解决，甚至可能完全解决不了。被广泛讨论的竞技体育危机，似乎也是社会仅仅从个人层面处理兴奋剂问题的结果。

沿这一思路进一步扩展，下文将阐释所有涉及以集体个人化方式处理兴奋剂问题的社会领域。本章的第一部分论述体育运动对身体和个人的重视，并介绍体育协会对于违规行为以个人为导向的处理方式。第二部分论述大众媒体特别是电视媒体的行业心态，并基于媒体将新闻转化为吸引眼球的图像的需求，推导出常见的个人化和归因实践，而且只有易于理解、具体而不抽象和清晰明了的内容才便于人们吸收和分析。第三部分阐述当今社会其他涉及兴奋剂话题的相关参与主体，即法律体系的“司法鉴定人”和当代教育学中的自主性概念。第四部分列举兴奋剂普遍个人化产生的后果。第五部分提出从个人化分析转变为社会结构分析的主张，从而引出社会学角度的认知计划。

一、竞技体育中的个人化

自 19 世纪中叶以来，体育所产生的巨大共鸣，与体育的感性和具体性可应对社会现代化带来的后果息息相关。体育运动能够应对当今世界的抽象制度，使真实的人可以发挥作用。当田径运动员围绕赛道奔跑或者足球运动员拼尽全力追逐时，人才是整个行动的中心。体育运动除了可以使参与者得到强烈的切身体验和感受之外，还使人公开被社会观察。体育运动一般指特定数量的参与者于固定的短时间内在可监督的地方相互竞争，这种竞争冲突是外部可见的，结果也是透明的，参与者或者获得胜利，或者接受失败。取得的成就通常归于个人，在公开的表彰仪式中接受颁发奖项。这种易于接受的方式向运动员和体育观众展示：个人仍然能够在恰当的时刻做出决定性的不同选择。体育运动通过个人成就产生的主体自治理念，能够应对现代社会中带给个体的失落感。①

竞争的比赛形势为运动员提供了超越自我、将平凡转化为卓越的机会。这使得竞技体育特别具有明星色彩（Bette et al.，1995a）。体育运动聚焦个人及其表现，这也给人们一种印象，即使运动员是以群体方式出现在这一领域的，也只有个别个体才能突出获得关注。在兴奋剂违规的处理中，体育组织往往归咎于运动员个人，这将产生非常严重的后果：正因为体育组织专门从事组织由个体支撑的体育活动，因此他们能轻易地以相似方式将违规行为个体化和单一化。当人们忽视复杂的关联性，不将违规行为与上下级背景关联，仅将其视为孤立的个案时，就容易将违规行为个人化。当行业协会把卓越的体育成就完全归因于个体的能力时，他们还有什么理由要避免将违规行为个体化呢？兴奋剂案件事发后，体育官员则常常指出违规行为的原因仅仅在于运动员偏离了初心。当然如有必要，人们也会指责个别教练员和护理者的不良影响，并寻找促使违规行为成为可能的幕后操纵者。但即使这样，也只是以另外一种方式将事件个体化。

行业协会确认个体行为者的不当行为时，会采取一系列标记措施：指明行动的缘由，将行动归因于某个主体或个人，并根据他们自己内部的官方规则评判该行为和行为者。值得注意的是，行业、协会在没有考虑到相关联系和触发因素时，对个人使用兴奋剂进行分析。个人行为的社会背景因素被社会系统强力压制，或者最多只能反映在日常生活的天真理论中。

行业协会中的人们经常用疾病隐喻或者动物隐喻，如“瘟疫”“癌症”“章鱼海怪”，来影射兴奋剂犯罪，并感叹“社会价值的缺失”，至少会在官

① 这一点在团队成绩极为重要的前提下仍然适用。在美式橄榄球比赛中，每次触地得分都有详细的记录，并且该记录会被妥善保存，精确到个人。

方讲话中将做出违规行为的人称作“没有道德的家伙”，人们必须毫不留情地把他们踢出队伍，以便可以继续组织新的系列竞赛，并与电视公司和赞助商签订相应的合同。甚至有些前运动员也秉持这样的观点。例如，马克斯·施梅林（Max Schmeling）在一次采访中就说过：“如果运动员使用兴奋剂的话那就太糟糕了。这些人没有道德和伦理，对其他人不公平。他们不具备奥林匹克精神。”[①]一般情况下，肇事者在公共话语中被认为是“兴奋剂罪人”。这一语义范畴最初是由违反宗教戒律的词语发展而来的——被抓住的运动员就像是堕落的天使，由于自己的过错被赶出了天堂。即使体育官员偶尔承认社会环境的影响，在惩罚有关行为者时，他们仍然热衷于将问题个人化。因为他们眼里只看到某个应该被逐出相关领域的害群之马。

体育协会行使了组织的权力，将使用兴奋剂的行为归因于违规者个人。有权势的体育协会（或组织）对此却保持沉默。在这种情况下，将违规行为归因于个人，显然可以保护体育组织的结构基础免受人们的批评。通过指定个别替罪羊，行业协会可以转移公众对于体育组织的矛盾和困境的注意力（Bette et al.，1996a）。出于对更多资源的需求，体育协会不仅是自己名下运动员的幕后老板，同时也作为代理提供特定的服务，那么认错对他们来说将是非常危险的。认错会危及来自外部的资源流动，会使重要的利益相关者面临被兴奋剂问题玷污的风险。因此，把责任推到个体行为者身上，可以保护体育组织与社会环境之间不稳定的关系免受责难，并给予公众问题仍然可控的信念。如果体育协会能够明确说明只有个体运动员是有责任的，那么原则上情况似乎仍可以改变，而非完全无法挽救。人们只需要监督有关人员，并在必要时将其逐出该领域，由此隐含的信息是：人们可以解决或者至少遏制问题的发生。如此一来，这些协会给自身及其环境释放他们仍然具备行动力并拥有美好未来的信号。

借助自然科学的力量，同兴奋剂做斗争以一种人们可预期的方式作用于个人，因为没有什么能比对个人体液的分析使其更加个人化。与此同时，偏差行为或者说违规行为的社会背景因素就系统地消失了。血液和尿液本身并不能对运动员角色的履历风险提出任何质疑；它们也不会说话、谈论

① 《科隆市政日报》（KSA），1993 年 4 月 8 日。

行业协会关于使用兴奋剂的标准规定。甚至，政治、经济、大众媒体领域和公众对个体运动员的行为期望，也无法通过质谱仪或其他分析方法显示。我们可以很容易发现，目前的兴奋剂分析手段仅仅捕捉到生化参数。自然科学的补充手段不仅使体育组织能够直接控制主体，而且能够深入观察运动员的身体机能；还可以很容易地隐藏体育组织的矛盾和行为困境，使这些矛盾和困境偏安一隅。使用自然科学手段分析兴奋剂犯罪，十分适用于将责任个人化和组织无罪化。

二、大众传媒中的个人化

在现代社会中，竞技体育的典型特征是以人和身体的表现、竞争为导向，这一点并非未被人察觉。这种导向吸引了所有那些寻求通过主体行为来增强自身能力和成就感的社会领域。在这种背景下，最强大的结构性耦合出现在现代大众媒体中。[①]体育比赛开始直接与报纸、广播和电视联系在一起。体育比赛紧张刺激，能够诞生民族明星，产生民族自豪感。它们还以极其自然舒适的方式满足媒体对新闻的贪婪需求。体育赛事的频率决定体育项目的比赛日程，而每天在全球体育竞赛中取得的新成就和新纪录，满足了媒体对于处理和传播永久性的、具有新闻价值的信息的需求。当媒体报道体育项目胜利或失败的具体情况，并将其作为自己的信息进行传播时，可以大大减少其组织需要挖空心思寻找和制作自己的新闻内容来填充报道时长和报纸版面的压力。可以说，体育通过其自身的戏剧性和变化性牢牢吸引着各类大众媒体，帮助他们保持活跃度，并为他们提供相关话题内容。[②]

正是因为媒体专门将信息通过技术手段再现并传播给不在现场的他人，所以自我指涉和自我组织不仅是可能的，而且对他们来说也是不可或缺的。由此，媒体获得了自己选择和编辑话题的自由。所以，广播、报纸和电视往往不会按照一对一的关系真实地报道体育世界；相反，他们必须专注选择那些具备新闻价值的信息，并冷漠对待那些不具备价值的信息。体育记

---

① 然而，这种关系必须随着时间的推移渐渐被发现。关于精英体育和大众媒体的联系，参见图 4。

② 这与卢曼（Luhmann，1996）的表述——大众媒体“生动地记录着”社会现实——完全相反。

者通常认为，观众密切关注的事件才更具有新闻价值。

正如尼克拉斯·卢曼（Niklas Luhmann，1996）所述，媒体通常更喜欢那些不同寻常的信息。相较于之前已经报道过的内容，每条新闻必须具备公众快速且易于理解的新鲜价值。那些出人意料的不同寻常的事件，正对媒体的胃口。具备冲突性、地方或民族属性的，可以道德化、戏剧化和个性化的话题，最有可能产生媒体反响。依赖读者、听众和观众的报纸、广播和电视媒体，可以在对体育感兴趣的人群中找到观众，也可以同时将这些观众纳入自己的受众群体（Blŏbaum，1994）。

对于电视媒体而言，电视新闻比印刷媒体更注重对个人的关注，这一点可以从媒体自身的逻辑来解释。电视媒体需要图像才能提供信息，因为电视新闻内容必须以视觉的方式呈现在屏幕上。[①] 体育运动发生在特殊空间内，其参与主体可被外界观看，同时侧重于个人表现，能产生戏剧性的情况和结果，这完美地满足了电视新闻的需求。电视媒体恰好可以参与其中，并将现代体育的图像世界和戏剧场景再现出来。电视媒体提供相应的动态图像予以补充，这正好为观众提供了事件是真实的证据。这就给人们一种感觉，现实情况就像电视实际的报道那样。电视节目的图像序列具有强烈的暗示作用，因为相对于静止图像，电视新闻展现了事情发展的过程。[②] 体育比赛作为时间、客观、空间，以及社会性方面彼此区分的互动领域，持续产出这些图像。通过相机可以观察体育运动的特殊空间，使用麦克风可以听到空间内发生的事情。由此，人们才可以在电视屏幕上看到、听到正在特定空间内竞争的运动员的活动。作为可被公众观看的形象，他们因此被媒体

---

① 与此相反，如果缺少图像证据就会给人信息缺乏真实性并有所滞后的印象。人们看到信息缺乏匹配的图像时，会感到不耐烦，甚至会直接换到另一个电视频道。

② 与此同时，记者之间也出现了等级制度。电视记者作为动态影像的保管人和实时播报体育广播的专家，已经远远地将广播和新闻记者甩到了后面。这与记者的个人能力无关，而是与各个媒体的传播逻辑和速度，以及观众的选择性需求有很大关系。被电视的图像语言排除在外的主题也为报纸和广播提供了以不同方式报道体育赛事的机会。然而，随着报纸读者越来越习惯于电视节目通过信息可视化提供个体化的播报，报纸越发需要适应观众不断改变的信息接收习惯，并打造自身的个体化。在这一条件下，对抽象性的问题需要进行单独讨论。

视为新闻真实性的保证。[①] 人们甚至可以邀请并采访他们，对他们进行提问，或许他们会给出令人眼前一亮的回答。人们也会发现，他们不是人们在小说中读到或者电影中看到的虚构人物，而是有血有肉真实存在的人。

在当今社会，出现了越来越多此类再现复杂社会的视觉等效节目，媒体根据自己的喜好选择新闻内容。对于产生很多表象错觉的媒体行业来说，真实性的保证变得非常稀缺，因此，体育运动被电视媒体用作真实的证据来源来进行新闻报道。由于体育是亲近个人和身体的运动，在其帮助下，电视媒体可以在虚拟节目和现实事件之间划出一条引人注目的界限。

媒体工作者常常在自己的节目中采访报道运动员，这一事实在他们与体育领域的突出人物的交往中表现得非常极端。在向个别体育明星献媚时，媒体工作者将他们的主观化工作推向了极致。媒体对明星的崇拜是纯粹的个性化打造。作为“注意力经济”（现在通常叫作流量经济）的一部分（Franck，1998），体育明星能够引起观众的兴趣，这一点可以通过高收视率和发行量得以证明。由于媒体对新闻有着长久的需求，因此，人们可以理解为什么他们会不断发表体育明星诞生、崩塌——如有必要——甚至重新振作的新闻。

兴奋剂话题尤其与大众媒体的自我指涉紧密相关，因为它以多种方式满足了新闻对于追求轰动效应的需求。它充满了冲突，使用兴奋剂的运动员违反了公平竞争的体育精神，令大众失望。通过使用违禁药物的手段来获得竞争优势的人，欺骗了竞争对手，破坏了体育运动的机会平等，并以非法的方式损害了体育的规范秩序。所以，大众媒体往往会急切地将东窗事发的兴奋剂案件报道为丑闻——类似的还有公共服务中的腐败、学术造假、政党捐赠丑闻或证券交易所的内幕交易等。

诸如使用兴奋剂等违反规定的行为持续吸引着媒体的兴趣，因为这些话题适用于展开道德讨论。那些服务于跨区域印刷媒体（例如，《法兰克福汇报》《南德意志报》《明镜周刊》）的记者，并不是每天都会采访俱

① 信息和新闻与具体的人物紧密联系就会给人以合理且真实的感受，因此，个体化不仅是体育报道取得成功的秘诀，其在政治、科学和经济新闻报道中也同样重要。此处也涉及如何对过程的复杂性进行相应的可视化加工的问题。

乐部和体育协会，而是在不公和正义的范围内持续观察体育运动，并公开宣称自己为正义的代言人。兴奋剂问题对媒体来说之所以具有新闻价值，是因为体育行业对兴奋剂问题以行为者为导向的处理方法，直接符合媒体的个人化需求。对于媒体而言，没有什么比以紧凑且易于理解的方式使个人事件被公众知晓更具传播性。使用兴奋剂的人被带到镜头前，无论是发表讲话还是保持沉默，将他们展示在人前都比较容易让观众理解新闻事件和内容。在兴奋剂问题上，逐案处理符合媒体的自我指涉性，因为单独案件可以在媒体报道中清晰地阐释和呈现。否则，过高的复杂性会超出电视媒体的报道能力。

此外，媒体对个人的兴趣不只限于被发现使用兴奋剂的运动员。在许多兴奋剂违规行为事发后，药理学家、体育医生、教练员、协会主席和评论家往往也能够获得自己的娱乐价值。因为这些人都是有名有姓的实实在在可追溯的人，但他们往往只从自身的角度评论个案，这会产生很多争议，因此他们成为兴奋剂话题讨论的重要元素。那些通过尖锐地批评真实人物来满足媒体的丑闻需求和个性化需求的批评家，特别有机会崭露头角，让自己的意见被他人听取、展示和引用。从这个角度来说，那些可以列举出兴奋剂违规历史上具体人名的体育历史学家，或者直接攻击或谴责教练员、运动医生和裁判员的药理学家和体育教育学家，尤其受到媒体的青睐。

如果将所有这些论点综合考量，显而易见，兴奋剂问题是媒体梦寐以求的素材。然而这只是“硬币”的一面。从长远来看，兴奋剂问题会令公众失望并可能最终失去观众，媒体的美梦很快转变为媒体的噩梦。因为体育运动中的欺诈行为会破坏体育赛事美丽外表下的戏剧性，并浇灭观众的热情。因此，如果媒体对于兴奋剂问题的报道过于批判，他们就有可能面临失去一部分观众的风险。似乎正是因为害怕上述情况的出现，电视才越来越倾向自愿放弃公众批评的权利，转而采用“小题大做”的方式，或完全忘记兴奋剂使用。德国电视二台（ZDF）的著名体育记者曾坦言：“我为什么要锯掉我自己坐着的树枝？”社会学家不应该把这种表达看成是某一个人的个性化表述，因为这是整个行业的普遍心态。电视媒体通常在自己的新闻或者娱乐节目中有选择地报道兴奋剂问题，并倾向将问题个人化，如此就隐藏了自己也是问题造成者的事实[①]，这并不是人们素质恶劣的结果，而更多的是社会结构化的产物，是这种社会结构导致记者们如此对待、处理该问题。

以下这些明显影响背景与行动之间的关系的条件，尤其引人注目。新闻记者对兴奋剂案件的以个人为导向的报道和道德评论，对于媒体来说，这最初只是将体育视为有积极意义的运动的一项措施。不同于经济和政治领域的最初“正面积极的”新闻事件最终都无一例外地以漫长、消极的矛盾冲突结束，原则上来说，体育运动似乎仍然是一个不受消极意义影响的娱乐场。在此背景下，兴奋剂违规者威胁到了媒体对“干净的”竞技体育的兴趣，而记者将个别案件报道成个人的错误行为，确保并证明媒体和竞技运动之间的耦合关系依然没有受到威胁。如果媒体不将兴奋剂问题归因于个人行为，而是认为这是不可阻挡的结构性的必然行为，那么它们就不能在自己的新闻领域继续利用体育话题。如果不将兴奋剂问题个人化和单一化，媒体和竞技体育之间就不会达成利益共识。

对兴奋剂问题的机会性处理是媒体与其最高的施意人——体育观众的技术综合而产生的结果。那就是，通过监测收视率和发行量，媒体对自身影响和效果进行自我观察和评估，而这种自我观察和评估并非没有问题。这种自我观察带来了显著的对旧有观察关系的补充，即不仅体育观众会通过读报纸、听广播和看电视关注新闻话题，广播、报纸和电视媒体也在观察着观众。在媒体的眼中，观众、听众或者读者并不是有血有肉的人，他们只是一串数字而已。

尤为突出的是，由于与观众的技术耦合，电视媒体始终处于“高成本的情况”，尤其是它们不能像其他公共媒体一样得到国家拨付的财政投入，只能依靠广告收入支撑运营。以收视率为导向的行业逻辑和同行之间的激烈竞争，特别是电视遥控器的技术应用允许观众能快速有效地退出某一电

---

① 作为旁观者，有人可能会问，在哪里能找到这类讲述媒体自身及媒体报道给体育运动带来的影响的报道？例如，电视媒体自身对兴奋剂问题的影响与推动。毕竟，没有媒体，就没有大众对体育运动的关注，没有大众的关注，商业和政治就不会对体育产生兴趣。即使媒体将这一系列因果关系隐藏起来，也仍然无法抹除其在兴奋剂问题中所扮演的重要角色，因为它是体育运动价值链中不可或缺的一环。

视频道之后，让媒体不得不更加重视观众的兴趣。由此，节目制作方就面临着必须制作出吸引人的节目的巨大压力。失去观众的达摩克利斯之剑主导了电视节目的制作，其结果就是，体育节目从话题和表现形式上都要能够迅速抓住观众的眼球，而且不能对体育观众有过高的要求，甚至不能要求他们承担共同责任。对于追求休闲娱乐的观众来说，与疾病、欺骗和死亡紧密相关的兴奋剂话题如果出现得过于频繁，就是一种打扰和伤害，那么他们就会用遥控器更换频道或者干脆关闭电视，以避免面临上述情况。沃尔夫－迪特尔·波施曼（Wolf-Dieter Poschmann），德国电视二台的前体育总监，这样说道："对兴奋剂的兴趣从观众数量上来说不是很明显，这是事实。"那些对兴奋剂报道做出过贡献的体育节目"在这方面就会遇到难题"（《南德意志报》，1999 年 10 月 6 日）。因此，电视广播公司注重收视率，就会存在这样的利益矛盾，即不能因为过多地报道兴奋剂问题而吓退他们的观众。

电视媒体不断加强对兴奋剂问题的掩盖和个人化处理，这与近年来电视广播和体育组织之间的密切关系有关。今天，这些媒体机构不再只是单纯报道那些有无他们都会照常进行的体育赛事，正如克普林格（Kepplinger, 1992）所说，他们也从事着"事件管理"。媒体越来越多地报道那些自身积极参与支持的体育比赛。这样谁还愿意批评那些自己也为之付出巨大精力并提供赞助的活动呢？为了满足打造体育新星的需求，记者们做出妥协，不再提出任何犀利的问题。从这个角度来说，德国电视一台对 1998 年环法自行车赛兴奋剂案件的报道就是"事件管理"模式下的典型案例。体育与媒体利益之间的联系越紧密，这种体现为沉默的恶性循环和姑息主义形式的情况带来的危险性就越大。

将兴奋剂问题归因于个人行为，既与人们无法通过摄像头和麦克风对社会结构进行直接感知有关，也与社会结构不能持久地满足媒体的新闻需求有关。社会结构是指在背后有象征作用的广义的行为期望。它们的任务是使某些行为联系成为可能，并使其他行为联系失去动力。人们无法嗅到、尝到、摸到或者看到社会结构。它们无法参与采访，也不能被八卦工作室带到观众面前展示。只有通过社会结构发挥作用的人，才能出现在公众面前并发表观点。社会结构的这一"无法依靠感官感知"的原则给人们带来了困难，即社会结构——正是因为它们从时间、客观和社会的角度来说应该创造期望安全性——具有相对恒定的稳定性，无法轻易改变。社会结构的这种可预测性和稳定性公然违背了电视媒体对刺激和新奇的恒定需求。

基于这些考虑，我们就可以解释为何记者们虽然知晓并且认同社会学家对兴奋剂问题的社会学分析，但往往不认为这种分析具有新闻价值，为何他们更偏好充满个人特色的、时刻准备揭露详情的评论家们。媒体常常选择避开体育社会学家，因为社会学家更擅长结构性思考，他们不喜欢把复杂案件个人化，并且往往一开始就反对道德评论（Bourdieu，1998）。通常只有当他们适应了媒体的运作结构，像教授一样以科学学者的姿态出现在公众面前，放弃使用专业术语，用浅显的话语发表自己的观点，并展示人与人之间的事情发展过程的结构局限时，人们才愿意倾听。

三、法律学和教育学的个人化

在这种背景下，大众传媒对兴奋剂问题的个人化和道德化报道，通过律师和教育家这两个重要职业的观点得到了加强，具体原因如下：现代法律体系通过合法与不合法之间的主导差异运作，在决策时，必须对其法律对象进行特定假设。通常，它在其基本循环性的框架内运作，体现了人们的行动自主权和法律行为能力。然而，前现代时期的法律认为，个人不能对其行为负全部责任。因为在那个时代，个人被视为更高级别的命运力量的棋子。现代法律拒绝接受以上观点，认为个人主宰自己的命运。

社会学家不难看出，自主的法律主体概念，是将司法制度伪装成一种特定现实的虚拟假设，以便为司法裁决提供依据（Hutter et al.，1994）。如果法官不具备判断违反法律的行为成立或不成立的基本能力，将如何对被告做出判决？基于酗酒、被迫或精神障碍导致的“酌情减刑”即“精神障碍辩护”的标准，法律体系可以允许通过承认个人行为超出其责任能力来实现相对化减刑处理。

在对兴奋剂案件的法律处理中，重点要关注个人的病理报告。在许多个案中，律师并不认为当事人有完整的病理状况，常常将其置于异常行为的个人化和单一化处理。往往是被发现的运动员——根据具体情况——接受法律的处理，如有必要被无罪释放或被判定罪，而不是暗地里或明面上推动了兴奋剂使用的协会，被钉到耻辱柱上。事实上，运动员、教练员、运动医师和裁判员都与违规行为有着千丝万缕的联系。媒体、赞助商和政客们，都在兴奋剂的传播中扮演着某种角色，但没有体现在法律决策的背景下。可以说，超越个体的纠葛是法律制度的盲点。通过将兴奋剂问题个人化和单一化的策略，律师可以保护自己免于陷入模棱两可的因果关系的泥潭中。要准确地判断社会网络中的因果关系，现实中只能通过法律决策和相应的主观假设来实现。

教育学提供了另一种针对兴奋剂问题的以人为本的处理方法。最晚自卢梭（Rousseau）以来，主体自治的概念一直是教育和教育科学反思的核心。教育实践应在指定的专家帮助下开展，以便在漫长的教育过程结束时，能培养出成熟的、自我负责的个人。个人应该有能力抵御权力操纵的影响并成为自己本身。教育的任务是将这一理想变为完美现实，并在自我和世界之间建立适当的关系。违规行为在教育学家看来，是由教育缺陷造成的性格弱点导致的。因此，他们应对兴奋剂危机的建议主要在于开展预防、伦理和道德教育。违规者应该受到教育的感化，重新回到遵守规定的道路上。那些站在违规边缘的人，面临迷失自我的危险，也应该通过教育启蒙和说服来防止继续偏离正轨，放弃通过欺诈来提高成绩。由此看出，教育学希望个人牢固地遵守规范。与之相呼应，教育学家希望通过具有指导作用的公平竞赛和遵守道德的倡议口号，提高运动员抵抗兴奋剂诱惑的能力，也就是说，提出这些号召的目的，在于避免运动员在面对成功的压力和可能性时，出于个人利益的理性思考选择利用兴奋剂冒险一搏。与体育协会密切相关的体育教育工作者们，仍然怀念“奥林匹克教育”的理念，也希望依赖于他们有力的论点的力量，建议将该理念用于改变体育运动的实践。

四、集体个人化的后果

体育协会以个人为导向的回应、媒体将之丑闻化和指向个人的报道、教育工作者对人为干预的推崇、法律体系从个人主体自治出发的判决，这些为了使个人责任被大众接受的做法，导致了结构性耦合，而社会观察员只能用毁灭性一词来描述这种耦合。尽管体育、法律、教育和媒体之间存在差异，他们还是达成了该系统内的个人化共识，以应对复杂的兴奋剂问题。由于不同行为者的情况定义和主观化策略相互交织，相互强化，在当今兴奋剂话题讨论中已经形成一个超级稳定的话语共同体，他们不仅共同应对外界对现实不同版本的猜测，以使其自身版本的解释不受影响，而且努力压制事件在公众视野中的发酵。观察者们都朝着同一个方向看，显然是会创造一种其他人都朝着这个方向看的自己版本的现实。一个指向个人的归因说法，被不同的人不断重复，就会产生稳定的引导舆论的结构价值。这种基于集体的解释也正因如此是有问题的，因为它们降低了参与系统的能力，容易被其他不同的说法激怒。例如，体育组织通过对违规行为采取个人化的处理，使自己本身的问题和矛盾隐藏不被发现和谈论，他们利用矛盾的警示作用，当作自己学习的机会。这种偏差行为的个人化处理不仅阻碍了自我观察，而且也使组织性的反思学习更加困难。所以，即使这么多人忙于应对兴奋剂，却并没有消除兴奋剂的使用。相反，大家对兴奋剂的个人化定义，以令人惊讶的方式使其保持活力。这种“多元忽视”不仅源于众所周知的远视方式和体育协会的不作为（Luhmann，1996）；对个人化的痴迷也可能产生越轨效应。[①] 它阻断了人们对行动者背后发挥作用的系统结构的要求的观察，因此阻碍了在决定性节点的干预。即使体育教育学致力于以合法而重要的主张捍卫体育主体的地位，试图通过道德、伦理、教育和自身参与组织化的体育运动来尝试解决兴奋剂问题，它也最终没能避免成为其试图解决的问题的一部分。正是因为教育主要强调主体，对其他系统表示出某种无害，才被体育机构物化利用。因为在委身于体育协会的体育教育者的帮助下，没有什么比毫无约束力的道德和伦理宣传更适合体育协会的象征性政治。即使是最活跃的兴奋剂批判者，如果他们仅仅谴责个人及其行为，也会无意地以令他们感到惊讶的方式对兴奋剂的延续使用起到推波助澜的作用。教育工作者们对裁判员、医生、教练员或运动员进行的宣传活动，在媒体和法律体系的帮助下，强化了这样一种印象，即使用兴奋剂只会被判定为个人或群体的不当行为。

---

① 媒体必须清楚地认识到，当它们转述某一个体化了的意义阐述与相应解释，并且这些阐述与解释随后会被意义创造者不假思索地转用时，它们就实现了对现实的创造与加固。

系统内部将问题个人化的共识形成了这样一个事实，即对兴奋剂问题的处理已经走到了死胡同。如果问题诊断已经很复杂，那么如何解决问题呢？这种情况下似乎出现了以下动力：情境定义，即假设兴奋剂是个人的事情，从而引导应对计划往相应的方向发展。例如，近年来出现了在实际中几乎无法避免的解释性和结构性发展综合征。尽管体育协会已经正式认定使用兴奋剂是运动员的欺骗行为；他们在回应时，往往依然依赖身体控制和法律惩罚，同时希望在教育学的帮助下获得道德、教育和启蒙的免疫能力。相关领域的参与者通过这种情境定义也确立了同样的世界观。

最后，以牺牲运动员为代价的肇事者创造了一种皮拉图斯综合征，这种综合征以穿透性的方式决定了公共话语。将责任推给运动员，不仅可以卸下体育协会的负担，还可以不费吹灰之力掩盖参与其中的玩家。于是，一个自我道歉和保护问题源的矩阵产生了，这巧妙地促成这样一个事实——即使对兴奋剂的谈论具有膨胀扩大的趋势特征，不合理的逻辑也丝毫不受阻碍。经济、政治、媒体领域和观众虽然都参与了竞技体育，却并不认为自己真正参与其中，这样情境定义的结果就是大家都把自己的责任撇得干干净净。

集体个人化的后果
◎形成超级稳定的系统内话语共同体
◎排斥了对现实的其他解释
◎系统地掩盖结构性条件
◎阻碍组织性的反思学习
◎通过强制地看待个人及其错误，导致“多元忽视”
◎不进行准确的问题分析就做出问题处理
◎皮拉图斯综合征：否定自身的参与和同谋
◎通过认定、归因于个人行动自主权而使运动个体负担过重

图 3　集体个人化的后果

最后但并非不重要的一点，是使用兴奋剂的集体个性化导致的，运动员、教练员、体育官员和医务人员作为个体行为者被过高要求，从而臭名昭著，因为他们被视为具有意见、意图和兴趣的个人及被许可和期望的行动链的起点。通过将自身的矛盾和困境转移到运动员个人身上，体育组织得以减轻自身负担，却以极有问题的方式加重了这些人的负担。体育协会既不需要改变内部结构，也不需要改变环境关系；而运动员、教练员和运动医师，必须在潜在要求过高的情况下表现出道德正确。个体行为者在这种条件下被迫需要制定相应的应对策略。

五、去主观化的社会认知计划

当体育、媒体、法律和教育领域的人们，甚至绝大多数的批判家，在涉及兴奋剂问题时都把目光投向运动员个人及其行为，并构建出同一种事实解释时，社会学的任务就是破坏这种普遍的有风险的观察模式，并补充不同的现实版本。只有这样，才能使这个话语共同体看到集体个人化的问题后果。从近期的政策套用一个众所周知的论调：无论是谁，如果他拒绝考虑结构性的、相关领域的、共同造成兴奋剂问题的变量因素，只把注意力聚焦在运动员个人，并把使用兴奋剂归因于个人的不当行为，那么他不仅不会对解决问题做出任何贡献，反而还会使反兴奋剂的斗争更加困难！社会学能深刻地指出社会环境持续综合影响个人行为的力量，表达他们对于行为主体的自主自治这一典型的现代观念的怀疑。社会学家正确地强调出，这不是“个人和社会”的关系，而是“社会和个人”的关系。[①]

当然，社会学家也看到，运动员作为个体可以有服用或者不服用兴奋剂的选择权，但他们也指出，高于个体的社会结构和社会网络将运动员引向使用兴奋剂的道路。人们通常只想到那些各种各样的、在博弈论的帮助下重塑自我的行为者之间的错综复杂。[②] 个体行为者，正如贝克、贝克－盖恩斯海姆（Beck et al.，1994）所述，“那些人的错觉，阻碍了其对社会条件和自身存在的限制性的洞察”。人们可能认为，在所有这些解释后，个体行为者会作为一个不重要的或无关紧要的变量，不出现在社会学分析中。恰恰相反，通过观察那些显著影响个人行为的、操纵变量的参与者，社会学

① 见欧文·戈夫曼（Erving Goffman，1986）对基本互动情境的相关研究。

② 博弈论非常清楚地表明，个体运动员的个人行为选择明显受到其竞争对手的行为选择的影响，这会导致一些无法预料的行为结果的出现。关于运动员之间的竞争、周围其他行为主体提供的助力及运动员和药检员之间的管控关系参见贝特（Bette）、席曼克（Schimank）的文章（1995a）。

家能够引起人们对主体负担过重的事实和关联背景的关注。在这种情况下，矛盾的是，社会学去除主体化的观点因此成为人类体育运动文明实践可能性的重要条件。很明显，所有那些将自己专业领域的判断直接加诸个人身上的人，认为社会学的结构主义倾向是一种病态的自我崇拜和相应的自我辩护。如果对个人的自主性进行分析质疑，那么教育引导所形成的个人人格，与律师认定的个体有责一样不适合。在处理兴奋剂问题中，实际存在的差异不应该被和谐地隐藏在“地毯”下，或者在任何团体合成的共同体的尝试中弱化。这也不是企图要用一种观点取代另一种观点。相反，重要的是要清楚地找出这些差异，明确区分它们，并使它们相互作用。

如果人们能理解社会学、教育学和法律学之间的关系是“功能性的对抗”（Bette et al.，1999），就能实现以多管齐下的方式处理兴奋剂问题。教育工作者和律师可以继续培养对个人的关注；社会学的任务则是审查导致偏离正轨的结构性压制，并阐明迄今为止反兴奋剂斗争的个人化所产生的后果。为了不停留在自说自话的观察者的立场下，社会学家可以根据其分析提供适当的建议（参见第七章）。然而，这些是否能被认知和落实实施并非社会学的问题，将留给共同参与兴奋剂话题的人们自己决定。

尽管存在差异，但为了开展合作，社会学不能先入为主，认为以个人为导向的领域和有关当局“错误地”处理了兴奋剂问题，否则将导致早期傲慢态度的复发。社会学更明确地指出，利用不同领域的区别，能帮助人们看到这些区别对澄清事实的贡献。当然，这种限制也适用于社会学的结构观。尽管有这种重要的对自己领域知识的相对化使用，进步的结构主义社会学家仍然对自身所在领域的未来建议：“通过社会调查，让你的观察结果刺激被观察对象，让他们在观察结束时比之前拥有更多的选择！”

第六章　人生的风险和兴奋剂的使用

每个人的人生都存在风险，因为没有人可以对自己的人生道路进行全盘计划和操控。人的一生总是会在某种情况下发生某些事情。许多存在主义哲学家认为，失败是人类存在的一种基本体验，而以适当的方式应对风险、厄运和人生未知数是个体生存艺术的主要任务，这一论点并非毫无依据。运动员的职业生涯也一样，有意料之外的困难，也有种种不确定性。除了与其他社会成员一样需要解决在复杂的社会生活中遇到的各种普遍问题以外，作为现代竞技运动的参与者，运动员自然还面临着这一身份带来的特殊挑战。这些问题在其他社会领域并无先例借鉴，也无法在竞技体育史中找到类似的特点。运动员职业生涯条件的变化与当代竞技体育意义的变化息息相关。竞技体育比赛总是充满张力、扣人心弦，人们不仅可以尽情享受感官体验，还可以将竞技体育运动员当作明星来崇拜。正是由于流行体育项目通过竞赛唤起观众的共鸣，竞技体育对经济、政治和大众媒体的吸引力才逐步提高。过去几年，体育界出现了一种新的社会风气，即一味地追求优异的竞技体育成绩，而这造成的结果就是，体育事业的机会与风险结构有了全新的面貌。

在下文中我们将看到，兴奋剂的广泛使用主要是竞技运动员个人生活状况改变的结果。显而易见，越来越多的运动员试图通过越轨行为来应对他们生活环境中的特殊机遇和风险。这样做，他们必然要承担可能造成的身体、心理和社会方面的重大风险。为了进一步探究在众多体育项目中都存在使用兴奋剂行为的原因，首先要明确运动员职业生涯中面临的典型风险因素，然后以此为基础推导出使用兴奋剂的行为其实是一种应对风险的策略。① 因此需要指明的是，与日常的理论推测相反，使用兴奋剂的行为并非能从运动员、教练员、裁判员或运动医生的个人行为中简单推导出来。与其说使用兴奋剂是“坏”人会做的事情，不如说它是社会条件引发的特定越轨行为。② 社会学家会问，为什么恰好是在竞技体育领域集中出现了这样一个有缺陷的行为集体，无论国内还是国外，而且还覆盖了所有体育项目？事实上，各种违规行为的层出不穷及其不断升级的特点更值得人们深思。通过一窥竞技运动员的个人生活状况，人们能够对使用兴奋剂这种失范行为的社会结构的局限性获得更加深刻的认识。

一、运动员职业生涯中的风险因素

对从事竞技体育的运动员而言，其面临的主要风险就是在职业生涯中毫无建树。这种说法乍一看很老套，但正是这种必然发生的失败可能成为运动员的困扰。失败可能有多方面的原因。失败首先是竞技体育特定竞争和竞争导向的预期结果。按照规则，体育比赛会定量产生失败者，以便塑造成功者的形象。因此，失败并非意外，人们不得不为其做好思想准备。更直白地说，体育比赛需要大量的失败者，只有这样才能遴选出少数的胜利者。胜利者就仿佛是寄生在失败者身上，以后者的失败哺育其成功。为了少数人的成功而合法合规地让多数人失败，是体育比赛的本质。在竞技体育中，往往只有冠军的名字和成绩会被历史铭记，而失败者只会留下一个已经尽力却仍然失败的落魄印象。对胜利者的无限关注和崇拜让排名制度得以风靡世界，即使两名运动员的成绩仅有毫厘之差，连人类的感官都无法辨别其中的细微差别，仍要将胜利者和失败者区别对待，这就让排名制显得尤为无情。想想游泳或田径比赛中精确到百分之一秒的计时，就知道这种制度有多么残酷。

---

① 下述评论来自联邦体育科学研究所资助的研究项目，笔者当时与哈根大学（现为不来梅大学）的尤韦·席曼克（Uwe Schimank）和海德堡大学的两名研究员合作，发表了题为《竞技体育中的人生动态——青少年兴奋剂预防》的文章。详情参见贝特等（Bette et al.，2002）的文章。

② 针对兴奋剂问题“集体个人化”的批判，见第五章。

对于个别运动员而言，职业生涯中的失败是可预见的，特别是在一些竞争特别激烈的世界性比赛项目中。自 19 世纪末以来，随着奥林匹克运动的兴起，竞技体育逐渐得到全世界的认可和欢迎，因为它超越了种族、阶级、性别、出身或年龄等常见的限制标准，理论上，几乎所有人都有参与的机会。只要服从竞技规则，并且取得相应的成绩，任何人都可以参加。这种原则上的包容和开放性对运动员有着巨大的影响：不管来自哪个国家，运动员从世界各地会聚于此，在这最激烈的竞争中，任何一个人对于其他人而言都是巨大的风险。就算是公认的顶尖运动员，在比赛中也有可能铩羽而归。在全球社会子系统中，竞技体育运动员的素质发展得越全面，同时体育项目的社会性密度越高，运动员失败的可能性就越大。

竞技体育运动员的人生风险不仅在于其在比赛中可能面临的失败，还来源于体育的另一特性，即体育活动对身体的极度依赖性，正是这一特性让竞技体育明显区别于其他社会领域。在普通人的一生中，身体主要是人用来满足消耗性需求的主要媒介，比如可以尽情享受生活。与此相反，运动员更多的是将身体作为工具使用，这是竞技体育中的成绩个人主义和体育成功对身体“技术”的依赖性的结果。对竞技体育而言，理想的身体状态是具备具体运动项目所需的功能，且可以不断提高强化，这种身体状态与普通人向往的感官享受和日常一般性提升有着天壤之别。因此，运动员一旦出现身体损伤和机能下降，就会被视为处于危机状态，必须避免、解决或至少推迟发生的时间。由于运动员必须努力训练才能提高成绩，所以运动员的身体很容易过度疲劳。在竞技体育中，如果运动员的身体状况达不到要求或产生突发问题，那么其职业生涯规划可能在一夜之间就被全盘推翻。

在这个身体变得不再重要的（因为身体的多项功能被高科技所代替）的现代社会中，竞技体育却与身体有着明确的紧密关系，也正因如此使它具有了迷人的魅力。然而，因受伤、生病和身体机能下降而遭受失败的风险也成了将竞技体育作为职业生涯的运动员的致命弱点。运动员角色对于身体的高度依赖性相应地给其经历和行动带来了不可控、不确定的因素，而如果他们从事其他职业就不会遇到这种情况。因此，运动员的状态就比从事其他职业的人，如科学家的状态不稳定得多。科学家能够不受身体状况的影响而保住自己的证书和头衔，就算身体已经开始衰弱或明显衰老，他们仍然能够继续履行工作所需的职能。与竞技体育类似的情况只出现在其他以身体为基础的工作领域，如舞蹈、时装及广告行业。当然，从事这些工作的从业者不需要参加竞争激烈的各项比赛。

在比赛中败北及承担由此引发的职业生涯危机，不仅仅是由强大的对手、激烈的竞争或运动员身体的不配合造成的。在竞技体育中，只有那些心志坚忍、能长期承受成败和竞争压力的人才能取得成功。在这种压力下，如果运动员因长期训练和投入而产生怠惰、失去动力，就会面临极大的风险。害怕、对成功的期望、受伤的经历或者角色的公开性对一个人的心理提出了过多的要求，在这种煎熬下，他们的心理可能会变成前进的阻碍，突然浇灭他们对竞技体育的热情。因此，长期热衷于竞技荣誉的运动员要始终维持内在的前进动力，否则就会因为失去积极性和动力而导致表现下滑，就有可能被作为悲剧明星载入该运动项目的史册。

此外，失败作为运动员职业生涯的主要风险，也可能由成绩的测定方式以及体育环境自身的变化导致。也就是说，体育比赛成绩，如田径运动成绩是以厘米、克或秒进行客观化测量，还是依赖于裁判团的判定，是有区别的。在韵律类的体育项目（艺术体操、花样滑冰）或者拳击、摔跤等格斗类的体育项目中，常常发生关于记分或提名的争议，涉及其中的人员对这些细节争得面红耳赤，这就可以看出各项目的判定计分方法对运动员职业生涯的影响有多深，对运动员的人生走向造成的风险有多大。比赛中的提名决定和裁判员的判定都具有专断性，难以置疑，这常常会让身处其中的运动员产生一种被迫成为局外人和无法掌控人生的宿命感。而且，有时候体育本身的内部环境突然发生了巨大变化，许多运动员也不得不因为没有在国际上取得更大的成功而结束其职业生涯。比如，当奥委会更改奥运会的比赛规则，调整重量级别或者取消整个比赛项目时，可能会完全打乱运动员的职业生涯规划，并塑造出一个截然不同的运动员形象。甚至奥运会的举办，比如1980年奥运会是在莫斯科举行的，而1984年奥运会是在洛杉矶举行的，没有人能在其职业生涯规划中提前预测，只能尽力自我调节适应。当政客出于一己私利操控体育比赛时，许多运动员不得不在一夜之间“埋葬”获得奖牌的梦想。

此外，运动员的个人风险还可能来自资助条件的不足和不稳定。如果一名运动员在其职业生涯的某个阶段中，不能或不想走体制规定的职业道路，那么他或她顶多有机会以迟到者或插班生的身份争取运动队的紧缺名额。根据马太效应（“凡有的，还要加倍给他让他多余；没有的，连他所有的也要夺过来。”）对资助资源进行分配的社会领域，如果一个人错过了体制提供的资助名额，那就意味着这个人将在中长期成为局外人。在没有资金支持的环境下，竞技体育是不可能出成绩的，因为任何运动员都无法仅凭自己的经济能力达到现代竞技体育的训练要求。如果没有教练员、运动医生或运动理疗师，没有俱乐部和协会提供的相应训练机会和后勤支持，运动员是不会取得今天的成绩的。反言之，如果因为家庭、俱乐部或协会出问题，政府停止补助、丧失其他资金来源，或运动项目的受欢迎程度产生波动而导致资助条件不稳定，那么运动员的职业生涯将岌岌可危。而且当赛事失利导致资助减少，反过来又因资源匮乏导致失败，那么会产生不断失利的恶性循环——直到资助资金流枯竭为止。由此，我们可以明确以下重要认识：竞技运动员的职业生涯，除了受系统内运动员之间关于成功和失败的竞争的影响，还受到第二层竞争关系的影响，即对稀缺的资助机会和参与赛事机会的竞争。若在后一项竞争中失败，运动员面临的风险极高。

还有一个构成运动员个人风险的因素，就是职业运动项目中运动员实际或可能使用兴奋剂的情况，以及许多专业体育协会在与兴奋剂做斗争的过程中所持的犹豫态度。其实，别说真正使用了兴奋剂，仅仅是关于运动员使用兴奋剂的推测，就足以对运动员造成极大的风险，这是因为兴奋剂的使用确实可能作为一种自我实现的预言无中生有。为了给自己使用兴奋剂一个合理的借口，运动员只需要相互揣测和相信他们的对手已经率先使用了兴奋剂。由于现在全球体育运动的不透明性和竞争者信息的不完整性，未经证实地指责对手使用了兴奋剂可能快速演变成社会的集体行为，从而导致运动员自己以避开竞争过程中的劣势而使用兴奋剂。这种行为不仅出现在相互处于竞争关系的运动员身上，连国家级的体育协会也未能置身事外。这种利益纠葛的状态对于竞技体育运动员职业生涯的规划并非没有后续影响。为了不在国际竞争中处于劣势，未严格执行监督职能的运动协会对其运动员施加压力——即使他们不愿意——暗示其使用兴奋剂，这些协会也由此成为他们假装要解决的问题的一部分。也就是说，在对抗兴奋剂的过程中，许多体育协会广泛采取的规避风险的态度对运动员的职业生涯而言是一种重大的风险，因为正是体育协会在兴奋剂监管上的不作为和敷衍态度，迫使运动员不得不通过违规来应对其他人使用兴奋剂的行为。

上述已列举的各项风险因素最终可能引发累积效应，形成一系列互为因果的依赖关系。例如，想通过提高训练强度来降低失败风险的运动员，其身体和精神就需要承受超常的压力，最终导致受伤、丧失动力。或者，在那些兴奋剂屡禁不止的运动项目中，即使运动员本身对此深恶痛绝，但为了争取稀缺的资助资源和运动队名额，自己也必须使用兴奋剂，这样就要承担被曝光和遭受社会谴责的风险。

基于上述情况造成的失败，不仅运动员本人要承担风险，所有参与相关服务的人员都将面临威胁，这也是目前复杂现状的一种激化。教练员、裁判员、俱乐部、协会，以及经济和政界的赞助商，他们和运动员一样看重成功。尤其是那些专业从事竞技体育且没有其他职业退路的人，他们承受的压力在于，他们管理或资助的运动员只能成功，不能失败。例如，教练员的整个职业和事业系于运动员身上；体育协会管辖的医生考虑的不是帮运动员恢复健康，而是帮他们提高在比赛中的表现能力。对于俱乐部和协会而言，政府补助、赞助商的赞助，以及可能来自电视转播的收入都是有条件的。只有运动员不断获得赛事成功，赞助商才会源源不断地提供支持，因为运动员表现不佳时，观众会迅速失去兴趣，广告的重要接收对象就会因此流失。同样，每年为国家体育协会提供大量资助金的相关政府机构，也必须向联邦审计院和纳税人证明其资金使用的合理性和效果。

因此，比赛失利影响的不只是运动员，还有整个体育内部资助体系和外部相关服务群体。风险由此加倍，风险级别也相应提高。随着整个体系对运动员的要求日益严苛，他们承担的风险也水涨船高。运动本是顺其自然、无害且无先决条件的，而这些特性似乎已经被驱逐，取而代之的是精心计算的预期回报，这对运动员的职业生涯并非没有影响，而是让他们陷入风险的泥潭，再次提高了原本已经很高的运动成本。

除了职业生涯中的失败风险，运动员的一生还受到另一类风险的影响，即运动生涯结束后的未来的不确定性。当运动员的成绩停滞不前或倒退、因为突然受伤或运动之外的限制而不得不提前结束职业生涯时，其对未来的规划就要提上日程了。即便运动员自身没有遭遇这些重大事件，也可以从其他运动员身上观察到并由此预想到自身情况。就此而论，其中一个风险因素来自运动员自我认知和评价的结束。这些运动员首先通过体育成功而确定身份认同，并与此同时得到重视体育成绩的环境的认可，他们面临的风险就是结束职业生涯后失去人生方向和意义，陷入迷茫。对许多运动员而言，随着客观身体条件和心理状态逐渐退步，失败的出现几乎不可避免，这就意味着他们要与多年来几乎仅由竞技体育定义和占据的自我形象痛苦地告别。运动员在职业生涯结束后都会经历空虚感，那种感觉就像陷入一个巨大的空洞，而且这种体验并非个例。

此外，还有一个风险因素是竞技体育运动员所生活的大环境。那些一生的大部分时间都已融入体育圈子的运动员，如果他们必须放弃这个“社会的襁褓”，就要经历断奶的过程。其风险在于，他们要失去体育运动这个安全、熟悉的庇护所，经历一次“社会性死亡”（Rosenberg，1984）。也就是说，他们必须在一夜之间放弃所有由运动员这个身份带来的权利、收入和社会参与的机会。那些没有预先做准备、没有获得学历和其他职业技能、没能摘得比赛桂冠并将其转换为其他“生存货币”的运动员，在其职业生涯结束时会觉得特别痛苦。另外，其他不确定因素来源于多年仅从事竞技体育或身体受伤带来的经济风险。

二、通过使用兴奋剂应对风险

在竞技体育中，私下使用兴奋剂的越轨行为并不是凭空而来，就像前文分析所讲的那样。用美国技术社会学家查尔斯·佩罗（Charles Perrow，1984）的话说，使用兴奋剂的行为更像是一种基于各种社会条件而反复发生的“正常事故”。从抽象的意义上说，使用兴奋剂的行为要溯源到竞技体育的进取精神——更快、更高、更强——以及重视体育的环境对它的培育和放纵（Bette et al.，1995a）。巨额资本、收视率和政治利益都扮演了一定的角色，不仅加重了体育运动及参与者获得成功的压力，还给以体育为导向的环境增加了负担。一方面是运动员，另一方面是公众，二者之间还有由各方当事人组成的复杂局面，他们表达了对运动员获取成功的期待，有时甚至以合同的形式约束、限制后者，由此形成了一种紧张而复杂的局面。

通过这些带有过高要求的结构性变化，运动员的职业生涯面临着不堪重负的境地。于是，竞技体育基于公平竞争的宗旨和传统体育道德制定的内部监管体系就承受着极为沉重的压力。在技术、策略和训练方面的创新遭到忽视和贬低，而这是可以提高运动员成绩的唯一合法手段。不可避免地，人们为了提高成绩，开始鼓励在灰色地带和禁区进行探索和尝试，虽然理智上并不希望采取这些行为。在此背景下，使用兴奋剂看起来并非个体行为的偶然集合，而是众多运动员用以对抗其面临的特殊风险的一种应对策略。在竞技体育领域，主动使用兴奋剂已经被当成一种多功能武器，不仅能预防比赛败绩，还能最大程度降低职业生涯结束后未来的不确定性。

除了具体运动项目的特有差异，基于模型理论，运动员的以下个人状况也会构成使用兴奋剂的动机。第一，运动员为了避免在体育比赛中可能出现的失败而使用兴奋剂。当他们无法预知输赢时，就要通过使用兴奋剂把这种不确定性转化为对自己有利的确定性和安全感。此时，成功至上的原则压倒了竞技体育核心精神（即遵守原则、诚实竞争的出发点和参赛者在形式上平等的理念）的约束。第二，运动员将使用兴奋剂当成一种策略来提高其身体的潜力，消除局限性。在各种体育项目中，理想的身体都要具备客观性、社会性和时间性，所以运动员要将原本具有弱点的身体通过有目的性的人为干预调整到适应理想要求的状态。因此，运动员、教练员和整个支持体系都力求实现一种有条件的预调，即在资金使用和目标达成之间达到一种尽可能精准的因果关系。他们使用促红细胞生成素、同化激素及其他药物和手段，就是为了稳妥地取得预定的成绩。第三，为了让自己的心理素质能够适应竞技体育的要求，使用兴奋剂对于越来越多的运动员而言，无疑是首选途径。例如，运动员使用兴奋剂来克服害怕和兴奋带来的影响，增强内在动力，或者在比赛中保持沉着、冷静。他们对情绪的正常反应进行干预，让自己迅速进入比赛的专注状态，保持自信。第四，有时运动员为了规避错过紧缺的资助机会的风险，就会使用兴奋剂。运动员加入各种各样的俱乐部、协会和其他赞助机构，其实归根结底是为了拥有保持高水平发挥所必要的资源支持。反之，在比赛中失利的话，他们就会面临无权使用或完全失去这些资源的风险。因此，为了做出明智的选择，运动员要权衡、评估资源流失的风险比被发现使用兴奋剂的风险更大还是更小。事实上，除了许多合法的技术创新，竞技体育中明显涌现出了更多的非法和违规的创新策略，这也从侧面说明了运动员通常的选择方向。第五，兴奋剂的使用被运动员当作一种策略，以应对许多协会暗示其使用兴奋剂的压力，以及对使用兴奋剂的默许态度。实际上，如果运动员的活动领域主要由对使用兴奋剂的行为持默许态度的协会操控，那么他们的职业生涯是岌岌可危的。在这种环境中，由于在协会层面上无法有效解决兴奋剂监管问题，使用兴奋剂的行为就成了附带现象出现。在大部分体育项目中，运动员通常不是主动、自发地使用兴奋剂，而是被迫采取这种违规行为来应对不公，这说明体育协会的监管不力反而促进了兴奋剂的使用。甚至那些在权衡是否使用兴奋剂的运动员有时还会直白地表明使用兴奋剂的边际效用要高于遵守公平规则。第六，运动员将兴奋剂使用作为一种确立身份的策略。现代竞技体育运动员将个人成绩视作高于一切，对成功学深信不疑，而且由此塑造出适应整个系统的个人身份，这是运动员不想也无法轻易放弃的。因此，对运动员而言，从众人中脱颖而出的唯一方式就是要比其他人更优秀。在这种信念下，服药和注射兴奋剂恰好能发挥作用，即为运动员塑造自我形象提供必要的成就感，以及转移失败造成的身份危机。第七，使用兴奋剂的行为是一项旨在降低经济风险的举措。随着科技的发展，“投资回报”应该更加可靠稳妥。因为如果没有在比赛中取得相应的成绩，运动员就得不到所属组织的资助和赞助商的赞助。那么，运动员就必须在有限的职业生涯中和所有其他竞争对手一样挤破头向前冲，致力于永葆胜绩，这让他们被期望值压得喘不过气来。第八，在比赛中使用兴奋剂是一种次要违规行为。当通过非法手段取得的成绩在事后没有因为涉及兴奋剂违规而曝光时，已经发生的违规行为就必须对外隐瞒。因此，此违规行为引发了彼违规行为，彼违规行为又引发了其他违规行为，而且运动员很难从这种恶性循环中脱身。第九，运动员为了使身体获得不使用兴奋剂就无法获得的体验而使用兴奋剂。运动员会通过特殊的手段和方式让自己在比赛中变得更强。例如，自行车比赛选手曾说过，使用兴奋剂后，“飞跃”山丘时不再感到筋疲力尽。一旦这种体验保存到记忆中，他们就再也忘不掉这种强大的感觉，也不愿放弃。还有力量型运动员，他们通过增肌药物获得健硕的身体，这种捷径会让人上瘾——尤其是当他们的成绩得到外界肯定时。

使用兴奋剂的人数规模较广、覆盖面大，而这种不诚信的现象其实是由多重因素综合造成的。仅仅具备上述的其中一种动机，运动员就会主动或被动地使用兴奋剂了。基于这一现象的复杂成因，反兴奋剂的斗争格外任重道远，而且不少兴奋剂反对者还会感到失望，因为就算采取一定的措施基本控制住其中一种动机，如通过职业支持措施保障运动员在体育生涯结束后的前程，还是会有大量其他诱因（为了确保身份、避免竞争劣势和失败、保障经济利益、弥补身体损伤和年龄渐长带来的成绩下滑，或者为了让身体获得难得的体验）促使运动员使用兴奋剂。

提到使用兴奋剂的潜在风险链，并不是说上述风险因素对运动员的职业生涯规划有决定性的影响。风险环境与行为的关系更应作为一种非线性的关系进行考量。[①] 不然社会学家要如何解释，为什么还有不少运动员处于同样或相似的环境，却没有使用兴奋剂？以下条件是能够达到反兴奋剂效果的变量：非凡的天赋；对被发现、遭受耻辱、上瘾和患病的恐惧；将当事人置于家庭或社会的公共道德环境中；资金不足或无法进入某个违背常规的亚文化群。

因此，运动员可以或多或少利用一些技巧进行自我调节和控制。但是，在所有自我调节的尝试中，必须把上述风险因素当作引导或影响运动员行为的主要参数来对待。无论是竞技体育以竞争为导向的氛围，或其对身体的依赖性，还是一个具体体育项目使用兴奋剂的程度，都不会因个人行为而发生改变，更别说彻底消失了。如果有人无法接受竞技体育非胜即败的残酷逻辑，或者不赞同某个项目中评定成绩的具体方式，他们还不如直接放弃竞技体育。

体育界的兴奋剂丑闻层出不穷，这表明许多运动员把使用兴奋剂当作一种合理的选择，虽然他们可以选择拒绝——教练员、医生或竞争对手在运动员不知情的情况下偷偷给他们使用兴奋剂的情况除外。作为管理运动员职业生涯的策略，使用兴奋剂无疑扮演了一个非常矛盾的角色。它可以

---

① 见贝特（Bette）、希曼克（Schimank）（1995a）、贝特等（Bette et al.，2002）的文章。

降低运动员职业生涯的不确定性，但其实只是创造了一种虚假的安全感，因为这种行为的风险才是最大的。使用新药物或新方法而获取的短期好处是身体和精神承受更重大的风险换来的，即被发现并突然遭遇“社会性死亡”的风险。而且，由于竞争者提供的信息不透明且不完整，一旦有人使用兴奋剂，就必然引发不断升级的违规行为。世界级赛事面临成为“愚人竞赛”（Hirsch，1976）的危险，所有参赛者都被迫中止，还要承担一切负面后果。鉴于使用兴奋剂的行为由多重动机引发，且触发违规行为的因素与竞技体育的内在逻辑紧密相关，我们首先可以确定的是，短期内并没有任何可以解决兴奋剂问题的灵丹妙药。正是因为使用兴奋剂与运动员职业生涯面临的风险息息相关，与体育协会进退两难的境地也有所关联，所以这个问题将无法彻底解决。此外，在经济、政治、大众媒体和公众领域的相关参与方组成的稳定集合中，竞技体育构成其必要组成部分（Bette et al.，1995a，2000），所以兴奋剂问题的彻底解决不仅无望，而且无法贯彻实施。所以，我们能做的只是对使用兴奋剂的行为进行有效的遏制。

第七章　兴奋剂作为目的传送产物

现实生活中有一些偏离常规的行为方式，在各种打击下也总能卷土重来，顽强地抵抗着被消灭的命运。在竞技体育领域，兴奋剂就是这样一种非常规的事物。大众媒体每天都会涉足这一话题，但无论从哪个角度切入，都没能让这种现象得到根本性的改善。许多运动员都不再单纯地靠提高战术水平、完善技术熟练度、磨炼意志和增强体力来提高成绩了，而是常常在训练和比赛中使用违禁药物或违规手段，来增强自身的心理与身体机能。如今，与兴奋剂有关的报道已经让人见怪不怪了，如果突然偃旗息鼓，反倒会让人意外，并且引发追问。即使是爆出体育界丑闻，其威慑作用也无法在短期内对兴奋剂问题进行准确、有效的打击。这是因为，如果运动员因使用兴奋剂而被处罚，这将很可能被视为未来更多违规性行为的预演。关心此问题的体育观察家不禁发问，兴奋剂难道已经达到了一种极其稳定的、系统内部固有的状态，以至于即便有关部门不断加强对其采取的控制和限制措施，这种现象仍屡禁不止？事实上，尽管牵涉其中的人员、运动项目与使用的手法可能有所不同，与兴奋剂相关的事件和案件却都有着惊人的相似之处。[①]

许多运动员、教练员和观众对于经常存在的兴奋剂案件报道已经不胜其烦，却无可奈何。有时，他们会明确表示再也不想看到、听到或读到此类报道了。“又是这种事！”这是在讨论兴奋剂这一话题时经常听到的感叹。本来人们就什么都做不了，只能不情不愿地勉强接受这种状况，不仅如此，讨论之后还必须回归心平气和，不能穷追不舍地非要把案件所涉及的运动

① 此处及其后文参见贝特（Bette）、席曼克（Schimank）（1995a，1999，2000a，2006a，2006b）和贝特（Bette，2006）的文章。

名声搞坏。近 40 年来，随着滥用兴奋剂事件的报道层出不穷，这种“三猿像”般的反应方式——无情地切断感知与交流的窗口，故意将自身与周边环境隔离——似乎已很普遍。因此，虽然许多观众表现得好像竞技体育中发生的一切与他们毫无关系，但正是他们对体育运动的热情使得运动员在训练和比赛中所面对的压力和期望值不断攀升。在体育协会和热衷于体育运动的圈子中也是如此，看起来好像他们都已经尽力了，因为他们认为自己已经做过或假装已经做过就足够了。人们设立新的监管机构，增加测试数量，时不时还庆祝一下在反兴奋剂斗争中取得的阶段性胜利，组织、评测各种各样的公平竞赛倡议，并且表示他们在现有条件下已经做到了最好。还有些人在认识到反对兴奋剂面临明显的困难之后，就开始呼吁通过一些不那么激进的措施，甚至是放开兴奋剂的使用，来一劳永逸地解决这一问题。出现这种略显浅薄的想法，是因为他们错误地相信，这样一来，他们就能够重新在不被外界干扰的情况下一心一意地享受心爱的运动了。

面对这种情况，人们既不能徒呼奈何、消极认命，也不能贸然轻率地采取行动，而应该用社会学理论积极分析，寻求应对方案。这是因为，兴奋剂是一种社会现象的产物，而社会学始于 19 世纪下半叶，是专门对社会发展背景下的社会现象进行质询与分析的科学。此外，不可否认的是，兴奋剂的使用受社会背景的影响。分析这一违规行为出现的前提条件及造成的影响时，还需考虑到生物学与医学之外的方面。因为兴奋剂的使用体现的是对运动员身体的社会工具化。这一点可以从两个方面进行解读：一方面，人们是在社会环境中做出决定，对身体机能施加此类影响的，也就是说，只有社会行为才能促使兴奋剂发挥影响身体机能的作用。另一方面，使用兴奋剂是一种社会行为，其目的受到社会背景的影响。也就是说，使用兴奋剂并非偶然为之，它是为达到特定效果而采取的有目的性的行为。这种采用干预手段改变身体机能的行为并非不经思考，亦非冲动性产物，运动员一定是为了实现某些具体的目标，才会使用兴奋剂。那些给别人使用兴奋剂，并且没有从中获益的人，也一定有着某些社会性目的。那些清楚地知道使用兴奋剂的违规性质却缄口不言，甚至一味容忍、拒绝采取有效应对措施的人，也具有一定的社会动机。由此可见，兴奋剂的使用与社会中流行的情境定义、利益认知与机会结构存在一致性，因此，兴奋剂是一个社会学话题，这一点毋庸置疑。

当违规行为在某种特定语境下不再是例外，而成为常规时，人们就有必要而且应该思考：是什么机制推动了这种违规行为的不断再生，这种违规行为伴随着怎样的目的与风险，从社会学角度应如何处理这一现象。为了深入阐述上述问题，本章第一部分将兴奋剂作为一种跨目的性的现象进行讨论。也就是说，运动员使用兴奋剂这一越轨行为不能脱离大环境而仅作为个人决策看待，也不能将运动员、教练员或裁判员的品行缺陷、对胜利的盲目追求当作导致这一问题的根本原因。反之，从宏观层面来看，使用兴奋剂是竞技体育中诸多群体的利益相互作用的结果。这一结果导致，所有相关人员，尤其是运动员所肩负的期待值不断攀升，而他们对此不可避免。在这种背景下，值得一提的是体育观众的重要性，以及大众媒体、经济与政治因素在其中扮演的角色，这些行为者之间的互动产生了行为链，结构性地助长了滥用兴奋剂的风气，尽管这些行为者中的大多数都明确反对兴奋剂的使用。本章第二部分将阐述竞技体育与其所处的社会环境之间的系统内部利益纠葛产生的主要结果，即对胜利的盲目追求、运动员角色的整合化，以及暗中形成的将传统体育评价标准完全搅乱的双重道德标准。此外，本章还会谈及运动医学或药理学等应用导向型学科在涉及竞技体育时，由于外界对它们寄予的期望而陷入的旋涡。本章第三部分将兴奋剂视为一种不合法的创新行为来进行讨论。从本质上来说，当人们只关注成功和胜利时，就会认为通过不择手段地走捷径来实现合法的社会目标是理所当然的。为了阐释这一现象，须从时间、事件与社会的角度，为人们使用兴奋剂的意图重新建构理论模型，并与该行为实际造成的风险进行对比。本章第四部分将针对今后的预防工作做简要概述。本部分并不只针对使用兴奋剂的个体，而是涉及所有不同程度或有意或无意地助长了兴奋剂使用的行为主体。最后，本章将给出解决兴奋剂问题的建议。这些建议明显不同于人们迄今为止一直采用的针对具体人员的控制性、开导性措施。采用这些建议后，人们可以在未来找到真正有效的策略，能够适应反兴奋剂任务的复杂性。因为必须承认，人们截至目前所采取的措施都既不能对兴奋剂的使用形成决定性打击，也无法指明该如何走出这一困境。如果只是简单地让违规人员在事发后退赛或接受处罚，或者试图花费重金对其进行教育开导，并不能让一种由稳定圈层推动的结构化的违规行为就此消失。近年来，这种非法行为屡禁不止，打击难度不断增加，已成为社会痼疾，恰恰说明在竞技体育中已经形成一种超越个体的行为动力，无法单纯地从个人的行为意图中推导出来。

一、集合中的行为主体和行为主体构成的集合

近年来，兴奋剂已经成为谈论体育运动时的固定话题。这一话题的核心在于，个别运动员、教练员、裁判员、经理人、医生或药剂师表面上恪守规则，背后却自欺欺人，间接要求、支持或容忍一些违背体育道德的行为发生。其目的在于提高运动员的体育成绩，消除他们与来自世界各地的竞争对手的差距，虽然这种差距或许的确存在，或许只是他们想象出来的。正是对成功的过度渴望、对荣誉和金钱的贪恋及道德的滑坡驱使他们做出了此类不当行为。因此，处理这些不当行为的方式也非常简单："阻止并惩罚他！"只有控制、惩罚，以及与之相伴的道德重塑才能使人们逃离兴奋剂的泥沼。

这种黑山羊理论体现的是现代社会在文化方面的指导思想之一：主体自治思想。欧洲启蒙运动的思想认为，人们自主决定自己的行为。对此，社会学家持有不同的观点。他们将相对的自治变为事实描述，并强调个人的行为在社会中受到约束。[①] 人们只有下定决心坚持忽略社会条件对其行为的影响，才能拥有所谓的行动自主权。一般情况下，自我并不是孤立存在、自主决定的单一体，其行为是与其他人的诸多行为相重合的。这就形成了超个体的现实。这种现实的效果，避免了单一个体采取有计划和有目的的行动。也就是说，人们创造了情境，但情境也反过来塑造了人们，并且情境为每一行为主体提供了行动的动机（参见第五章）。社会学并不赞同行为与其背景存在僵化的决定关系，也不赞同主观因素可以无视社会预期与后果而任意发展的主观主义观点，社会学信奉社会条件具有影响力，而这正是社会学不同于其他学科的关键点。即使人们认为自己处于绝对自由之中，其行为也是受外界的复杂期待所影响的。因为，即使是通常情况下所

---

① 关于兴奋剂和恐怖主义的比较见贝特（Bette）、席曼克（Schimank）的文章（1999）。社会学的基本原则参见贝特（Bette，2010）的文章。

认为的自由行为，也是建立在社会安排、规则和制度的基础与保障之上的。在兴奋剂问题上，这种社会学观点并不是要弱化甚至原谅个体的不当行为，而是要在更宏观的背景下思考这一问题。其重点在于，通过分析找出隐藏的可操纵变量，从而有效地制止违规行为，解决问题。

在现代批判社会学视角下，广泛使用兴奋剂这一现代竞技体育中的违规行为不能被视为某一运动员自主决定的结果，而应该是牵涉其中的多个主体共同作用的结果。促使这种行为出现并使其违规程度不断增加的内部动力，让越来越多的运动员在国内和国际的比赛，以及几乎所有的运动项目中开始使用兴奋剂。因此，兴奋剂并不是突然出现的，它应被视为体育发展几乎必然会带来的产物。除了某些运动员暗中私自使用兴奋剂的情况，这种越轨行为所涉及的并不仅是某位运动员。不公平和欺诈已经越发成为一种理性思考之后的选择。也就是说，体育运动的行为主体是在冷静地权衡之后做出的选择，希望利用其生存世界中的可能性，应对受到的压力。[①] 不论是体育团体、教育系统、医疗系统、法律系统，还是大众媒体都习惯将兴奋剂的使用问题简单归因于行为主体的主观意愿与性格缺陷，而上述分析表明，这种思维方式不仅有问题，而且更像第五章所阐述的那样，是不利于解决兴奋剂难题的。

体育运动这一社会性活动处于怎样的结构化背景之下？这些背景因素是怎样影响其行为的？回答上述问题时，社会学观察者首先需要思考的就是运动员无条件屈从的竞技体育的逻辑，也就是胜负二元对立的原则，这一原则对所有比赛参与者的行为都具有指导性。就像其他社会子系统一样，竞技体育必须形成一种机制，保障其内部的行为是以一种特定的而非任意的方式进行的。这些子系统之所以能够自我定义并且重建其特性，原因在于它们拥有各自的代码。每一个子系统的一般性认知、行为规范与评价标准都相互联系，形成了一种复杂的相关关系，它只存在于系统内部，只针对系统本身。这几个方面就构成了子系统自身的行为逻辑。在确立稳定的、社会性的引导方向上，现代社会的个别子系统取得了革命性的成果，如法

① 参见贝特等（Bette et al.，2002）的文章。了解事情的微观层面、中观层面见贝特（Bette）、席曼克（Schimank，1996a）的文章。

律系统中用正义与非正义；经济系统用有无偿还能力；政治系统用掌权与丧权，也就是执政党与反对党；科学系统使用真理与谬误来标识引导方向。在胜负二元对立的逻辑中，每一个代码都只能通过否定另一方的价值，而非从自身出发证明其重要性。因此，只争取胜利但不考虑失败的可能性是没有意义的。在科学领域，只谈论真理却不同时思考处于对立面的谬误是荒唐的。正义同样也是首先将自己定位为非正义的对立面。因此，正是体育系统中有关胜负的引导方向激发了其行为动力，并为这种动力提供了后续支持，使之普遍化、合法化。这种引导方向也是人与体育系统之间的结构纽带。在体育运动中没有第三种价值。竞技体育中的胜负逻辑使冷酷的比赛变得制度化，使全球性的竞争变得恒常化。人们只能赢。奥林匹克“更快、更高、更强”的口号就明确表达了这种以提高和超越为目标的行为逻辑。纪录之所以存在，就是为了能够尽快被打破。由此可以看出，竞技体育具有非目的论的特征。因此，竞技体育运动的宗旨是一种似是而非的谬论——绝不制定或确定体育运动发展的最终目标。在这样一种已经严格设定好的情境中，个体若想获得自由，只能拒绝服从胜负二元对立的标准，拒绝参与竞技体育，或是在略微体验之后迅速抽身离开。但那些想要与竞争对手一同接受观众的评判、想要展示自己、能从这种有组织的比赛中获得乐趣的人，就必须向这种胜负评价标准妥协。

此外，只要按照计划好的引导方向制定标准，保障形式上的平等和竞争的公开性，并加以遵守，就没有人能在最初预料到，谁会是最后的赢家或输家。也就是说，这种二元对立的行为逻辑恰好保证了竞技体育的不确定性，能够营造一种紧张感。这种紧张的、激动人心的比赛能让观众着迷。因此，体育观众就成了导致兴奋剂滥用的另一个因素。随着相关需求的增多及交通和通信技术的改进，近几十年间，竞技体育已经成了现代休闲娱乐业的固定组成部分，甚至是核心部分。越来越多的社会成员开始长期关注一项甚至多项运动。他们对体育感兴趣的原因五花八门（参见第一章）：体育比赛可以令人感到兴奋甚至疯狂，如果把日常的现实生活比作枯燥、无聊的大海，体育比赛就像是海上的一座小岛，它充满了不确定性，能够为人们提供短暂的消遣场所。在这里，人们可以作为外部观察者参与一场正在进行的社会活动，并且无须为这场活动的最终结果做出努力。只有赛场上的运动员需要拼尽全力，精疲力竭，有时还会有生命危险。场外的观众则可以一同心潮澎湃，激动地颤抖，欣喜地庆祝胜利或懊悔地评论失败的原因，且无须承担任何风险。他们所拥有的是一种没有精神负担的享受，一种被满足的现实体验。在旁观他人克服危机的过程中，观察者会忘记自己所面临的困难，从而达到一种忘记自我和忘记存在的状态。体育比赛之所以能够一直令公众感兴趣，除了因为它能带来紧张感之外，还因为它可以让观众感受到一种以身体为导向的美学体验，能使之获得一种融入集体的经历，并且，这个集体是超越了亲密关系的集体。此外，在时间线混乱、个人经历充满断层的不连续的世界里，体育运动为观众营造了一个充满长期可靠性与连续性的环境。因为体育比赛的节奏可以帮助人们对日常生活进行规划，建立一种与过去的联系。体育运动还可以实现一种无害的明星崇拜（参见第二章）。体育运动使观众进入一个封闭的世界中，在这里，个人或团体甚至是所有的一切都可以发挥重要的作用。体育明星合法的身份地位可以通过自身的成就获得，而不是像前现代社会一样，需要由出生、年龄、宗教信仰和家庭背景等因素决定。

在兴奋剂问题上，体育观众是无组织的，他们希望可以看到运动员取得优异的成绩，因此有选择性地关注运动员：崇拜成功者，不关心失败者。也就是说，如果运动员想要长期出现在观众面前，获得观众的掌声，确立一种由成绩所标识的个人身份认同，他就必须取得成功，而不能长时间处于失败状态，否则他们将被观众忽视甚至恶意抨击。观众对体育成绩的渴望越来越强，所形成的个人体育消费规模已失去控制。如今，一项重大的体育赛事可以激起数百万人的参与热情。当他们同时打开电视时，一个社会群体就形成了，每位观众都是该群体的一员，尽管此前他们自身可能并没有这个计划。公众的体育热情激发了兴奋剂问题所牵扯的其他相关群体对竞技体育的关注，他们为这一社会活动提供资源，对最终取得成绩的人，以及对成绩的获取负有责任的人——运动员、教练员和裁判员——施加了巨大的压力。

不同主体的行为之间存在这样一种因果关联：公众对体育纪录和激动人心的比赛抱有巨大的热情，这首先引起了大众媒体的关注，因此也就涉及了兴奋剂问题中的另一个行为主体。广播、电视和报纸都是根据自己的标准，向其受众有选择性地介绍体育赛事。相较而言，媒体更喜欢那些新颖的，有冲突性的，能够定量记录的，涵盖某地方、某区域、某个国家甚至国际范围的，能够个体化、道德化的信息（Luhmann，1996）。竞技体育恰好能以一种特殊的方式满足上述所有要求。首先，在比赛中有无数的新鲜事件。想想有关足球联赛的报道，每天都会出现一些新的事件：小组排名上升或下降，教练员被雇用或解雇，球员受伤或康复，守门员之间互相辱骂、诋毁，替补队员对他们缺乏上场的机会表达不满，球员的妻子上演一场场选美大赛。因此，对需要不停地制造新鲜的、有报道价值的话题的媒体来说，竞技体育这一社会机制减轻了它们的负担，其日常运转就足以让媒体感到兴奋了。此外，体育比赛中至少会有两支竞争队伍对最终胜利展开争夺。这种经常出现的对抗关系恰好体现了一种无害的冲突性。并且，体育运动的评判标准是非常理性的，它的追逐目标是更高的等级地位，因此体育运动实际上是一个由数字、表格及数据组成的世界，这些数字、表格与数据大大方便了媒体对体育赛事进行报道与传播。在体育比赛中不断出现此类信息：谁在什么时间、什么地点、第几次、取得了怎样的成绩，战胜了谁。这样一来，运动场上或体育馆中正在上演的复杂事件就被简化成了统计数据，这些数据又成了讲述相关逸事、介绍历史背景或播报相关纪录的恰当的着手之处。体育运动的影响力在本地甚至国际范围内不断扩大，体育赛事的结果几乎可以随意地触发一种建构身份认同的情绪，这对想要提高收视率和销量的大众媒体来说是极其重要的。但广播、电视和报纸对于赛事结果的报道并非绝对中立，它们会更加偏爱本国的优秀运动员和优势体育项目。此外，竞技体育为大众媒体所青睐的另一个原因在于：体育比赛很容易被道德化、个体化。电视播报，以及电影、图片、音频所展现的形象，不仅可以向观众展示公平与不公平竞赛之间的区别，还可以让人们依据道德评判标准对事件进行评论，扮演体育公平的外部监督人角色。大众媒体还可以将体育运动中运动员个人的成就进行可视化呈现，建立一种对体育明星的崇拜，从而轻易地实现大众媒体——尤其是以图像为导向的电视媒体——的个体化的要求。那些没有新颖性和冲突性，也不能被个体化、道德化的抽象主题则几乎没有机会被大众媒体所报道。

大众媒体的选择标准	竞技体育所实现的成就
信息的新颖度	具有新奇性的系列产物
偏爱具有紧张感的矛盾冲突；针对没能实现的期待进行沟通	胜负评价体系可以营造紧张感；竞赛作为规范后的社会冲突
数量和比较性的数据占优先地位；较大的数字具有魔力	能够系统地产生诸多数字、表格、成绩记录表
偏爱能够涵盖某地方、某区域、某国家，甚至国际范围内的，能够引发受众身份认同的话题	在地区甚至国际层面举行竞赛；运动员及参赛队伍是观众的代表
滥用特权的行为，以及具有道德化潜力的丑闻	犯规、服用兴奋剂、贿赂等行为违反体育规则
个体化占首要地位；某一行动可以归为某个主体的行为	成绩个人化；某位成员或是某个参赛小组的可视化

图 4 竞技体育与大众媒体的契合点

大众媒体可以通过技术手段存储、传播信息，因此对竞技体育发挥了重要的连接作用。此外，大众媒体还吸引了另外两个主体——经济与政治——对于竞技体育的关注，对滥用兴奋剂的行为起到了助推作用。这两者都是希望获得较高公共关注度，有较大舆论需求的参与者。赞助商为某项赛事提供赞助，其目的是借助运动员及当时的情境，对运动员、球队或体育比赛进行电视报道来增加经济效益。在这方面，体育运动不仅是一个有吸引力的广告媒介，也是一个有趣的消费品销售市场。政治对竞技体育提供资助则主要是为了引起公众对某些政客的关注，为选举造势。政治涉及的终归是权力问题。政客利用体育观众，在其支持者眼中树立一种体育运动支持者的形象。这可以称为某种意义上的“沾光”。媒体可以将国际赛事中的获胜信息传递给每位受众，令他们欢欣鼓舞。因此，有什么能比体育胜利更容易形成一种无害的“我们”的感受呢？有什么能比体育运动更适合成为民族社会在国际舞台上的代表呢？也正是由于政治在现代社会中具备的功能是形成“有集体约束力的决定”（Luhmann，2000），政客才试图通过接近体育运动了解公众的想法与观点，又希望能够借此影响将来公众在选举中的选择。也就是说，政治和经济利用社会中常见的竞技体育，是为了增加在大众视野中出现的频率，打造自身的良好形象。

但是，经济和政治因素与体育观众和大众媒体一样，在兴奋剂问题中扮演的角色和发挥的作用也是难以理解的。体育运动的观众错误地认为自己只是旁观者，并未参与事件本身。因为无论是在收音机、电视，还是报纸的相关文章中，信息发出者和接收者之间都不存在明显的互动。况且，借助现代大众传播技术的发展，在大多数情况下，体育观众对相关运动的参与都是远距离的。但必须承认的是，如果公众对体育不感兴趣，媒体、经济和政治就不会对竞技体育有所关注。并且，这些行为主体不只是没有意识到他们参与其中所导致的后果，还背信弃义地转而抨击相关运动员，连牵涉其中的运动项目也无法避免。当本国运动员陷入兴奋剂丑闻时，政客会义愤填膺地要求体育协会进行更严格的处理，拿着纳税人的钱投身于反兴奋剂运动中——然而，在这种情况下，与为竞技体育提供的支持与奖励相比，政客显得更为吝啬。对于不太能获得奖牌的体育运动，他们会严格削减资金投入。① 赞助商知道，只有看起来“干净”的运动才能为他们带来长期的广告利益。因此，他们将反兴奋剂条款正式写入与运动员签订的合同中，要求与之签约的运动员远离兴奋剂。但当已签约的运动员成绩不理想时，赞助商很快就会转向成绩更好的、还未检测出使用过兴奋剂的运动员。大众媒体在此类问题上的表现和经济、政治与公众并无区别：对运动员滥用兴奋剂的行为，大众媒体从道德的角度大加声讨，却对自己在这一问题中扮演的角色闭口不言。并且，当某位运动员、某个比赛团队、某项运动所实现的效果与它们的选择标准不再一致时，当受众建立身份认同的需求不再能够通过本国冠军的形象得到满足时，大众媒体就不会再对其进行报道。

二、行为主体互相关联所产生的结果

竞技体育、公众、大众媒体、经济与政治，这些行为主体构成了一个

① 政客如今将奥林匹克运动赞助金全部交给了德国奥林匹克体育联盟（DOSB），委托其对资金进行合理分配，以彰显自身的中立性，但事实上，体育成就至上和经济回报的原则仍然存在。没有奖牌或好的名次就拿不到资助。

关系网，其互相作用带来的重要结果是：这些资源从外部对体育运动发挥支配作用，造成了体育运动对胜利的盲目追求（Bette et al.，1995a）。赞助方为体育俱乐部和协会提供资金支持，一座座训练基地、寄宿学校及其他的服务设施拔地而起。专职教练员与俱乐部签约，并在合同中保证，肩负起带领运动员取得体育成绩的责任。对于一些资金支持较少的项目，那些完全投身其中的业余运动员早已成为全职的竞技体育运动员。[①] 由于成功的压力越来越大，运动员陷入了一种困境：公众、媒体、政治和经济方面对优异的体育成绩的需求越来越强烈，运动员心理与身体机能的极限已经无法适应这些需求了。也就是说，对胜利的盲目追求使运动员心理和身体机能承受了过重的负担。

在这种情况下，兴奋剂似乎就成了一种应对困境的策略。换言之，外部因素对体育运动的期待不断攀升，导致对胜利的盲目追求与运动员身体机能、心理状态之间形成了差距，而技术和医疗干预的方式可以缩小这种差距。但是，任何一次对身体机能的提高都无法令运动员获得长期的满足感，反倒激发了他们更多的欲望。这是由于，体育运动激烈的竞争状态使运动员无法久居榜首。今天的获胜者很可能就是明天的失败者。每个运动员对此都心知肚明。为了能够在将来继续取得优异成绩，赢得胜利，每一位运动员都在不懈地努力，这也就导致了体育领域对成绩的追逐不断升温。与体育运动无限攀升的对成绩的关注相反——想想现代奥林匹克运动的座右铭——运动员身体机能和心理状态的提高空间与适应力是有限的。

在竞技体育领域，不同行为主体之间的利益关系错综复杂，他们的期待值不断攀升，以致许多运动员都认为，只有违规的行为才能满足这些期待。越来越多的运动员陷入一个关系网中，明确地，甚至是以合同的形式要求运动员必须取得一定的成绩。这种发展趋势所导致的结果就是运动员角色的整合化（Heinilä，1982）。不断攀升的外界期待对竞技体育最重要的物质基础——运动员的身体——提出了过高的要求：必须胜利，身为运动员只能接受这一点。这清晰地表明，兴奋剂几乎是现代竞技体育在结构上必然

---

① 参考竞技体育角色所具有的巨大包容性带来的后果，如贝特（Bette）、席曼克（Schimank）（2006a）在对各式兴奋剂事件的分析中就提到了这一点。

产生的结果，这种结构一方面以其内部驱动因素为基础，另一方面也受到其他对体育运动感兴趣的外部行为主体的影响。从这种结构中产生的成功压力导致滥用兴奋剂的风气形成，而这几乎是不可避免的。因此，兴奋剂问题并不是偶然的现代竞技体育的表面现象，而是其内部的本质问题。它是竞技体育整合化过程中超目的性的结果，之所以会转变成运动员个人的、具有目的性的计划，是因为公众、政治、经济和媒体的期望加强了运动员、教练员和裁判员对成绩的期待。

这种发展变化所导致的另一个后果是：在竞技体育的竞争环境中，出现了一种双重标准，它损害甚至颠覆了之前的体育道德标准。传统的体育道德以好或坏的标准对体育世界进行评价。遵守体育规则和规范的行为是好的，如公平的、尊重形式平等与结果的开放等要求及遵守体育法的行为。违反这些标准的行为就是坏的，如背后铲球使对手摔倒、抓对方的身体或衣服以限制其自由、用假摔获得对自己有利的判决或是使用违禁药品及违规手段。遵守规则的人会受到尊重，违反规则的人则会被轻视并遭到制裁。虽然“尊重”只代表着一般程度的认可，但也只有遵守规则的人才能获得。所以，人们可以将“尊重”看成一种社会性的交换商品。在体育运动及其他情境中，尊重被当作一种激励方式，激励那些被认为可促进社会关系延续的行为（Luhmann，1984）。如果某位运动员违反了人们对其行为的某项重要预期，那么已经授予该运动员的尊重也可以被收回。裁判员这一行为主体的职责就是在比赛中对运动员是否遵守规则进行监督。他们有权在出现违规情况时，依据相关规定进行干预，在竞争双方之间的平衡状态即将被打破时，出面维护这种平衡。

	传统的体育道德	非公开的颠覆性的道德标准
遵守规则	好	坏
违反规则	坏	好

图 5　竞技体育中的双重道德标准

随着运动员开始使用兴奋剂，竞技体育中已经形成了一种非公开的道德标准，它彻底颠覆了传统的体育运动道德标准：一直以来被视为好的、遵守规则的行为变成了坏的，而曾经被斥责为不公平的、不好的行为反而成了好的。那些为了获得成功，或者为了将竞争对手甩在身后，巧妙地、偷偷地打破或避开官方体育规则障碍的人会赢得称赞，会获得条件优厚的赞助合同，会因为所取得的成绩、创造的纪录被公众和大众媒体捧为体育明星。反之，那些遵守规则，没有任何违规行为，但由于竞争对手在比赛中使用了兴奋剂而吃亏的人却变成了不好的运动员，原因在于他们显然缺乏适应能力且安于落后。在竞技体育中，遵守规则但无法实现预期胜利的运动员常常会受到惩罚，会被谴责为“没有未来”。他们将失去主力军身份，也会失去资金方面的支持。

因此，竞技体育中的双重标准影响了许多运动员的行为规范和评价标准。它是将传统道德标准倒转后形成的，但这种对传统体育道德的颠覆是不可告人的，否则运动员就无法从外部获取重要的资金支持，经济、政治、媒体和公众等外部相关主体也无法从竞技体育中获利。正因如此，运动员、教练员和裁判员仍然高喊着公平与奥林匹克精神，对外摆出一副遵守规则的样子，虽然事实上，因为置身于这场胜利争夺战之中或对胜利过度关注，他们与所追求的目标已然背道而驰。人们早已将传统体育价值观抛之脑后，只有在大型会议、周年纪念日或开幕式等场合，才会听到有人做样子似的强调这些价值观，证明自己仍然保有思想上的忠诚和对传统的觉悟。

这种价值观的转变表明，竞技体育中复杂的利益链条和外部环境深刻地改变了制约竞技体育的背景条件。在体育运动相对自给自足的阶段，虽然也存在因其内部管理不善所导致的问题，但还可以完全依靠传统体育道德来协调解决。在体育运动的外部赞助商越来越多的发展阶段，制约运动员及体育协会的因素不断增加，它们因此陷入了一种两难的境地，无法遵守甚至会主动破坏传统价值观。如果作为体育协会坚持遵守官方反兴奋剂条例，遵守相关行为准则，毫不留情地纠正其他人的违规行为，保卫体育运动的规则意识不受任何变通行为与违规行为的破坏，他们就会因为无法取得优异成绩而失去资金支持与社会关注，受到内部和外部的惩罚。毕竟，能够给体育协会带来经济与政治方面的赞助和支持的，不是他们对反兴奋剂计划的有效实施，而是他们在国际体育赛事上——这些全球顶级体育赛事往往正是兴奋剂经常光顾的场所——取得的奖牌数。一般情况下，大众媒体只会将它们有限的注意力集中在那些常常取得优异成绩的运动员和体育项目中。不能令观众兴奋的失败者就会被媒体所忽视。在这些利益牵扯和行为困境的影响下，一种颠覆性的非公开道德标准已经悄然替代以干净和公正为基础的体育运动的自我价值观，这一事实并不会令人感到惊讶。

对于胜利的过分追逐、竞技体育的整合化，以及颠覆性的非公开道德标准的建立，影响了科学与竞技体育的关系。以应用性为导向、以竞技体育为研究对象的学科不可避免地陷入了一种危险的境地：它们必须完全屈从于追求胜利的目标，违背竞技体育行为所应遵守的前提条件和道德标准，即使这些是由竞技体育自身环境所决定的。因为如果不这样做，这种具备组织性特点的体育运动就不需要它们的研究工作了。经济、政治、大众媒体及公众等相关群体使体育协会不可避免地陷入了行动的两难境地与关系陷阱之中，而这一棘手的情况又被转给了科学界，因此，当涉及应用导向型学科的职业地位时，就会出现目标定位、忠诚冲突与“可用的非法性”（Luhmann，1964）等问题。其中，医学和药学等学科所面临的风险更大，更有可能陷入不合法的欲望旋涡，因为它们可以对自然科学的技术进行专业的研究，能够实现对其应用或传播的垄断。那些与竞技体育关系密切、没有其他可替代的工作，没有受到同行有效监督的医生最容易被卷入其中。这些医生很难勇敢、坚定地对不合理的期望说不，因为这将威胁到他们未来的职业生涯。竞技体育做出承诺，可以提高相关人员的收入、声望和媒体关注度，为他们带来第三方投资和旅行的机会，使之跻身热门科学领域，这些承诺不知不觉地将许多应用导向型学科领域的从业者牵扯了进来。因此，就像近年来兴奋剂丑闻所揭露的那样，一些医生已经悄然放弃了对是否健康这一首要问题的关注，完全屈服于竞技体育对胜利的盲目追求。

上述分析可以概述成：兴奋剂是一种集合现象。令人惊讶的是，滥用兴奋剂的违规行为在竞技体育中非常稳定地存在着。并且，影响这一越轨行为发展的首要因素，并不是运动员等直接行为主体的行动目的，而是一些间接行为主体所计划的不可告人的目的。当至少两个间接行为主体同时希望实现更多的利益，并且这些利益互相勾结时，就会出现涉及多个方面的集合现象。兴奋剂的产生无疑就是这种情况。竞技体育对于胜利的过度追求形成了一种行为导向，使运动员必须以胜利为目标，以取得优异的成绩为目标；体育观众希望体验激动人心的比赛；商业、企业希望通过向体育项目提供赞助为自身赚取利润；政客希望能够利用大众对体育的高度关注。这些主体的不同利益相互关联，形成了一个社会集合，不断地向竞技体育的运动员、教练员和裁判员施加压力，并不断地将兴奋剂作为非法的应对策略。也就是说，竞技体育内部对于取得胜利或提高成绩的渴望与外部利益群体的期望相互交织，这种现实结构助推了滥用兴奋剂的倾向。

三、兴奋剂——一种非法的创新

在竞技体育这一以成绩为导向的社会领域中，只有少数人才能在竞争和比赛中获得胜利，而这种能被公众直观看到的比赛结果决定了利益的分配与奖励的获取。因此，它促使个体和组织通过创新来改善直接参与者的先天条件，提高实现最终目标的可能性（Bette et al.，1995a，2006a，2006b）。众所周知，体育运动中可以使用的合法措施包括技术、战术和训练。运动员借此不仅能够参加比赛，还能完成比赛，取得成绩。在过去几十年中，人们建立竞技体育中心、服务基地与材料测试和研发机构，设立专职教练员岗位，这些都属于合法的上层建筑，是组织架构与人员安排层面的行为，其就是为了系统地提高运动员的成绩。

除了偷偷犯规、暗地里调节体育器材、窃取信息、贪污行贿、赛前串通及虚报信息（例如，女子体操比赛中虚报年龄或残疾人比赛中虚报残疾等级），使用兴奋剂也属于一种竞技体育中常见的，为获取胜利、取得成绩而采取的非法手段。兴奋剂是一种典型的创新方式。借助某些工具，人们在暗中进行非常规操作，以便尽可能准确地实现目标，而使用兴奋剂的运动员仍希望在外界树立一种遵守官方体育规则的形象。① 在竞技体育这一社会领域中，需要的投资越来越多，成绩的提高却越来越少，运动员已经达到了心理和身体机能的极限。因此，加强训练已经不再是助力运动员取得进步、提高成绩的唯一合法方式。即使没有明文规定，这种情况还是激发人们就提高成绩在灰色区域和被禁止的领域进行探索和尝试。因为在人们的眼中，国际比赛的参与门槛是如此之高，好像只有使用兴奋剂才能达到标准。

---

① 参见美国社会学家罗伯特·K. 默顿（Robert K. Merton，1968）的评述。

	合法的创新	非法的创新
定义	◎通过使用社会认可的工具达成社会认可的目标	◎通过使用社会不认可的工具达成社会认可的目标
工具	◎训练 ◎战术 ◎技术完善 ◎寻找天才并进行培养 ◎将重要的角色专业化 ◎优化配套支持	◎犯规 ◎赛前串通 ◎行贿 ◎调节设备 ◎兴奋剂 ◎窃取信息 ◎等级谎报

图 6　合法的与非法的创新

使用兴奋剂能够带来的创新性成就涉及竞技体育的时间、物质和社会方面（Bette et al., 1995a）。这远远超出了兴奋剂最基础的对身体机能的作用，从而加大打击兴奋剂的困难程度，使目前所采取的措施看似毫无作用。这一创新性措施所带来的多种影响包括：在物质层面上，兴奋剂可以根据不同运动的不同要求，对运动员身体的不同部位，进行具有高度差异化的干预。例如，它可以提高运动员的生理极限，激发其身体潜能，而这种潜能仅靠运动员的意志是无法激发的。精神药物可以让人克服恐惧、沉着镇定或变得有攻击性。合成类固醇可以刺激肌肉的生长。通过服用这些药物，运动员能够取得在没有服药的情况下无法取得的成绩。在时间层面上，兴奋剂的使用可以向前也可以向后延长运动员的职业生涯。运动员可以通过使用不同的药物、采取不同的方式提前成为竞技体育的精英运动员。还可以避免其身体机能下降，打破职业生涯的时间局限。因此，使用兴奋剂似乎可以违背身体的自然变化规律，使它暂停在当下的某一个时间点，使运动员的身体能够尽可能地适应运动项目的要求。并且，如果未成年人的心理与身体条件比成年人更能满足训练和比赛的需求，人们也可以利用兴奋剂阻止运动员身体的自然发育成熟。例如，在女子体操项目中就有用药物控制运动员成长的行为。此外，兴奋剂还可以缩短运动员受伤后所需的恢复时间，对“无产出”的等待时间进行调整。综上所述，兴奋剂可以通过多种方式充分利用时间，提高效益。它可以提前或延后运动员的职业生涯，缩短停工时间，按照职业体育的要求调整运动员的身体发育。正是现代竞技体育不断升级的竞争压力催生了兴奋剂的使用。使用兴奋剂的运动员心怀希望，认为他们可以像预想的那样，在竞赛中获得优势。即使是协会颁布的正式规则也无法制止他们使用兴奋剂。使用兴奋剂，从它最真实的意义来看，纯粹体现了人们对胜利的追求。这一点是指，使用兴奋剂的运动员并不符合体育运动赋予他们的标签，更看重竞技体育的最高价值追求。尽管存在奥林匹克教育，竞技体育的目标终究不是追求公平而是获胜。因此，人们常常听到“参与就是胜利”，这似乎更像是一种蹩脚的安慰，它证明了这种为了追求胜利而做出的极端选择具有合理性，比赛失利者因此得到安抚，并不再发表反对意见。①

通过使用兴奋剂，运动员、教练员和其他促使此事发生的行为主体试图建立一种条件关系，即在措施的采取与目标的实现之间，建立一种尽可能准确的、直截了当的“如果……那么……”关系。这其实是在利用一些可控的、受约束的因果关系。在兴奋剂使用者的眼中，兴奋剂作为一种技术手段，能够让身体、心理和社会系统三者之间原本并不常见的交叉重叠变得常见。因此，使用兴奋剂应该能够带来可预见的输出。很明显，自然科学的技术成果恰好满足了人们降低这种操作的复杂性的需求。由于操作简单，药丸和注射器让运动员感到安心和便利，还省去了运动员进行思考的必要。例如，当运动员使用合成类固醇时，他们不需要了解该药品的生化过程，也不需要顾及从科学角度需预先考虑的因素及先决条件。因此，兴奋剂通过对自然科学技术的利用，将运动员的身体工具化，从而克服现实中的困难，提高体育运动取得成绩的可能性。其中，理想中的身体是能够不受限制地被工具化成机器，无须考虑其自身或健康的运动员的身体。人们对医疗技术的使用反映出现代竞技体育在追求进步与探索可行性方面的想象。仅靠加强训练已经无法满足体育运动的发展，因此，人们驯服了运动的自然物质基础——身体。

然而，利用技术手段违背人体客观规律必然是有限的，因此，使用兴奋剂会明显影响运动员的健康：它可能导致疾病或永久性伤害，在极端情

① 这与欧文·戈夫曼（Erving Goffman，1971）的冷却论观点相呼应。

况下还可能造成死亡。有些药物可能会破坏运动员的身体预警系统，导致协调性和注意力下降，引起精神依赖，增强攻击性（Bette et al.，1995a）。某些药物可能会导致女性月经不调、出现男性体征、引起情绪变化，怀孕期间使用兴奋剂还会导致胎儿畸形。兴奋剂的生理与心理危害不胜枚举，这也说明，兴奋剂只能在非常有限的程度内发挥简易化、日常化的作用。事实上，使用兴奋剂具有很高的风险，它只能在一段时间内发挥作用，并且人们无法准确预测其会造成的结果与带来的影响。无论是从伤害本身还是持续时间的角度，人们都低估了兴奋剂对运动员健康的损害程度。从伤害本身来看，人们似乎并未明确认识到兴奋剂会造成的损害，更确切地说，兴奋剂造成的损害似乎能借助相应的医疗措施得到有效的控制。从时间角度来看，这种损害发生在遥远的未来，而鉴于目前所面临的成功的压力，人们并不会考虑到可能出现副作用的将来。这可以被称为伤害预期的未来化。

不仅运动员努力追求创新性地使用兴奋剂，所有在竞技体育内外发挥着辅助作用的行为主体都寄生似的与之有所牵连。因为教练员的专业能力最终只能通过运动员的成绩来衡量，而运动员使用兴奋剂取得成绩能够让他们轻松地享受名声与提高收入。对于政客来说，他们为体育运动提供资金支持，就能一同沐浴在体育胜利的暖阳中，并且，他们所表现出来的对运动的喜爱也能令其在选举中获益。对于那些希望通过形象转移使其产品获益的赞助商来说，如果运动员使用了兴奋剂且未被发现，他们也能从这些运动员取得的优异成绩中得到好处。即使是对观看体育赛事的观众来说，只要他们不知道这种胜利是当事人滥用兴奋剂才获得的，他们就能够在比赛中身临其境，与获胜者之间形成身份认同，从中获益。因为，他们看到了一场技艺精湛的比赛，这在运动员不滥用兴奋剂的情况下是无法做到的。此外，大众媒体也是一个获利主体，因为报道这样一场激动人心的比赛，能使它们的销量与点击率大幅提升。

如果将视角从某一位运动员转向运动员之间的竞争状态，人们就会注意到兴奋剂问题的不断升级具有强制性。就像那些为了不被逐出市场，必须不断思考如何创新以获取竞争优势的公司一样，在竞赛中使用兴奋剂的运动员也不得不继续使用兴奋剂，以取得或保持这种创新性尝试所带来的竞争优势。如果有哪位曾经使用过兴奋剂并且受到惩罚的运动员（最好的例子是本·约翰逊）再次犯规，人们不但不会感到惊讶，反而会觉得在意料之中。这或许就是对竞技体育在结构上有着强制性的最佳证明。这种对路径的依赖不仅仅会影响运动员的事业上升。对那些只有通过非法使用兴奋剂才能取得荣誉的运动员来说，他们的越轨行为也具有路径依赖性，因为他们为了职业发展，已经在时间、物质和社会方面投入了太多，他们希望能够借助这种充满诱惑的创新力量——兴奋剂——使他们截至目前的努力取得成果。滑稽、荒谬的是，如果那些曾经利用兴奋剂取得过优异成绩的运动员决定不再使用兴奋剂，因而成绩有所下降的话，他们就会遭到处罚。例如，一些短跑运动员因为不使用兴奋剂，速度明显变慢，他们就会失去协会赞助，并且面临着声誉的受损。

在这种背景下，使用兴奋剂其实是一个自相矛盾的战术。首先，从原则上来讲，运动员的努力奋斗是有风险的，他们使用兴奋剂是希望能为这份努力上一份保险。他们认为，这种迫不得已的选择可以增加成功的可能性。但事实上，这种用来消除不确定感、抵御风险的战术本身就存在巨大的风险。它不仅会严重损害运动员的健康，造成永久性的伤害，并且当这种非法行为被发现时，运动员还会因此受到惩罚，被公众唾弃。然而，尽管存在众多风险，很多人仍认为使用兴奋剂是必需的、不可避免的。但矛盾的是，在运动员互相竞争的过程中，已经消除的对结果的不确定感又会一次次重新袭来。因为对于处于竞争关系的运动员来说，总有失败的一方承受着压力，处于一种对结果不确定的状态，他们终归也会采用这种方式来应对。也就是说，通过使用兴奋剂来降低不确定性的战术并不能确保提高某位运动员在同其对手竞争时的获胜概率。在各方都使用兴奋剂的情况下，每位比赛参与者的预期收益就会因这种“巧合”有所降低。换言之，在比赛中为某位运动员营造优势的目标无法确保能实现。即使是新型的、风险更高的兴奋剂技术所带来的优势也很快就会被赶超，因为竞争对手会竞相模仿，也采用此类技术。也就是说，使用兴奋剂最多只能避免运动员处于不利的竞争地位，在一些严重涉药的项目中，使用兴奋剂的目的甚至被扭曲成了实现形式上的公平。所以，使用兴奋剂是靠不住的，这不仅是因为运动员要承担新的风险，还因为许多人都采取这一策略。没有人明确知道，他们的竞争对手现在是否真的严格遵守了兴奋剂反对者的呼吁，不再采取违规行为，所以只要他们不想在世界级的体育赛事中有所让步，就仍必须继续使用兴奋剂。如果比赛中只有少数运动员使用了兴奋剂，且暗中获得了一些没有使用兴奋剂的竞争对手不具备的优势，那么即使这些内部消息被泄露出只言片语，或运动员被人察觉明显使用过兴奋剂，那些至今不曾沾染兴奋剂的运动员也会迅速出于防守的目的使用兴奋剂进行反击。也就是说，一方已经采取的违规行为和有可能采取的违规行为都会导致另一方效仿。这样一来，这一行为偏离常规的程度就会呈螺旋式升高，形成一种自发增强的效应。即使运动员已经自愿或非自愿地退出竞技体育，这种升高趋势和增强效应也会自发地持续下去。此外，虽然竞争双方可以在比赛与训练的过程中观察对方，但他们无法准确、有依据地了解到对手是否使用了兴奋剂，这也加大了越轨行为的偏离度。即使每个人都声称他们是“干净的”，不信任感也仍然存在。

至此，我们应该已经明确的是，兴奋剂问题不能用通常的个体化、单一化的方式来思考。这种越轨行为的产生原因与动力来源其实是超个体的，它来自一个复杂的由多个群体构成的社会集合。但一味地在超个体层面上，从道德角度出发，不停地鼓吹“价值观滑坡”“商业化”或“道德沦丧”也是不合适的。不同于此，理性的社会学分析可以极其准确地指出，兴奋剂问题究竟涉及哪些社会行为主体，他们是如何参与的，造成了怎样的后果。通过对由多个群体构成的社会集合进行分析，人们可以准确地回答：为什么越来越多的运动员要承受成功的压力，不得不采取使用兴奋剂这一策略来解决问题？此外，思考这个问题时人们还需考虑到：为什么即使是那些给其他人带来压力的运动员也无法轻易摆脱这一困境？为什么这些运动员无法按照自己的意愿行事，也不得不违背本意做出违反规定的行为？为什么他们也需要承受结构方面的约束？最后，人们也需要意识到，每个运动员的行为从其自身角度来看都完全是出于理性思考的。体育团体希望能在国际竞争市场中生存，希望其运动员尽可能多地获得奖牌。企业对竞技体育进行投资，希望给自身做广告，提高产品销量。政府机构每年为组织竞技体育活动提供数百万的资助，目的在于拉近与体育观众的距离，增加在选举中获选的概率。大众媒体希望提高它们的收视率和销量。观众则希望参与激动人心的体育赛事，调剂无聊的、常规的生活，体验身为集体一员的感受，满足一种无伤大雅的偷窥欲，获得美的体验，表达对明星的崇拜之情。这些意图本身都并不违法。但兴奋剂问题表明，当众多因素交织形成复杂集合时，原本出于理性诉求，以合法目的为导向的行为往往会与直观思维的结果相反，导致一些问题出现，而这一后果与其形成机制相伴相生，它固执地拒绝做出任何改变。

四、反兴奋剂——对集合体的管理

首先应该明确的是，彻底解决兴奋剂问题并不现实。但人们无须对此感到恐慌，因为在其他社会领域也有一些无法杜绝的越轨行为。迄今为止，人们已采取的大部分反兴奋剂措施都可以被分成两种：一种是控制和惩罚类，另一种是加强教育类。对兴奋剂进行控制属于事后干预，迄今为止收效甚微。即使这些控制措施能够取得显著成效，它们仍有一个缺点，那就是无法从最初就避免兴奋剂问题的产生，而只能在兴奋剂已经被使用后，清除这些已经发生的行为。因此，这种措施最多只能通过施加惩罚在一段时间内形成一种威慑力，而且，这种威慑力只有通过付出长期的、高昂的行为成本才能得以维持。与施加惩罚这种外部控制类措施相反，教育的目的是在运动员内部建立一种符合规范的标准。任何一种来自外部的责难都可能遭到运动员的拒绝。但人们可以通过社会化的过程内化对干净和清白的期待，由此一来，就无须再用制裁、呼吁或劝告等方式进行控制。当运动员将体育规则内化进超我结构中后，他就会拥有一种感知能力，这种能力可以在特定的危险情况下准确地告诉他：什么该做、什么不该做。如此一来，运动员就会按照外部的官方行为准则所要求的，从内部严格审视自身。一旦有人背离合规的道路，他们的内部监管机制将通过自我反对、纠正自身的行为，使之重新符合规定（Schimank，2000a）。对于那些已经将遵守体育规范视为自我认同重要组成部分的运动员来说，一旦他们做出违反现有体育规则的事情，他们的自我建构就会受到冲击。与之相对应的是，那些具有指导作用的公平竞赛和遵守道德的倡议，就是为了加强运动员抵抗兴奋剂诱惑的能力而设立。也就是说，它们的目的在于避免运动员在困难情况下，出于理性思考，选择利用兴奋剂满足个人私利。假设体育协会真的对反兴奋剂运动感兴趣，只是囿于一些结构上的行为困境至今尚未找到可行措施，那么对他们而言，内化守规意识将会极其有效。因为这可以降低行为成本，达到提醒运动员遵守规则的良好效果。

从社会学的角度来看，反对兴奋剂的斗争不能完全地，甚至不能首先考虑这种针对个人的措施。采取控制、惩罚类措施或是通过公平竞赛的倡议加强运动员的素质固然有其意义，但如果没有辅以结构层面、超个人层面的有效措施，仍然尚显不足。运动员所签署的一系列自愿抵制协议（Bette et al.，1995a）都因缺乏国际合作而失败，这或许是因为他们一开始就没有达成国际合作，或是因为竞争关系而打破已经建立的合作。因此，人们需要思考除制裁与教育之外的第三种解决方案，也就是一种将所有兴奋剂利益的相关者涵盖于内的新方案。与此同时，人们也必须考虑到落实这样一种解决方案会面临的困难，即使这些常常被忽略的潜在难题听起来就像永远不会发挥作用的附加条款。社会系统及其内部的行为主体只有在对自身有利的情况下，才会接受社会学的研究结果和建议。如果哪位社会学家会对此感到惊讶，那他肯定对社会系统自身的逻辑和自我指涉一无所知。

从社会学角度来看，兴奋剂问题明显是一种集合现象，因此必须改变导致兴奋剂问题出现的整个集合体。因此，必须首先将反兴奋剂运动定位成一种“对集合体的管理”[①]加以落实。也就是说，反兴奋剂措施应该与那些为竞技体育整合化及追求胜利盲目化提供支持的社会领域相协调。在事件的宏观层面上，这意味着，是竞技体育与其他社会子系统的相互关联导致了问题的产生，只有避免或减少这种联系，才能减少滥用兴奋剂的行为。也就是说，必须建立一种相应的、涉及多个系统的、全球导向型的治理制度，将竞技体育与媒体、政治、经济和科学在目前所建立的、无法放弃的、明显令人不能自拔的利益纠葛，转化为协调一致的努力，使得它们不再施加压力，助长兴奋剂的使用，而是为开展有效的反兴奋剂运动提供动力。

这一思路的指导理念是：集体产生的问题只能由集体解决。兴奋剂问题也像诸多其他社会问题一样，是由现代社会中多个行为主体相互联系，发挥了超目的性作用而形成的。例如，生态问题不仅涉及“无良的”资本

---

① 此处及其后文参见贝特（Bette）、席曼克（Schimank）（2000a）和贝特等（Bette et al.，2002）的文章。

家和“无知的”政治家，消费者也因他们提出过相关需求而无法置身事外。在疯牛病问题上，如果只是指责“贪婪”的畜牧业在大规模动物饲养的过程中使用了有问题的饲料，那么这种分析也并不全面。因为事实上，消费者也应承担部分责任。正是由于他们在日常生活中总是不约而同地选择购买最便宜的牛肉，才从结构上导致饲养者不再选择质量更好的饲料。

因此，兴奋剂问题的核心点在于：在这些社会子系统、这些导致兴奋剂问题出现的行为主体之间，建立一种有益的、有启发性的交流与联系。尽管事实上这些行为主体彼此完全分离，并常常习惯将其无法解决的问题向外推，推给社会大环境来处理。当这些子系统都已形成自身的控制媒介，并只能通过这种“特殊语言”来进行沟通时，如何才能让针对某一问题制定的协调措施发挥作用？公众、大众媒体、经济、政治和竞技体育之间的集合管理应该是怎样的？是如何运转的？回答这些问题前必须首先考虑到，每个行为主体都只遵循自己的逻辑，因此只对自身感兴趣。面对外界提出的要求，它们做出的第一个反应是拒绝理解这些要求。例如，大众媒体的目标是提高收视率和销量，它们之所以会对体育新闻进行报道，是因为数百万受众有这方面的需求。所以，当外界为了减轻运动员和体育协会的压力，从道德的角度要求媒体限制此类报道和评论时，媒体就会认为这是无法实现的，并拒绝这一要求。此外，企业为了牟取利益，赞助某些俱乐部、协会或个人，希望通过被赞助者的形象及其取得的成就为自己的产品做广告。它们也不太可能听从外界提出的要求。那些每年为竞技体育提供数百万资金支持的政府也并不会通过这种方式，向潜在选民证明其治理能力，展现民族品质。最后，观众则希望24小时都能观看有国家顶级运动员参与的激动人心的比赛。所以，如果为了削弱整体环境中对利益的追求，减少运动员的压力，从而限制公众在观看、收听及阅读方面的消费需求，要求他们收回对体育的热情，这个无组织的行为主体也会发出强烈的反对声音。

总体而言，从集合管理的角度可以发现，所有参与其中的行为主体都既无法从上级获得动力，也无法从外部进行管控。在反对兴奋剂的斗争中，在一个有诸多细微差别的社会中，依赖上一级施加压力或是从外部进行干预的设想必然会失败（Willke，1989）。道德呼吁也与之类似。此类建议是想通过外部的力量，将集合中的行为主体提升到一个更高的道德层面。它们也无法避免失败的命运，因为它们没有注意到社会子系统之间的细微差别和不同的运作方式，也没有注意到观众在对清白、干净的期待和对成功的期待之间存在着反复摇摆的矛盾心理。道德方面的呼吁或教育性的建议只有在不断地自我改进，尊重所涉及的子系统和组织所具有的固有因果结构与关联结构时，才能发挥作用。

因此，对涉及多个子系统的集合体进行综合分析，并不是要讨论一种以社会环境为导向的利他主义，也不是要强调个人或职业道德；[①] 而是要促进集合内的利己主义。这一点可以用反射理论来解释，即“自我”置身于相关群体的位置，将自己营造为相关群体的“合适环境”；反过来，相关群体也会成为“自我”的“合适环境”。因此，这种分析旨在理解每个个体行为所具有的意料之外的外部性，以及其出现所带来的效果。这些都是由这个未经约定而形成的集合，由不同主体的多种行为方式相互作用所导致的。

尽管这些行为主体本身的利益诉求合理合法，但他们在追求利益时，也卷入到兴奋剂问题之中。他们需要对竞技体育这一错误发展趋势承担部分责任，只有当他们意识到这一点，对集合体进行管理才能奏效。与此同时，这些行为主体还必须在个人陈述中坚持，要想缓和体育运动中不断出现的问题，所有的重要参与者就必须接受现实，尽管这个现实情况脱离了它们当初的努力，脱离了所有人的计划。对于这种集体学习的方式来说，重要的是明确其动机：从长远的角度来看，兴奋剂问题长期损害竞技体育的形象，这对媒体、政治、经济和公众都是有危害的，因此应避免这一问题发生。只有指出涉及它们自身的利益，那些只关注自身的行为主体才会对外部信息做出反应，进行调整，明白只有避免兴奋剂丑闻发生，避免民众愤怒，才能避免其长期利益受损。

那么，牵涉其中的外部相关群体，应该怎样才能帮助体育运动这一有组织的活动抵制兴奋剂，同时又不需要牺牲自身的利益呢？答案是：它们必须使用其特有的控制语言。只有这样，它们才能针对来自外界的信息采取行动，做出回应。在政治领域发挥决定性作用的是权力，因此政治应该

① 学习不是一种被动接收信息的行为，而是一种积极的内化选择过程，见弗里茨·B. 西蒙（Fritz B. Simon，1997）的文章。

利用这一媒介，向体育运动传达，与普遍流行的另辟蹊径式的战略和暗中使用兴奋剂相比，遵守自己设定的规则、避免出现有偏差的行为能使其获利更多。只有在这种情况下，政府为竞技体育提供补贴才是合法的。因为，那些符合法律要求的规则和行为标准本就是体育运动应当遵守的。国家可以利用调配权，通过资金支持有目的地激励人们开展重要的反兴奋剂运动，也可以将资金分配与实际上采取的反兴奋剂措施挂钩，还可以颁布严厉的反兴奋剂法，打击使用兴奋剂的运动员背后的策划者。像法国和意大利等国家已经采取此类措施，并且获得了显著成效。此外，如果有人违反反兴奋剂相关规定，还可以通过撤回之前给予的资金援助对其进行处罚，这也是确保人们遵守规则的有效方式之一。这种从外部推进的情境控制模式，不仅包含政治上对资源分配的相关决定，还涉及经过权衡的、相互联系的多个要求及法律规范的拟定。它所针对的是个人或团体在体育运动中可预期或不可预期的行为。在这种模式控制下，只有当某一体育协会的运动员通过了严密的兴奋剂突击检查，并且该协会的人员雇用与解聘机制可以正常运转时，企业才会向它提供赞助。运动员必须能证明自己在比赛前已履行相应的反兴奋剂义务，才能被邀请参与奖金丰厚的比赛。也就是说，人们可以利用金钱达到很多目的：既可以向体育组织提供资金资助，也可以在发现其违规行为后取消与之合作并撤回资助。媒体则需要撰写批判性、调查性的体育报道，提供相应的信息，对体育赛事进行评论。在这方面，由于公共电视台具有特权地位，不需要依赖广告收益获取经费，因此在原则上不具备投机性，无须迁就商业资本的利益和公众的需求。它们能够通过分配体育赛事的转播权，确保体育内部在反兴奋剂问题上遵守相关规定。这种对于干净与清白的期待，以及媒体通过报道进行干预的方式，在一系列与自行车、拳击和马术运动相关的丑闻被相继公开之后，已然有所体现。

此外，虽然体育观众并非一个有组织的集体，但他们所有人都应赞成、支持采取这些控制措施，那些持反对态度的人应该被忽视并受到惩罚。科学领域也可以进一步配合这一倡议。科学家可以研究合适的检验方法，发现存在于不同主体之间的真相，或是像社会学家一样阐明对方向性上的了解。同时，不同主体之间通过多种方式建立联系与合作，也至关重要。例如，政府可以为科学提供资金支持，助其开发出更有效的检测兴奋剂的科学方法。大众媒体在营造公众舆论方面扮演着特殊角色，它们可以借助这一角色对政治、经济与科学领域的众多倡议进行报道，并自我批判地呈现它们所扮演的角色。然而，迄今为止，这些措施都还未被落实。

人们应该发挥聪明才智，将自我控制与情境控制联结起来。仅仅针对个人的，或是仅仅针对运动的限制性措施注定会失败。如果将反兴奋剂斗争只局限在与运动员个人相关或者医疗和法律两方面，那么斗争注定会失败。正确的讨论方式必须将经济、政治和媒体的行为逻辑都考虑在内，并且，这种讨论最终必须用每个主体各自的语言模式指明：使用兴奋剂其实得不偿失。此外，与体育相关的重要群体必须对体育运动中发生的事件施加更大的影响力，不仅需要站在道德的制高点上进行呼吁，还应该通过增加或减少可用资源或控制媒体等方式发挥影响力。

集合中的行为主体	控制语言	干预措施
公众	关注	◎有目的地给予愿意接受检查的运动员以关注 ◎不再关注拒绝接受检查的运动员，以及未严厉抵制兴奋剂问题的运动项目 ◎唾弃使用兴奋剂的罪人
大众媒体	信息	◎批判性的体育新闻写作 ◎将对体育赛事转播和报道与反兴奋剂政策结合起来
经济	金钱	◎将资金赞助与体育协会的反兴奋剂运动挂钩 ◎对使用兴奋剂的运动员以及未严厉抵制兴奋剂问题的运动项目不提供赞助
政治	权力	◎将政府资助与体育协会的反兴奋剂运动挂钩；撤回之前对违规协会提供的资助 ◎通过颁布反兴奋剂法规以及达成国际控制兴奋剂共识提供支持
科学	真相	◎完善控制技术 ◎提供方向性的认知；揭露异常动态及行为主体间超意图的关联

图7 集合管理

担心以上措施会危及有组织体育的自主性是不合情理的，因为体育无法仅靠自身力量处理一个超目的、涉及多个主体的集合现象。只有拒绝来自外部的帮助，继续任由行业协会无所作为、对问题视而不见，或仅仅颁布一些形式上的政策，才会真正威胁体育的独立性。至今仍有许多体育协会坚持以所谓的体育独立性为借口，对兴奋剂问题不作为或少有作为。因此，此处必须重申之前已经提过的指导理念：集体产生的问题只能由集体解决。在体育这个社会子系统中，问题更加明显，冲突也更为激化，如果将解决问题的任务全部推给这个子系统，那就是在主动拒绝采取有效的解决措施。

国内和国际体育组织级别的以及国内和国际非体育行为者级别的“圆桌会议”，必须协调各个主管机构实施措施。因为只有这样，体育这项有组织的活动才能意识到，必须抵制兴奋剂这一“可用的违法行为”（Luhmann，1964），并自发做出相应的调整。“圆桌会议”这一概念——简单起见，在此仅考虑这一概念的单数形式——所暗含的重要意义是：圆桌这种形式设计表现了所有参与者互相对称且平等的权利。任何一个参与者都没有高于他人的地位，都需要对自己特殊的要求做出解释说明，并可能因这些要求而受到惩罚。所有的参与者都位于同一层级，它们所拥有的权利是相同的。也就是说，不存在特殊的行动权，也不存在更高级的行为主体。“圆桌会议”表明，亟待通过这一会议进行协商的问题终会涉及所有的参与者，并且与会者之间不存在等级差异。兴奋剂问题就不仅是体育本身的问题，它还会在政治、经济与大众媒体中造成负面影响。想想兴奋剂丑闻所带来的商业和政治影响，以及大量有关兴奋剂问题的媒体报道所引发的舆论后果。在自行车运动被曝出大量丑闻事件后，许多赞助商为了避免受到负面报道的牵连，都终止了与此项运动的合作，转而投资一些更值得信任的项目。2007 年环法赛期间，当赛车队和国际自行车联合会私下违反之前所达成的协议并被发现之后，公共电视台停止了对赛事的现场直播报道，原计划的每日赛事播报完全变成了与兴奋剂有关的报道。

当本·约翰逊在 1988 年奥运会上被曝光使用兴奋剂后，加拿大电视台以“加拿大之耻”为标题，报道了这一国家运动项目的重大丑闻。这些事件都表明，兴奋剂不仅影响体育运动本身，还会对其他所有的相关行为主体产生辐射效应。这也就证明了之前观点的合理性：面对亟待处理的问题，只有联合各方共同行动，才更有可能找到解决方案。即使每个行为主体只能动用自己的资源，只会站在自身角度采取行动，也应为整体解决问题尽一份力。为了治理兴奋剂问题而涉及系统之间的集合管理，不能像许多其他“圆桌会议”那样，采取消极的解决问题的方式。会议参与者之间展开激烈的谈论，保证愿意解决问题，声称已经采取了重要的措施来解决问题。各方代表都承诺将继续做出改变，强调愿意承担责任，但大部分承诺只是停留在口头上，或只是颁布一些象征性的政策。只有当会议针对问题所提出的建议不仅是仪式性的宣告，而是以具体的、可核实的、具有约束力的自我承诺的形式，由所有的参与者确认并得到实际落实时，“圆桌会议”才能发挥作用。

此外，还需采取一些制约措施，确保一方合理要求的实现不会以牺牲另一方的利益为代价。并且在一般情况下，那个坐在圆桌旁的人应该在会议中扮演其组织及全部成员的代表的角色。例如，企业与员工就提高工资或延长工作时间等问题进行谈判时，应由双方选派代表会面协商。为了避免“圆桌会议”中无组织的行为主体参与率过低，应该形成一种机制，建立相应的机构，以便将之前未被考虑在内的人纳入进来，从结构上照顾到这些人群。例如，可以考虑建立一些组织，保护体育运动之外的消费者、纳税人、儿童及学生等群体，以便当各方就某一问题意见不同时，能有恰当的途径听到多方的声音。因此，应该设置并实际成立相关的机构。例如，为体育公众这一无组织的集体设立相应机构。

通过自我改变进行控制管理，从而解决类似的尖锐的集合性问题，此前有过这方面成功的案例。例如，自 20 世纪 50 年代以来，超级大国美国和苏联的军备竞赛就是通过 80 年代的军控协议逐渐得到控制的（Bette et al., 2000）。但即使人们从这个例子中可以看到解决问题的希望，也无法忽略，军备竞赛虽然有很高的危险性，从对它产生决定性影响的两个方面来看，它也不像兴奋剂这种集合性问题那么复杂。军备竞赛是由两个因素构成的集合产物，这两个因素，也就是军事与政治因素，从两个方面按照自己的行为逻辑影响、控制着整个集合体。与之相对，兴奋剂问题的集合则包含更多的行为主体，并且受到更多的行动逻辑的影响：体育、政治、经济、大众媒体、医学、法律和教育。除此之外，观众也在这一问题中扮演着重要角色。

	"圆桌会议"的引申义
基本观点	◎意识到兴奋剂这一越轨行为涉及所有参会方 ◎指导理念：集体产生的问题只能由集体解决 ◎将反兴奋剂运动局限在体育这一方面的思考方式注定是失败的
越轨行为被发现而导致的结果与影响	竞技体育：非法化 公众：幻想破灭 经济：负面广告 政治：对内，"我们"这样一种认同感的形成受到阻挠；对外，民族社会形象受损 大众媒体：收视率下降和观众流失
发挥作用的前提条件	◎集合中的每个主体放弃个人的优势地位；所有的主体权利平等 ◎杜绝仪式性的宣告和形式上的政策 ◎所有的行为主体制定并落实具体的、可核实的、具有国际约束力的自我承诺 ◎相互监督是否已履行检查的义务 ◎对拒绝接受检查的运动员和越轨行为进行制裁
目标	◎发挥智慧，将自我控制与情境控制相结合 ◎将每个主体为解决问题所做的努力整合为整体性的解决方案 ◎建立全球性的治理策略，因为，在世界体育运动中，单个国家的努力都注定是失败的

图 8　"圆桌会议"的引申义

在这种相互关联的情况下，社会学可以发挥催化剂和调解者的重要作用。因为作为一门以观察和描述为重点的科学，社会学满足一项重要条件：它本身不是引发兴奋剂问题的行为主体之一，因此能够在不牵涉自身利益的情况下，用外部视角观察、分析置身其中的行为主体的内部视角。正是因为社会学本身没有什么需要体育、经济、媒体或公众来实现的目标，不会像它所观察的那些行为主体一样受到行动限制，所以关于每个子系统内部驱动力来源、系统间相互关联的方式及它们所带来的影响，社会学可以收集到一些不一样的信息，并对信息进行加工利用。就像人们从归因理论研究中所得知的那样，对同一个问题，参与者和观察者有不同的考量，因为观察者不需要在被观察的情境中进行活动。

尽管社会学可以从外部观察者的角度看待问题，但它也并没有找到智慧的阿基米德点，无法从这个点出发，向每个负有责任的主体宣告最本质的真理。社会学只能传达有关“它们的”真相，作为方向性的指导。接下来就应该由集合中的每个行为主体从中找出对自己有用的信息，也就是那些有助于它们更好地观察、反思自身行为所带来的负面外部效应的信息。然而，作为一个严肃的、会从可能性和极限性上观察自身的学科，社会学的任务也包括思考其建议发挥作用的可能性及被落实的可能性。从这个角度来看，在建立和实施面向全球的涉及多个系统的治理制度方面，社会学必须指出它可以预见的问题。

在落实经过协调达成的一系列措施的过程中，预计会出现以下几个难题，它们必须通过“圆桌会议”或“一致行动”进行处理。第一个难题是，就作用力的大小而言，社会学虽然能够认识、了解导致兴奋剂问题出现的多个行为主体所构成的集合，这种认知能发挥的作用却比较小。与之相比，大众媒体的选择标准和加工、处理事件的标准则能发挥较大作用。在这种条件下，难以实现一种既不基于道德和丑闻也不针对个人的、关于行为主体集合的存在和运作模式的报道，尤其是大众媒体会对自身及其在竞技体育利益链中的角色进行深入报道。所以，人们只能期待最先从纸媒和广播媒体中了解到，社会学如何分析兴奋剂问题，因为这些媒体形式不太需要借助图像，不像电视媒体那样，需要为每条信息搭配合适的图片。而且电视这一行为主体与其受众的关系存在不易察觉的不平等性，观众可以关掉电视机，不听也不看，而电视媒体则不具有这种主动选择退出的权利。如果电视台对兴奋剂事件的报道过多，令观众感到不适或无聊，电视台就有可能吓跑新观众，甚至还可能失去老观众。

此外，还存在的另一个难题是，集合中的行为主体并没有广泛地意识到自身与兴奋剂问题有所关联。因此，它们的集体学习过程并不顺利，这种计划之外的学习过程常常卡在“说”与“做”之间，参与者只是在敷衍了事。一直以来，解决兴奋剂问题的方式都只针对个人，这种方式经受住了几十年的考验，其作用在于，将问题全推给体育及其内部的具体人员，对其他行为主体与这一问题的关联及所面临的行动困境则闭口不言。无论是赞助商、政界的资助方还是大众媒体和观众，都强烈反对以任何方式被卷入兴奋剂事件中。毕竟兴奋剂不是一个轻松有趣的、能带来生活欢乐的、与健康或公平相关的话题，人们也不想用它来为自己做广告。它是非常负面的，使用兴奋剂是一种欺诈行为，是谎言、隐瞒，以及对官方行为标准的违反。此外，兴奋剂对使用者的生理和心理可造成非常严重的负面影响。兴奋剂使运动员身体健康受损，承受心理创伤，甚至还夺去了不少人的生命。生物化学家和药理学家在试图证明使用兴奋剂时需要化验的体液也是令人恶心的。毕竟，血液和尿液不适合在大众场合讨论。因此，人们完全可以理解，经济、政治、大众媒体和公众都不希望与这一负面话题有所牵扯。这也就导致，人们都自称无辜，将责任推诿给对方，最终造成兴奋剂问题长期难以解决。到目前为止，虽然不同行为主体对竞技体育的高娱乐价值深感兴趣，但这种共同兴趣尚未促成一个独立的、面向全球的、涉及多个系统的、致力于将兴奋剂问题视为集合性问题的谈判体系的建立。该体系之所以还未建成，很明显有这样一个原因：该体系不是为了解决集合中行为主体之间存在的具体冲突，而是减轻它们的行为所产生的影响，削弱它们之间的利益纠葛，这些影响与利益纠葛都是形成、作用于每个行为主体各自体系之内的。

为了更容易理解这种彼拉多式的观点，就必须认识到，在这种复杂的背景下，多行为主体互相纠缠所造成的结果并不能直线型地化简为是单个主体所导致的，而是像之前提到的那样，是多个主体共同介入所导致的。也就是说，兴奋剂问题并不是屈指可数的几个单方面的决策有目的地互相协调配合产生的结果，而是多方无序纠缠所形成的复合性产物。只有当体育运动中由行动纠缠和关系陷阱所导致的后果能够从个人或团体参与者层面得到弥补时，才会出现有意的违规行为。此外，技术手段实现了信息发送者和接收者之间的分离，这很容易给观众和媒体带来一种错觉：它们和竞技体育中发生的事情毫不相关。经济和政治，并未策划、制造兴奋剂问题，而是就人们所知，仅仅帮助“解锁”了竞技体育的“胜利代码”。并没有谁颁布什么命令，也没有谁需要服从，只是通过给予或撤回资金支持、其他方面的利益及公众关注度对此施加了影响。

此外，达成反兴奋剂公约的又一难题是，不同行为主体的子系统内部，如传媒机构之间或不同企业之间，存在激烈的竞争关系，因此很难同时激发它们的合作意愿，将其拧成一股绳。当某家公司坚定不移地支持反兴奋剂运动，拒绝为那些多次不接受兴奋剂检验的运动员提供赞助时，另一家公司可能就会暗自窃喜，投资尚未被检测出已使用兴奋剂的运动员，并从中获利。此外，民族国家之间的竞争也会导致并非所有的政治力量都坚决支持反兴奋剂方针，尤其当他们认为比赛可以体现民族品质和民族认同，认为本国运动员的胜利能够有力地发扬这种品质、加强民族认同时。在这一点上，东西方社会之间存在差异。在东方国家，人们在比赛中悄悄使用兴奋剂是为了反对“阶级敌人”。在西方国家体育协会中，人们之所以无视运动员使用兴奋剂的行为，是因为虽然西方不同于奉行“国家型运动员”政策的东方，坚持高举自由和民主的旗帜，但它们想要借助兴奋剂弥补与东方国家在比赛开始时就存在的差距。

由此可以推断，集合中所有的行为主体通常不会同时答应进行反思和谈判。一般情况下，只有当他们认为谈判结果可能对自己有利时，这些行为主体才会愿意进行谈判（Schimank，2000a）。如果他们认为谈判结果可能对自己不利，谈判意愿就会降低。倘若看不到这件事对自身有任何好处，能带来任何收益，谁会轻率地加入谈判中呢？基于上述分析，似乎不签署协议、不做自我承诺是更好的选择。因为这样一来就无须付出高昂的谈判成本，无须公开承认自己是引发问题的行为主体之一，无须承担业务受损的风险。哪怕只有一个行为主体有这样的观点，人们就不能对开展严厉的打击兴奋剂的运动抱有太大的期待。

可预见的难题
◎对社会学在方向性上的认知进行传播取决于大众传媒的选择标准
◎彼拉多综合征：集合中的所有行为主体的集体不明智
◎集合中的行为主体内部存在竞争关系
◎各个主体的行为无法同步和国际化
◎公众无法采取行动

图 9　可预见的难题

集合管理难以在全球范围内制度化和同步化也是一个障碍。自 20 世纪初以来，竞技体育已发展成为全球性的体育运动，并影响了诸多相应组织的建立。集合管理不仅要考虑大量的国内与国际体育组织，也应该邀请经济、政治与大众媒体方面的参与者共同参与“圆桌会议”。虽然奥林匹克体育组织的国际化已经取得了重要进展，人们也已在这一层面率先取得了反兴奋剂运动的部分成果，如世界反兴奋剂机构（WADA）的设立在反兴奋剂运动中发挥了明确标准的作用；但仍未有任何迹象表明，其他行为主体将联合成立有关反兴奋剂运动的、具有协调性的超国家机构。即使是在本国层面，体育运动之外的其他行为主体也很难理解兴奋剂问题；而在国际层面上，理解的困难程度就更会上升。因此必须指出，并非所有的国际体育组织都能充分理解反兴奋剂问题，并坚决与之做斗争。此外，人们也应考虑到，公众是一个无组织的集体。如果将他们视为体育运动的一个行为主体，对这一主体提出要求，其实是无法实现的。庞大的成员人数限制了这个集体的行为能力，并且他们所期待的其实是满足他们在娱乐方面的需求。

尽管如此，只要这些与问题的产生有所关联的行为主体愿意进行协商，能被召集起来，共同讨论解决问题的方案，从原则上来讲，就可以控制并扭转兴奋剂问题螺旋式上升且不断增强的发展态势。至于这些行为主体所构成的集合体能否长期保持兴趣，推行跨系统治理制度，利用社会学的观点降低兴奋剂的使用率，人们还需进一步观望。迄今为止，有不少经济、政治、大众媒体与公众方面的行为主体从“可用的非法性”，也就是未被发现的兴奋剂使用行为中获得了利益，这也就导致了它们并没有急切地改变现状的欲望。由于风险的转移，目前只有运动员的利益受到了损害。他们不仅必须承受使用兴奋剂可能造成的，有时甚至是非常严重的、健康上的损害，当违规行为被揭露时，他们还会成为替罪羊，被推上道德标准的祭坛，将在整个社会范围内面临地位下降，以及被批评、谩骂的惩罚。也就是说，如果使用兴奋剂这种非法的创新被发现并演变成了公共丑闻，竞技体育的内在逻辑，以及经济、政治、大众媒体和公众这些对体育运动抱有巨大期望的行为主体并不会受到批评与惩罚。权威负责人员仍一如既往地坚持黑山羊理论。这样一来，在讨论兴奋剂话题时，体育之外的其他行为主体就可以将责任推给体育运动及其内部的成员，从而减轻自己所同样负有的罪责了。但人们不能因此丧失做出改变的勇气，仍然可以考虑构建一个战略联盟并付诸行动，因为这样一个联盟或许可以成为集合体管理的前奏，发挥榜样力量和带动作用。

第八章　体育社会学

自19世纪中叶以来，基于自身发展需求和对个体的影响，现代社会逐渐发展成为体育社会。成百上千万的人定期到体育场地观看比赛，利用闲暇时间身临其境地感受比赛的紧张与刺激，景仰体育明星，尽情享受民族认同感，赞叹人类非比寻常的身体和运动协调能力。人们由此有意识地进入一种情境，一种与现代工作环境中的例行程序、乏味、物理距离和情感贫乏相反的对比情境，证明了在都市的冷漠环境下，人与人之间正向的身体亲近仍然是可能的。当运动员个人或者团体展示其运动能力时，大众可以很容易地理解并看到，在抽象的社会中，个体基于自己或集体的力量，仍可以勇敢、有效地通过自身努力对社会造成深刻影响。

体育赛事种类繁多、层出不穷，广大的观众群体不仅享受体育带来的乐趣和刺激，每天还会积极参与俱乐部、健身中心或人们自发组织的与体育相关的健康、社交、娱乐和冒险活动。其目的是对抗社会变化在社会、精神和肉体方面给人们带来的附带影响，并追求社会适应性。拥有健康的、适合运动的身体，意味着人们可以参与互动，在组织中获得动力，在亲密环境中具备抗压性。时至今日，人们不需要给出任何理由就可以参与体育运动，反而如果拒绝或者不遵守对相关体验和行为的承诺，却要找种种借口。在社会现代化的过程中，当人们为了培养和塑造自我而建立通向身体世界的通道时，他们不会任意为之，而是有针对性地在体育运动的理想身体和理想人格的基础上进行。因此，体育这一社会领域总能基于积极的内涵意义和标准，不断地调动大量社会成员进行运动，同时潜移默化地让他们参与消费和娱乐，这种巨大的号召力尤为令人惊叹。

尽管体育在个体行为者的生活层面和组织与社会子系统的层面上都引发了极大的关注，然而这一社会领域并不具备悠久的学术分析传统。这一点可以从该领域的社会学研究进展状况得到验证。作为社会学和体育学的科学分支，体育社会学直到20世纪60年代才迎来了学科突破，而在几十年前，体育就已经成功地成为现代社会子系统，并与经济、政治、大众传媒和公众建立了广泛的联系。其他与体育相关的学科，如体育医学、体育教育学、体育心理学、体育史、体育教学法或训练和运动理论早已牢牢占据了体育学科内部的垄断地位。本章旨在用体育社会学方法对各个学科进行分别分析，这些分析是在现代社会中专门进行的社会学观察和描述，并有意识地以命名表达这种关切。因此，获得自主权和独立性的过程是兴趣的重点，以此不断重复构建学科系统并应用于自身。

为此，本章将用学科内部的特有方法观察和描述选取的体育社会学的某些方面。其中，第一部分介绍体育社会学的重要开拓者。第二部分介绍体育社会学的决定性的发展阶段。第三部分说明为体育社会学学科分化做出贡献的影响和驱动力。第四部分勾勒体育社会学的核心领域：社会中的体育。第五部分对体育社会学的研究层次和理论取向进行了分类。本章探讨了体育社会学的应用，并从分化和文明的理论角度推导体育社会学在社会学声誉中的等级地位。

一、开拓者

19世纪下半叶，体育运动和比赛在城市里的民众中产生了广泛共鸣，但在19世纪初其影响力并没有大到能够建立一个专门的、自成一体的学科。游戏性、随意性、模仿性的和好斗性的活动被归入娱乐和廉价的消遣领域，并被认为不具备什么科学价值。在当时已发表的学术论文中，体育运动和比赛一般是作为边缘话题或者是为了研究其他问题而出现的。尽管在当时并不存在一个同质化的、有独特认知的、自我反思的、制度上有保障的、以社会学方式持久稳定地阐释体育运动的学科，但是有助于实现关于体育运动和比赛现象的不妥协的、高度依赖于人的、多视角的科学交流，为建立和发展体育社会学学科的思想和观点打下了坚实和广泛的基础。民族学家和文化人类学家将注意力集中在陌生风俗习惯中的仪式、比赛的形式和内容及前现代时期的身体和运动实践上。美国画家和北美土著文化的早期民族学观察家——乔治·卡特林（George Catlin，1841）——曾研究印第安人的比赛和身体实践。在他于1834年进行的一次探索之旅中，除了众多赛马、舞蹈、拳击比赛和跑步比赛，他还观察到来自今天密西西比和俄克拉何马州的乔克托族印第安人用网棍快速击打的球赛，并为这种以竞争为导向的活动所体现的暴力、速度和身体倾向深深着迷。参与者将这种类似于长曲棍球的游戏称为“战争的小兄弟”，并非毫无缘由。[①] 卡特林参加的活动不是现代意义上的普通体育比赛，而是神圣的仪式，在这些仪式中，人们将创世故事及随后的善恶间的斗争重新演绎。除此之外，这些在歌曲和舞蹈中的激烈的竞争和格斗比赛隐含着一种以可控的方式处理冲突和紧张的功能。作为“出气习俗”（Vierkandt，1931），它们为各个部落提供了在非战争预兆下相遇和互相较量的机会。喜爱互动、遵循分段、分化的结构原则的部落社会，显然倾向以战争和狩猎为主的比赛，其中男人与男人之间的一对一或团体的直接斗争是很重要的，相应的身体和心理特征会被模仿训练。最初的游戏可能会持续几天，由裁判监督并在较量双方事先定好的比赛室中进行。萨满会给参与者提供精神上的支持。在一些部落中，这种较量经常出现的最终结果是用马匹、毛皮、家庭用品，甚至妇女和儿童作为赌注来打赌（Vennum，1994；Conover，1997）。英国和法国拓荒者于18世纪第一次看到这种游戏时，对双方互相之间对抗的残酷激烈性及比赛方式的伤害性感到震惊。[②]

在牛津大学任教的英国人类学家爱德华·伯尼特·泰勒（Edward Burnett Tylor，1879）延续了19世纪40年代人种学研究的传统，并撰写了《比赛史》。在其比较分析中，他主要关注那些跨越起源地边界，融入其他文化并适应当地条件和传统的比赛。他以1896年美洲的“抓阄游戏”为例，试图证明在哥伦比亚时期，美洲与亚洲存在社会文化联系。由此，他基于跨文化比

① 参见华盛顿特区史密森尼美国艺术博物馆收藏的乔治·卡特林（George Catlin）的画作《乔克托球赛》，或乔治·卡特林虚拟画廊重印的《苏族球员阿诺·杰南格，“同时支持两边的人”》。

② 所有的北美印第安聚居区中仍然可以看到类似的游戏。作为对此类游戏的文明化的延续，美国的高中和大学会举行相应联赛，而它也是体育课及体育教师培养项目的重要组成部分。关于乔克托球赛，参见索尔特（Salter，1977）和布兰查德（Blanchard，1981）的文章。

较的比赛研究奠定了重要基础，该研究在20世纪曾引起极大关注，并且在心理学、教育学及其子学科，以及体育和比赛教育学中产生了自身的认知成果（Sutton-Smith，1972，1978；Avedon et al.，1971）。玛利亚·T.埃里森（Maria T. Allison，1982，1995）继承了以上传统，研究了体育、比赛和休闲活动中的文化差异，以及探究英裔美国人以成绩和成功为导向的篮球比赛与纳瓦霍印第安人团体比赛之间的差异[①]。

赫伯特·斯宾塞（Herbert Spencer，1861）是社会学的创始人之一。他探讨了身体对于教育和表现性别身份意识的重要性，并明确了比赛消耗多余能量的作用。他怀疑成年人没有对青少年一代的身体状况给予足够的重视，并建议他们用教育的方式正确使用有助于身体成长的基本准则。他证明了，虽然有了更致力于健康的生活方式和更好的医疗保障，但孩子与父母一代相比在身体素质上有明显的不足。在关于体育锻炼的论述——《体育运动》中，他讲述了现代生活方式的危险，父母的负担过重，以及其造成的对儿童和青少年身体方面进行适当指导的困难。斯宾塞在当时就已经开始着手解决营养过剩和营养不足的问题，意识到适量饮食、穿合适的衣服、身体通风换气和锻炼的意义。移居到其他国家的德国人将体操（gymnastics）传入德国。体操在这种身体锻炼不足的状况下“聊胜于无”，但形式化的肌肉训练比系统的锻炼发挥作用的效率低。在体操运动中，一些身体部位较少被使用，斯宾塞从中察觉到了“不平衡发展”（Herbert Spencer，1861）的危险。除此之外，体操比较单调而且缺乏娱乐性，因此不如比赛更具有刺激性。与体操相比，他认为比赛具有“内在的固有优势”（Herbert Spencer，1861）。斯宾塞秉持改革教学法的态度，批判了学校的残酷训练和在学校中盛行的时间管理制度。由于担心忽略精神世界，学生的身体问题反而被疏忽了。因此，身体方面的损失是无法估量的。这样一种僵化的管理模式和只针对头脑进行训练的学校体系会系统地“削弱”学生的健康，带来“慢慢积累的身体退化”这一紧迫的危险。“我们现在是关心头脑而忽视身体，而不是关心身体而忽视头脑。”

---

① 玛利亚·T.埃里森（Maria T. Allison）在德国社会学家君特·吕申（Günther Lüschen）处获得博士学位，后者还曾在伊利诺伊大学厄巴纳-尚佩恩分校教授体育社会学。

文化评论家、经济学家和早期社会学家托尔斯坦·凡勃伦（Thorstein Veblen，1899）在其撰写的论战和讽刺性小册子《有闲阶级论》中，将注意力放在美国的世袭社会等级群体的缺失上，并在这一背景下研究了金钱贵族如何经营其名望的。他认为，金钱贵族从单纯的商品积累逐渐转入对名望和声誉在原则上的无尽追逐中。首先，他们具有以一种最大可能远离生产劳动为特征的示范性的游手好闲。其次，他们拥有炫耀性的个人消费方式，将最好和最高级的物品占为己有，故意让同时代人产生忌妒情绪。他猛烈抨击财阀的贪婪，并区分玩弄金钱者用来强占同时代人的工作成果的“金融”技能，以及用来制造和分配必要商品的“生产性”的工作。凡勃伦认为，“寄生虫似的”经济领袖的声望并非基于典范性的生活方式和勤奋，而是基于“挥霍”。这一挥霍的习惯具有打造流行风格的效果，并且由于他们的榜样经常被效仿，反过来又支撑了金融精英的领导力。[①] 在不平等、习性和闲暇时间的相互作用下，凡勃伦探讨了各种体育行为和文化活动的作用，上层阶级的成员试图利用它们，通过挥霍“无用的”时间和精力来获得社会声望，并尽情宣泄古老的掠夺冲动（Herbert Spencer，1861）。按照布尔迪厄（Bourdieu）的说法，他就是通过这种方式成为首个结合习性、体育和不平等来研究社会现象的社会学家。

社会心理学家诺曼·特里普利特（Norman Triplett，1898）在一项实证研究中探讨了“比赛的动态因素”，并分析了领跑和比赛对自行车车手和儿童的影响。根据他在实验室中测试的猜想，身边存在另一名车手时，对运动员来说可以视作一种刺激，能够激发运动员的竞争本能，并调动起运动员独自骑车时无法支配的“自由神经能量”。除此之外，当人们看到视野范围内飞驰的对手速度更快时，这就是对他们提升成绩“投入更多努力的激励”（Norman Triplett，1898）。

乔治·埃利奥特·霍华德（George Elliott Howard）——历史学家、社会学家以及后来的美国社会学协会主席——于 1912 年 4 月 26 日在芝加哥举行的“体育锻炼与保健卫生会议”上发表了演讲，该演讲后来刊登于《美

---

① 对这本论战文章的支持与反对观点，请参阅 C. 赖特·米尔斯（C. Wright Mills，1953）撰写的前言。

国社会学杂志》，题为“观众的社会心理学”。霍华德利用当时文化批评的整体知识，研究了一种自19世纪下半叶起越来越重要的现象：在不断改变的休闲和娱乐需求的背景下观众的角色和行为。霍华德的分析与如今的分类相反，他将社会心理学看作社会学的一个应用导向的子学科，认为“社会心理学是社会学的最佳应用表现”。此外，他以“观众群体与体育现象”为题研究了参与大学间体育比赛的活跃观众的行为，以及在看台上或体育场外热情地为母校卖力呐喊的观众的行为方式。[①]尽管霍华德认同比赛对“身心和道德健康”很重要，但他猜想大学里的观众体育对高等教育是一种威胁。因为大学生上大学的真正目标本该是受教育和有成效地学习，而他在竞技比赛中嗅到了精力分散造成的危险。此外，观众的身体素质会在被动观看中逐渐退化，这一点令人难以接受。为了满足工作和休闲的新需求，他建议改革大学内外的体育比赛文化。作为分析基础，霍华德选择了双重的危机情境。第一重“生理危机”源于人类与其他生物通过直立行走的进化成就而分道扬镳的结果。第二重危机源于蒸汽机和电力的发明，人们由此持续陷入身体使用的停滞状态，并“丧失警惕”。以往面向公众的综合性体育比赛如今几乎完全被新的室内活动所取代，这一点在城市中尤为明显。运动员成为仅有的还在进行身体运动的人，但是他们的行为并非比赛，而是属于工作性质。霍华德对于观众表现的情绪不仅持批判态度，甚至还强烈反对。他认为观众在体育比赛中过深的情感投入构成一种危险，因为投入的代价是观众自身不去进行运动。然而，有些损失可能会超出“比赛观众群体”的作用。例如，霍华德发现在棒球比赛中，有一种强大的民主式

---

① 19世纪美国大学开展的第一批比赛项目包括划船、棒球、田径和美式足球。第一场划船比赛是哈佛大学与耶鲁大学之间于1852年举行的比赛。这场比赛的参考对象是英国牛津大学和剑桥大学自1829年以来每年都会在泰晤士河举行的赛艇比赛。1858年，4所美国东海岸大学成立了所谓的“大学联盟帆船赛”，1859年就已经吸引了超过15000名观众（Riess，1995）。大学间的第一场棒球比赛于1859年与赛艇比赛同时举行。1879年，大学棒球协会成立，成为第一个“校际棒球联赛”。1873年，不同大学之间的第一次田径运动会也在赛艇比赛的附带计划中举行。1875年，10所大学成立了“全美校际业余运动员协会”。作为最受欢迎的大学体育运动项目，1869年在罗格斯大学和普林斯顿大学之间进行了第一场大学生足球比赛。1876年，在达成了统一的比赛规则后，第一场大学生足球联赛拉开了帷幕。

媒介在起作用，将场馆中的观众一视同仁，观众的个性化不再受到关注。“观众席上人山人海，囊括各个年龄的人群，男女都有，他们来自各个不同的经济阶层，有不同的社会地位、宗教信仰和智力水平。他们在看台上大声呐喊、激动地做出手势、宣泄感情。如果忽略阶层或职业差异，他们本质上都是相同的人”。尽管如此，霍华德仍然提倡取缔美国大学间的体育赛事，以避免相关的负面影响。人们会忽视更加健康的休闲活动形式，体育的高声望也会使智力活动和成就相形见绌。一所大学的声誉将会过多依赖少数运动员的体育成就，他们作为半职业运动员取代了业余运动者和大众体育文化的参与者。霍华德在观众步调一致的喊叫、咆哮和鼓掌中看到了一种“精神上的扭曲”，这种情境最多适合作为市政府或更高官位的后续活动的训练机会。与之相反，他呼吁更为文明的戏剧化形式的身体回归：“我们是否敢于寄希望于有一天，教育性的戏剧、高雅的影片和新式道德剧将取代滑稽歌舞杂剧、歌舞杂耍和游乐场活动。”

19 世纪末，体育运动由英格兰传入德国，用于对抗体操的盛行，但在当时的德国社会学著作中只留下了些许痕迹。格奥尔格·齐美尔（Georg Simmel，1908）在其辩论分析中研究了社会竞争的社交和情感诱发的功能，并强调了成绩原则的合法化作用。齐美尔认为，将注意力集中在竞争关系的负面和破坏性影响上，无理地阻碍了关注其“巨大的社会化效应”的目光。因一旁有竞争者而被迫成为真正竞争者的人，让人们靠近他、围绕他，探索他的弱点和优势并适应它们，以自己的存在作为寻找和建立与竞争者的一切联系。人们将现代的竞争定义为人对抗一切的斗争，但同时也是人为了一切的斗争。它也是关于“对掌声和努力的争夺”，“各种形式的让步和奉献，为了多数人的少数人的斗争，正如为了少数人的多数人的斗争”（齐美尔，1908）。齐美尔通过暗示在比赛中以战斗为导向、自成目的的统一力量，来说明他关于竞争的社会化影响的观点：“我只知道一个事实，即为了自己进行战斗和取得胜利的吸引力，除此之外，在内容方面就是推动对抗的最终构成唯一动机的特点：比赛就是除去比赛之外没有其他胜利奖励的游戏。”“技巧型比赛”具有“成为自己的主人并战胜他人的纯粹社会学吸引力”。在“危险型比赛”中“缺少竞争的本质：个体能力的差异是赢与输的原因”（齐美尔，1908）。基于成绩的成功有“使人安心”和“客观化”的作用，而基于运气和偶然的成功只会产生“忌妒和怨恨”。

马克斯·韦伯（Max Weber，1920）在其宗教社会学著作中附带讨论了清教徒对体育的兴趣，并彻底审视清教主义普遍敌视身体的常见形象：“此外，是清教主义对体育的反感，甚至在贵格会信徒中也全是如此。体育不得不只服务于恢复身体工作能力的理性目的。同时，体育被怀疑用作放纵本能进行无拘无束生活的手段，倘若它成为纯粹的享受品，甚至激起好斗的野心、野蛮的天性或者非理性的赌博欲望，自然应该受到谴责。从工作和从宗教信仰中剥离出去的本能的生活享受，同样也是理性禁欲主义的敌人，无论它的表现形式是一种‘达官显贵’的运动，还是普通人去舞池和酒吧运动。”①此外，韦伯（1922）在其《学术理论论文集》中批判性地探讨了鲁道夫·施塔姆勒（Rudolf Stammler）的作品（1906），研究了斯卡特比赛规则的含义和构造，并区分了规则的经验性功能和规范性功能。

第一次世界大战后，男女运动员在拳击比赛、足球锦标赛、六日自行车赛、赛车活动、横穿运河、飞行比赛、冒险穿越和爬山赛中不断引起关注和轰动。汽车手、摩托车手和自行车手在赛场飞驰，创造世界纪录，并作为新的、充满活力的时代化身，作为速度、加速和水平移动领域的王者，出现在感兴趣的公众视野中。技术创新为这些新活动提供了重要的物质基础。体育特有的胜败逻辑为感知领域和行动框架划定了界限。竞技体育主要始于19世纪末，在当时已有的民族国家中发展成为第一个“横向世界体系”（Willke，1998）。国际奥林匹克委员会作为超越国家的组织，组织世界各地的运动员每四年参加一次比赛，在规则内互相较量，无视政治取向、宗教信仰、出身和种族。1896年，第一次在雅典举行的现代奥林匹克运动会昭示着奥林匹克的起点。总体来说，体育代表着活力、自信和觉醒。除了以紧张刺激的比赛内容吸引群众的观赏性运动，参与式运动还使人们以身体和个人为导向，积极、自主地表达作为主体而非客体的感受。在当时那个时代，许多人仍然承受着第一次世界大战引起的饥饿、死亡和残疾，社会被大规模失业和沉郁的气氛笼罩，大规模的移民潮在发生，左、右意

① 参见施奈德（Schneider，1968）对清教主义与体育锻炼之间的关系进行的验证性研究。

识形态相互斗争；特别是在 1919 年，人们还受到《凡尔赛条约》的制约，这被许多同时代男性视为对自尊的伤害，并以复仇的欲望和“背后一剑”来应对和反抗。此外，第一次世界大战后，传统价值秩序的崩塌及由此引发的社会冲突激起了许多人的危机感、无力感和挫败感。

1921 年，世界上第一本明确研究“体育社会学”的专著由年轻的海因茨·里斯（Heinz Risse）撰写。当时，体育作为大众娱乐的地位很高，但德国大学正准备将体育建设为以实践为导向的教育学科专业。[①] 受当时学术环境的启发，里斯（1921）开展了全方位的文化批评式分析，在书中，他对现代社会的典型表现进行了概括和尖锐的抨击：第一，“腐烂深入骨髓的”大城市；第二，对“讨论过上百次的原则”争吵不休的政党；第三，“沉闷且附庸风雅”并放弃“自然性”的当代艺术和文化；第四，知识分子的“软弱无能”，仅仅通过其“贫瘠的美学”隐藏在文字背后，并且无法有效地解决亟待处理的任务。里斯批评知识分子失去了“群众的领导”。许多人开始不受知识分子的控制和影响，而是从事其他形式的活动，即进行体育运动。对体育的青睐反过来让脑力劳动者诋毁这项新的“运动”是“缺乏精神的”“粗野的”“无意义的”。里斯借鉴尼采（Nietzsche）的生活哲学的主张反驳了对体育运动的侮辱：“我们不需要美学原则的夸夸其谈，我们不需要讲究挑剔的无教养，我们只需要意志。意志不是在文人的咖啡馆里、不是在歌舞场中、不是在舞池里形成的，而是在运动场上。”里斯希望通过他短小的文章（1921）——他的自我诠释——分析和记录体育对社会的成效和意义，以及“它（体育）作为未来、作为巨大的希望，对我们来说意味着什么”。里斯将人们可以用来成功应对现代社会中无数衰亡征兆和动荡的强大对抗能力归入体育中——通过体育可以实现“意志的教育”，对抗“唯理智论”（1921）。

然而里斯看出了体育深陷危机。当代的职业体育是“颓废的”，尤其是原始性成分增多的部分。此外，为了提高体能表现、创造新纪录，训练、服装、后勤、科学陪同的合理化及体育场地的一致化都成了体育发展的必要准备。

① 第一所德国大学式“体育学院”于 1920 年在吉森大学成立，参见吉塞尔（Gissel，2006）的文章。关于 20 世纪 20 年代的体育，参见贡布雷希特（Gumbrecht，2003）的分析。

这一情况创造了一种官僚主义的上层建筑，限制着体育的自由追求和创造力。他将体育运动理解为“除体操之外的身体锻炼”（1921），其中包含所谓的“草地运动”、水上运动、自行车和源于竞技场环境的竞技体育项目（如拳击和摔跤）。德国体操对里斯来说不属于体育运动，因为它创造的是一种“人为的、非自然的美”，并且通过其强制性规则剥夺个人的一切自由。练习室、封闭的体育馆和体操运动员的紧身衣都充分显示体操的局限性和思想观点。里斯并未将器械体操看作是逃避个人束缚的合适手段，因为它“是整个机械化系统的写照”。体操对他来说似乎也只是一项旨在控制肌肉的活动，它追求的目标是“通过定期进行简单的肌肉运动来达到最佳表现”（1921）。里斯（1921）将体育运动评价为“对将人类变为机器的整个社会系统的反应”。它是一种形式，是“被束缚的个体寻找的出路”（1921）。现代体育起源于英格兰，这一点非常典型，因为正是在那里，机械化劳动最先搅乱社会关系和人们的心态。体育代表着“给予个体再次行动的基础的尝试”（1921）。在体育竞赛中，个体可以极具创造力和创新性，取得重要的自由度，并通过创造纪录和高水平的成绩来争取和体验独特性。里斯的思想明显受到弗里德里希·尼采（Friedrich Nietzsche）的强烈启发和影响。尼采作为重要的极具声望的个体生命的倡导者，通过自己的哲学思辨对一切传统的哲学观点进行抨击和讽刺，对成长的青年具有强烈的吸引力。尼采创造的查拉图斯特拉这一虚拟人物，代表打破一切传统道德观念、追寻思想自由和个人意志的内心世界（Wirkus，1996）。体育运动可以满足人们彰显自我独特性和远离庸俗、常规的渴望，对此，里斯这样表述道：“不管是何种意志，只要是作为个体去完成的，在人的一生中至少要努力实现一次个人最高成就，并充分享受这种成就感的意志，才使人可以称为人。”机械化时代的人们，只有在身体文化领域——体育运动领域——才有表达个人意志的可能性。为了创造一项纪录，运动员随时准备牺牲个人健康。里斯将体育运动——就其内容而言——视为“对当下时代的社会心理整体特征的反应”。此外，就其“适应于这一习性的所有表达和组织的可能性”的形式而言，体育运动因此应被视为对这种社会心理整体特征的适应。

君特·吕申（Günther Lüschen，2006）对海因茨·里斯的著作中的社会学内容提出了尖锐批评：“尽管里斯的书中提到一些不能被人们理解的经验参考和理论概念，但他的作品还算不上是‘社会学’著作；此外，他引用的作者也不属于社会学领域。[①]这本书不符合任何分析研究的‘形式’上的要求。这本书的前几章表明，里斯几乎没有理解形式的概念，这一点在最后一章表现得尤其明显。在最后一章，形而上的分析也被理解为一种分析运动形式的方法。但是这一章一方面撕开了资产阶级内部禁欲主义的心态和现代社会中权力意志的虚无主义，另一方面也揭露了里斯所发现的体育运动的矛盾，他似乎早在 19 世纪 20 年代就通过这种矛盾预见了运动和体操的‘纯粹的区别’。”

阿尔弗雷德·韦伯（Alfred Weber）原本计划撰写一篇有关体育的博士论文，但考虑到有些专家可能还无法接受将体育作为一门适宜科学研究的学科，最终没有动笔。甚至社会学在当时也仍在争取大学的认可。[②]第一次世界大战前后的社会学，正如海因茨·里斯（Heinz Risse，1984）在几十年后回忆那时对科学的理解和学科间的竞争时所说的那样："谈不上有什么‘经验’特征，如果人们将‘经验’理解为一种基于深入研究所取得的事实而开展研究和描述的科学。1920 年前后，社会学进入已经存在的许多其他学科的领域；那些学科将访客当作入侵者，不将它们视为客人。”事实上，社会学在几十年后——20 世纪 50 年代中期——才开始作为大学学科完全被人接受。直到 20 世纪 60 年代末，社会学才开始通过持续扩大和整合来巩固自身地位。海因茨·里斯（Heinz Risse）曾出版相关著作，但几年后不再信服自己的作品质量，于首批印制 3000 本后召回了书籍，并希望之后不再与自己的体育分析联系在一起。在没有他的知情和同意的情况下，这一作品

① 读者无须赞同这一观点。在对某一社会学出版物的内容进行评价时，不仅需要评价其引用内容，还需考虑未引用的，但为作者在观点上所使用的文本。里斯（Risse）并未明确提及齐美尔（Simmel）和托尼斯（Tönnies），尽管他在许多论述中都参考了他们的研究结果。马克斯·韦伯（Max Weber）的观点也出现在其论述中。例如，在最后一部分，里斯提到现世的禁欲主义，称其为“在本质上参与了整个现代资本主义的诞生”。鉴于托尼斯、齐美尔和韦伯都毫无疑问是社会学家，海因茨·里斯的文章在早期社会学研究中的地位也不应被否定——尽管他的个别论述被人诟病。想想看他的文章中存在的具有高度臆测性的部分，这在最后一章中尤为明显，他提出了“形而上学”的思考。

② 里斯（Risse）在同一年以另一篇论文获得了博士学位。其第一本专著主要论述的是体育运动的社会学所具有的重要意义，参见皮尔茨（Pilz，1994）。

于 1981 年再次出版。出于批判性的自我反思，以及对自己的作品在国内和国际上引起的学术反响的惊讶，他（1984）写道：“由于在本书出版两三年后，我感到无法再相信由自己提出的观点——每一句都不得不自相矛盾，当年写这篇文章时我 23 岁，我一直想要忘记它。从来没有一个孩子像这样被他的父亲以如此愉快的心情扫地出门。”他认为，他当时支持的猜想分析有误，即认为体育以某种特殊的方式适合作为自我教育和取得成绩动力的手段。幻想破灭多年后，他继续关注体育运动的发展，并对业余运动员演变为“收费的古罗马角斗士”（1984）感到失望，他认为，这种情况可以在某些体育项目中观察到。在网球比赛中，他看到以商业化为导向的“巡回竞技场”在发挥作用，迫使男人和女人面对“残酷的训练”，并仅以其在世界排名中的位置衡量个人的价值。

里斯（Risse）的著作出版四年后，恩斯特·克拉夫特（Ernst Krafft，1925）描绘了一条“从竞技纪录到大众体育”的道路，并勾勒出“体育史的轮廓”。他强调了社会条件的重要性——特别是社会中的经济方向——以便理解从中水到渠成地演变出体育运动。“人们必须自己努力认清这些先决条件，然后其中的关系会自己显现出来”（1925）。他批评了不将体育锻炼追溯到“外部环境”，而是将其停留在“资质”和“品味”的人种学观点。克拉夫特从原始民族的“古老运动”出发，在这方面，他提到卡特林（Catlin，1841）用文字和图像记录的“印第安人的大众球类比赛”，阐释了古希腊的“古典体育运动”（五项全能和体操），并就此批判那些脑子里只有商业利益的“专业人士”的出现。在当时，人们自身的能力已经被“对陌生能力的惊奇”所取代（1925）。克拉夫特将中世纪的体育定位于骑士练习和马上比武，以及城市的民间节日和球类比赛。中世纪末期的“无体育时期”之后，他（1925）从 19 世纪初的体操运动和军事演习中看到了体育的复兴：“人从自然中的分离”“要求体育锻炼的平衡”。克拉夫特认为体育与社会发展之间相互关联，并将瑞典体操、英式赛艇、足球和网球比赛作为他这一观点的论据。20 世纪，工业化造就群众“对光和空气的渴望”，并在身体和技术的帮助下产生克服时间与空间的需求。体育运动中已涌现出的“创造性的人类”，能够并且应该成为“新的经济和社会秩序的载体”（1925）。克拉夫特认为，工人体育运动以其强大的团结和群体导向，可能成为向社会主义社会秩序转型的引擎。

1933 年，弗里茨・哈默（Fritz Hammer）在海德堡大学以一篇 69 页的有关大众体育的论文获得博士学位。在论文中，他试图清楚地以社会学方式研究这种在德国——尤其是在 20 世纪 20 年代——发展起来的新现象。体育运动广泛传播，质量和数量都在提高，他（1933）由此看到他那个时代“最为强有力的集体潮流”之一。在大众体育的基础上形成的体育团结，对他来说是产生、加深和保持群体团结的有效媒介。纳粹掌权一年后，维利・拉滕（Willy Latten，1934）在 1921—1934 年发行的德国社会学权威出版刊物《科隆社会学季刊》上撰写了唯一一篇与体育相关的文章，主题是“体育中的官僚主义”。其中，他探讨了魏玛共和国中体育日益制度化带来的后果。拉滕从体育运动的扩展、运动的社会伦理及公平竞争原则的合理化中看到了官僚主义的苗头。“体育在数量上的扩展”是和“19 世纪工业社会中工人的客体化”同时发生的，而且和“其个性在工作过程中受到的限制”及由此产生的“渺小感”有关。相比之下，体育赋予人们“在另一个世界之外创造了自己世界的社会系统中新的个体意义”（1933）。然而，这个世界的特点是“通过竞赛和比赛游戏，即通过竞争的原则分配名次”。体育的独特之处在于，基于将对手视为“势均力敌的人”的公平竞争原则，“为了存在的斗争”在这里仅仅被视为“比赛”。除此之外，机会均等原则也是体育的一个特点。互相竞争的各方通过对竞争的认同，建立了一个以无目的为目标的群体，有意地从“报酬的社会环境中”分离出来。人们对竞争、纪录、竞赛和冠军异常迷恋，这就创造出一个“由认可而形成的等级金字塔”。根据拉滕的说法（1933），体育协会的出现助长了体育的理性化和官僚化。体育规模的增长以及由此带来的复杂性使得名誉危机成为体育协会的核心任务。要么转由主要部门负责名誉工作，要么进行名誉工作方面的任务分工。但是这导致了名誉和社会认可的最小化及权限的冲突。由于各个部门都需要花钱，协会被迫通过会员费和入会费来筹集资金。这种合理化并非没有后果，而是会引起“误用的危险”，以及由专业化和商业化带来的“扭曲”。业余运动和绅士理想不断丧失重要意义，并唤起“贪欲”和利益谋取。城市居民对体育的强烈需求除了使得冠军和创纪录的动力占据主导地位，也在时间、客观、社会和空间上增加了标准化需求，并创建了自己的体育官僚机构，但机构越来越远离运动员的需求。拉滕（1933）就此更明确地深入研究了里斯（Risse，1921）的前期工作。在体育社会学分析中，他还研究了体育官僚机构与抗议之间的紧张关系，并强调体育中组织方面的上层建筑的自身目的特征。拉滕在其研究结尾中指出，泛滥的体育官僚主义可能会产生自我毁灭式的、带来猜疑的后果，在纳粹掌权且污染了时代精神的一年之后，他要求在体育中“引入领袖原则”：“每个官僚机构中的抽象性和隐匿性，会通过具体安排领导人，在重组中得以补偿。”（1933）体育运动的管理者应该独立于体育官僚机构，并因他们对体育根深蒂固的信任而获得合法地位。“然而，必须首先展示这种在体育中不仅仅意味着一致性的改变能够在多大程度上改变整个体育生活。”

玛利亚·克罗恩（Maria Kloeren，1935）在“文化社会学”领域发表了以《体育与纪录》为题的论文。文章的开始，她介绍了16—18世纪源自英国的关于摔跤、击剑和拳击的历史数据，令人惊奇的是，她选择了这些并不以创造纪录为目的的身体运动。这几个运动项目的运动员取得成就的关键因素，并不受追求分厘、毫克和分秒的优势的逻辑限制。这三种所谓的对抗性运动，更多的是在来来回回、反复的竞争中以胜败差异进行策略性、对抗性的实践。即使裁判员会给出分数，并且运动员个人的成绩也与此息息相关，但这种竞争比较并不是为了创造纪录或载入史册。另外，为了阐释这种格斗比赛作为“武器比赛”出现的合理性，克罗恩（1935）还谈到了决斗的文化历史。骑士进行捍卫名誉的决斗，其主要起因是在私自执法过程中，贵族往往通过金钱下注赌输赢将之变为一场比赛：“在那个时代，除了扑克和骰子比赛，网球和保龄球也属于此类比赛。”（1935）。一直到欧洲启蒙运动兴起，前现代社会的名誉概念才失去了意义，国家开始执行对武力的垄断和统治，正义不再被归为“上帝的裁断”，而是作为积极、正面的法律意义，由此，决斗失去了重要性，并经当代建议，被血腥程度较低的平等解决争端的形式——摔跤和拳击——所取代。“对于启蒙运动而言，决斗意味着要求上帝判断有罪和无罪。但这是极度不合理的，因为经验告诉我们，获胜的一方并不总是正义的，因此，在合法自然的事物发展过程中，超自然力量的干预——奇迹——并不存在。”（1935）

直到克罗恩论文的第三部分和最后部分，在强调了赛马养殖对于赛马运动的重要性之后，她才提到纪录思想的发展。为了解释其曲线研究的思路，她讲道："第一个体育权威机构与第一个体育组织一样，都促进了赛马运动的发展；因此，为了理解体育纪录思想的发展，我们必须先研究体育运动。"最好成绩一般只有在满足以下条件的前提下才能确定：首先，成绩是可测量的；其次，成绩是在相同条件下，但在不同时间由不同的人取得。如果没有测量单位的确立和计量学的进步，就不会有体育纪录。创纪录首先代表的是一项值得以书面和官方方式确认记录下来的杰出成就。无论是赛马还是所谓的"竞走"或赛跑，其以纪录为导向的特征更重要的是因为在"与时间赛跑"中取得胜利，而不是达到了创纪录的时间。根据克罗恩的说法，测量记录的思想并非起源于体育运动，而是源于"16 世纪的距离问题"。那个时代的旅客或者重要政治信息的送信人，必须克服旅途中遇到的种种障碍（天气、中转、拦路强盗等），徒步、骑马或乘船跨越两地的距离，人们下注赌谁能在最快的时间完成旅途。这方面的记忆可以确认为是一种"记录"。按照克罗恩的说法（1935），在两地间移动或者旅行的过程中对于更快速度的追求蔓延到了"恢复时长的兴趣领域，即运动领域"。其结果是"与时间赛跑"，而不是对抗在场的对手。

威廉·霍普夫（Wilhelm Hopf，1985）在回答她的问题时一针见血地指出，尽管克罗恩论文的副标题中有相反的主张，但其论文并不属于严格意义上的社会学研究。文化社会学的提法是她在其博士生导师赫伯特·舍夫勒（Herbert Schöffler）的建议下添加到副标题中的。克罗恩简历中的专业写的是"英语"和"体育锻炼"，因而她很难被视为研究型的社会学家。她的功绩在于收集并阐明了以前不为人知的关于 16—18 世纪英格兰体育运动兴起的历史数据和资料。

舍夫勒（Schöffler，1935）于同年出版了一本 86 页的题为《英格兰，体育之乡》的小册子，其中明确包含了由玛利亚·克罗恩（Maria Kloeren）收集的原始资料。他也希望为以下现象提供一个"文化社会学解释"，即为什么当时体育在英格兰将"所有人都变成像感兴趣的观众和参与者"卷入其中。舍夫勒描述了 1700 年左右发生的转变，阐述了拳击的起源，提到了决斗、"赛跑和赛车的社会发展"及博彩业。他注意到，在 17 世纪下半叶，源于上层阶级的赛马运动被下层阶级的摔跤、拳击和赛跑等形式的体育活动所迅速取代。通过压制决斗的贵族文明化、新兴的个人主义、逐渐出现的博彩文化、体育竞争的紧张与刺激及贵族的经济化，他看到英格兰体育发展的决定性因素。相比之下，在德国，直到1830年才出现第一场赛马比赛，而且身体文化被体操决定和掌控。

卡尔·曼海姆（Karl Mannheim，1935）在其主题为“转型年代的人与社会”的研究中简要提到了体育。由于魏玛共和国未能解决“现代大众社会的问题”，以及“旧自由放任原则”已不再适用，他寻求一种不会压制社会自我力量的计划。在题为“从直接影响到间接影响的过渡”的一章中，曼海姆以体育为例，说明“在后期发展阶段中的理性化导致更加自然化的存在”并且“有意识地反抗因规则过度化导致的非人化的后果”。曼海姆对此说道：“例如，维多利亚时代对工业化社会的性质理解过于狭隘，导致人们对非自然力量有着近乎狂热的偏执，而现代大众社会，尽管有着强大的组织性，却倾向通过系统化的身体文化、体育运动和新鲜空气督促其社会成员回归更加自然的生活方式”（1935）。曼海姆将体育看作一个向人们展现“公共休闲活动的真正乐趣”的机会，尽管他在其“创纪录式的狂热”中发现了堕落的迹象。然而，他们必须首先有意识地接受培养。非理性总归“不是在任何条件下都有害的”。一个“合理组织的大众社会”必须“寻找本能的阀门，如同清醒的日常生活需要通过全面的合理化来持续压抑天性。在此，人们可以看到体育活动、节日和聚会的作用，也可以看到大众社会中普遍的文化政治的作用。迄今为止，历史上所有的伟大文化都能够通过升华提炼来将灵魂的非理性力量引导到特定的轨道上，并赋予它们形态”（1935）。因此，曼海姆将体育视为一种社会环境，人们在其中可以通过文明的方式充分发挥并塑造他们在日常生活中受到压抑的天性。

在《社会科学百科全书》里的一篇文章中，阿尔贝特·帕里（Albert Parry，1934）将体育视为一种工具，它通过娱乐和分散注意力来巧妙地控制大众，防止发生社会动乱。他就此创造出一种论证模式，在后来的时间里又不断对其进行了稍许修正。城市和技术社会学家刘易斯·芒福德（Lewis Mumford，1934）曾思考“技术与文明”之间的关系，并将体育描述为一种群众骚动，在生活条件由于常规化和纪律化而要求变革，并且在生命的意义处于失去的危险中时出现。他认为“大众体育”具有补偿性和合法性功能，最初为了抗议商业化和机械化的体育，同时也成为商业化、机械化和规则化世界的一部分，即为了服务私人利益并实现民族主义的自我表现。然而，通过体育所产生的紧张刺激只能暂时在表面上缓和。按照芒福德（1934）的说法，与游戏相比，大众体育渴望着一点死亡和意外的刺激，正如人们很容易在赛车和空中运动中看到的那样。虽然最终可能失败，如不做计划就参加登山运动，但失败也是大众体育内涵的一部分。“但是，当人们不断被组织驯化和制度化后，并且沮丧到一定程度时，人们需要至少换个方式参与某种挑战——无论是力量上的、技能上的，还是明星主义的壮举——来维持其在社会中逐渐减弱的生命意识，而大规模场景意义上的体育运动，因其死亡的可能性增加了人们潜在的兴奋和刺激，便在此刻适时出现。”对体育文化来说，它接近生命的终点，追求刺激和伤害，其典型特征是对喧闹、轰动、受虐倾向爆发及至最终的流血伤亡的呼唤。作为这一点的例证，芒福德（1934）不仅提到了恺撒（Cäsar）统治下的罗马和蒙特苏马（Montezuma）统治下的墨西哥，还提到了纳粹统治下的德国。“这种男性阳刚气概的替代品和虚张声势的表现恰恰是证明人们具有集体无能和普遍性的死亡冲动的可靠论据，也就是披着大众体育的面纱，在如今的机械文明社会中无处不在的终极腐朽气息带来的危险症状。”全球机械化和技术化的主要目标在于使一切都具有可计算性和非随机性，而体育则反过来歌颂随机事件和意料之外的事。被机械化压抑的人和物在体育比赛中欢聚，用充沛的感情表现和武装自己，塑造惊人的感性回归。发生意料之外的事时，人们会惊恐地叫嚷，这不是惊讶的表现，而是满足了某种预期的评价。有声影像媒体继而通过新闻或一周新闻简报将轰动事件和刺激场面在世界范围内广泛传播。不断地重复带来了枯燥、无聊，因此产生了人们对更多身体暴力的新需求。

在体育运动中，芒福德注意到三个被公开展示的元素：大型奇观、比赛竞争和现代角斗士。这场奇观展示了工业文明中失去的审美元素，尤其是文化上的贫瘠和匮乏：“此外，这场奇观本身就是机械化文明社会为所有无法接触其他形式的文化的人提供的一种美学意义上的满足感：观众了解自己最喜爱的运动员的比赛风格，就如同画家了解其最尊敬的大师的代表性笔触和用色一样。因此，观众对投球手、赌马者、发球员、赛车手做出反应，不仅是为了看到运动员得分获胜，更是为了收获比赛这场奇观本身的美感”（1934）。观众的尖叫、歌唱或者咆哮不仅时刻伴随并建构这场演出，同时也强调了其重要性。观众在此承担着希腊戏剧合唱团的角色。如果切断了个体在日常生活中与他的同胞的身体亲近，那么在体育运动中，他就可以成为原始的、无差别的团体中的一员。运动竞赛的戏剧性唤醒了观众的运动技能，使他们的肌肉收缩和伸展，脉搏升高。观众可以从被动的日常角色中走出来，放任情绪自由，体会自己作为一个参与者和有影响力的人的感觉。

除体育运动的美学层面以外，供观众观看的比赛是一种介于表现精湛技巧的渴望和观看残酷事件的欲望之间的冲突。此外，体育运动随机偶然的机会性和对成绩纪录的持续追求一直处于持续的矛盾关系中。“运气是刺激观众兴奋的调料，增加了他们对赌博的热情。”从这个角度看，斗狗和赛马与需要更高水平的人类技能的比赛有同样的效用。这种背景下，芒福德（1934）批判了人们对创造永久性的体育纪录的渴望。对创造纪录的抽象兴趣已经成为许多体育项目的主要关注点。体育运动不再是人与人之间的竞争，而变成与抽象数值的对抗。由于人们致力于达到预期的结果，专业化运动中运气的概率也被大大降低。其结果产生如下问题：最初以戏剧形式出现的体育运动，却堕落成一场纯粹的表演和展览（1934）。“不惜任何代价要赢”取代了公平竞争的理想。

除了轰动和竞争，芒福德还看到了体育运动的第三个元素：新式体育明星。他们像士兵或者歌剧演员一样尽职尽责完成自己的职业任务。体育明星代表男性气概、勇气和奉献精神。在人类的身体已经不再那么重要的机械化世界，运动员对身体进行高强度的训练，代表观众驯服身体，并由此获得金钱、名望、荣誉和关注等形式的丰厚奖励。男运动员代表“火星战神”，女运动员代表“爱与美的女神维纳斯”。芒福德在同时代的女游泳运动员和在沐浴的美女中觉察到了代表维纳斯的女运动员的特点。在结束自己的竞技体育生涯后，她们转行到好莱坞开启另一种职业生涯，在游泳音乐剧和游泳表演秀中身穿暴露的泳装进行表演，刺激同时代的男同胞进行性幻想，试图在人造游泳池中传播阳光、海滩和享受美好生活的观念。体育明星具备业余运动员所缺乏的所有技能，而且最重要的是，他们非常有效率。此外，商业化的运动员常常会被记者抹黑，真正成功的运动员必须同时满足媒体和公众的期望："真正成功的体育明星，要满足群众的需求，必须在老鸨（皮条客）和妓女之间游刃有余"（1934）。因为在机械化社会，体育不再是没有奖励的游戏，而是价值百万的经济活动。人们为球员、教练员、体育场和设备投入巨额资金。最重要的是，"大众体育技术"已经影响到除体育运动以外的其他活动和生活领域。体育日益成为一种手段，无论是用于商业目的、娱乐，还是作为大众景观。然而，体育本身现已成为它最初反对的机械化的技术社会的一部分。这一事实不再期望它作为对机器世界的有力反击。

荷兰文化历史学家和哲学家约翰·赫伊津哈（Johan Huizinga）也在其《游戏的人》（1938）一书中探讨现代体育，由于现代体育失去了游戏性而不具备深层次的相关文化内涵。在技术、组织和科学的帮助下，体育只能充分发挥古时候的竞技本能，但是无法实现构建社群和创造文化的效果。体育运动已经越来越远离纯粹的游戏领域，而成为一个"独特的元素"，并在原本的文化过程外占据一席之地："体育运动已经变得不再完全纯粹，即使当政府要求行使其权力，它也不会与组织结构有任何有机联系……现代社交通信技术大大加强了群众性演示的对外效果，但技术的完善并没有改变这样一个事实，即无论是奥林匹克运动会还是美国大学校园里的体育组织，抑或是极力宣传的国际比赛，都不能使体育成为一种文化产物。然而，对于参与者和观众来说，体育运动仍然很重要，它依然维持着一种贫瘠、狭隘的功能，而在这种功能中旧时的游戏元素已基本消失殆尽。"①

1933年，生理学家和心理学家弗雷德里克·J. J. 拜登迪克（Frederik J. J. Buytendijk）分析了"游戏的本质和意义"。他指出了单纯的依恋和自主之间的紧张关系，并为未来的博弈理论奠定了重要基础。他认为，游戏的任务是为个人提供一种机会环境，"在那些严肃的行为无法做到的情况下，实现他的自我意识，发挥个性，直接探索自己最大的兴趣所在的方向"（1933）。他将从"纯粹的游戏"到体育的过渡描绘成一条从自发行为到受约束的存在的演变道路，从非专业化行为到行为完善和以目标为导向的成绩提升的

① 引用德语版（2006）。

变革。“对游戏中行动的自由进行限制的规则，成为体育运动的规则，正是这些规则决定一项运动的行为必须按照特定的规范完成。……而正是在追求完美的特定行动表现的过程中，体育运动奠定了其自身价值和规则。纯粹的游戏不包含这些规范性要求，属于完全不同的生活领域。动物们才是在玩耍嬉戏；只有人类的活动才叫作体育运动，而体育运动如果没有规范，就没有精神，就不会成为体育运动”（1933）。拜登迪克认为体育规则具有“负面意义”，因为它们不是在确定什么是允许的，而是在确定“什么是不允许发生的”（1933）。游戏是无目的的、无缘由的、面向无限可能的，而体育则遵循着“执行计划”，并且在时间和范围上受到限制。他认为，“如足球、网球、国际象棋和纸牌游戏等高等游戏”成功的秘诀在于其不可预测性，以及“运动的来来往往”。除此之外，拜登迪克还在其分析中指出一个重要情况，即游戏者——例如，通过球类运动的形式和由此产生的运动可能性及控制界限——同样在被游戏着：“游戏的含义不只是某人用某物游戏，而且也是某物游戏着某人。”（1933）

符号互动论的奠基人之一乔治·赫伯特·米德（George Herbert Mead，1934）指出了孩童游戏（play）和有组织的比赛（game）之间的区别、角色扮演如何运作，以及“泛化他人”对孩童的自我身份发展的意义。简单的游戏通常是模仿他人，比赛则是“一个通过组织化的人格发展而来的情况的例子。只要孩子吸收他人的举止，并允许这些举止决定他在共同的目标方面的行动，他就会成为社会的有机成员。他接纳了这个社会的伦理并成为其中一员。只要孩子允许别人采取行动，并且控制自己的不假思索的直接表达，那么他就属于比赛的一员。……比赛中发生的情节不断出现在孩子的生活中。他们不断地吸收周围人的态度，特别是那些影响他们或者他们依赖的人的角色态度”（1934）。当孩子学会用他人的眼睛看待自己并将“普遍的他人”的视角吸收进自己的意识时，自我意识就会得到发展，游戏体验也就会成为一般的生活体验（1934）。

20 世纪 50 年代末 60 年代初，体育运动出现在法国的休闲社会学研究的领域内，强调其与其他休闲活动相比的重要意义（Caillois，1958a；Dumasier，1963）。体育被视为消费社会的一部分，也被评价为从劳动世界的束缚中解放的机会。在随后的一段时间，罗歇·凯卢瓦（Roger Caillois）

十分出名，但他的休闲社会学分类研究却不那么有名。直到今天，他仍被认为是为游戏的多样性奠定秩序的人。在其引起众多关注的《人与游戏》（1958）的经典研究中，依据开头部分的首个正式界定尝试，游戏对他来说拥有特殊的特征：自愿参与和无强制性、游戏过程的时间和空间局限性，游戏的流程、结果公开化和无创造性，以及游戏行为的规则化和虚拟化。在其博弈论的发展中，凯卢瓦放弃了常见的卡牌游戏、技巧游戏、社会游戏、竞技游戏或赌博的划分方式，而是通过观察已知游戏的、他后来如此命名的“agôn”“alea”“mimicry”“ilinx”四个结构化特性来划分的。换句话来说，他根据“竞争类”“概率类”“模拟类”“晕眩类”四个标准来划分游戏。

基于这种划分方式，得出了游戏世界的以下概念。竞技游戏的特征是指至少两方之间以平等竞争的形式对抗。在存在不平等的情况下，人们引入规则，使对手之间的不对称最小化（例如，赛马中的障碍规则、各种对抗运动中的重量级别），而针对那些不可能减少或者消除实际上的不平等的比赛，如风力和天气原因不断干扰最初的平等条件，人们就会采用抓阄的方法，避免偏袒某一方。赌博游戏代表着随机原则，如骰子或彩票游戏中固有的随机性。这种游戏并非关于技能和技巧、力量、耐力或速度的较量，而是命运的偏爱，以及认清自己行为局限性的能力。玩家处于无法充分发挥自身作用的境地。因此，接受多年培训的准备工作对此毫无意义。游戏的结果可能会突然给个人带来巨大的惊喜或者令其落入失败的深渊。伪装和变装游戏意味着变成明确的他人。人们通过乔装打扮变成另一个人。旧的自我暂时被遗忘，并且被另一个自我所取代。孩子们扮演成年人，使用著名足球运动员的名字，模仿他们的动作，假装乘坐飞机或汽车，感受发动机噪声或者驾驶的操控感，或者模仿牛仔和印第安人，模拟他们之间的冲突。足球迷纷纷装扮自己，在自己脸上涂上一致的颜料，在短短几个小时内形成小团体，时刻准备对抗来自内部或外部的侵犯和威胁，捍卫自己一方的尊严。在以刺激为导向的游戏中，眩晕的成分占据了主导地位，即在行动的旋涡中心追求超越自我的刺激。人们高速坠落、旋转、滑行、飘浮或者穿越空间，将自己置于实际或潜在失控的状态。在空间和时间维度，主体方向的常用坐标失去了意义。人们在眩晕中捕捉自我意识，用条件反射代替反思。为了实现不同的效果，体会眩晕和陶醉的感觉，人们还可以使用各种技术辅助装备，如陀螺、秋千、滑雪板、冲浪板、滑翔伞、公路自行车、汽车或者飞机等。凯卢瓦认为这四种游戏类型处于相反的两极之间，即介于“ludus”和“paidia”之间。[①]“Paidia”代表自发的、即兴的、放纵的、混乱的和无序的。相反，“Ludus”则代表游戏中的能力导向和严肃态度。根据凯卢瓦的说法，与“agôn”相比，“ludus”中的玩家不会陷入与竞争对手的较量中。通过研究和思考，凯卢瓦不仅试图创立游戏的社会学，而且希望能发展出一种源于游戏的社会学理论（1958）。借此，他为数年后布赖恩·萨顿－史密斯（Brian Sutton–Smith，1972，1978）构建关于游戏和社会复杂性之间紧密联系的理论奠定了基础，而戴维·勒布雷东（David Le Breton，1991）有关风险和冒险体育的研究也基于此。

法国符号学家罗兰·巴尔特（Roland Barthes，1957）在其《日常的神话》一书中写道两个关于环法自行车赛的模型及“摔跤世界”。他利用日常和大众文化中的这些例子，表明现代的、拥有“启蒙的”和“去魔幻化”特征的社会不断产生新的神话和明星。巴尔特指出，人们通过法国一年一度的环法自行车赛接受自然的洗礼，而自然则变得人性化。评论员将凶恶、危险和阴毒等特质归于山脉。高山之一的旺度山，是摩洛神，一个将骑手作为祭品的“邪恶的神”。对环法自行车赛来说，有四种典型的运动形式：领骑、跟随、逃避和崩溃。谁率领着大部队，谁将做出最大的牺牲。他将用自己的身体挡风，并给队友创造一个可以隐藏其中并从疲惫、紧张中恢复体力的避风港。跟随者则总是有些懦弱而且具有背叛的特征。事实上，跟随者寄生于领骑者的行动。相形之下，根据巴尔特的说法，逃避者则具有明星主义的气质。骑手独自骑行，通常会在很长一段时间的孤独的自我牺牲之后被场地其余的队伍“吃掉”和“吞下”，从而成为一个明显的和以区别为导向的牺牲品。崩溃者在某一阶段由于过度疲劳或肌肉含酸过度放弃了逆流而上，成为公路上符号性的完结。在逃避中，身体拒绝骑手自身的意愿，并遵循它自己的逻辑。在其《日常的神话》一书中的另一篇文章里，

---

① 有关游戏类型和游戏方式的直观描述，请参阅凯卢瓦（Caillois，1958）提供的图表。

罗兰·巴尔特致力于研究一个“人们在其中摔跤的世界”。他强调了摔跤的表演特征，并指出这种暴力表演的活动并非体育，而是一场表演，其中夸张的手势和侵略性的身体动作及过度扭曲的身体形状，向狂热的观众传达来自明星和无赖的鲜明信息，以及胜利、复仇、痛苦和正义的戏剧性情绪。

社会学家和哲学人类学家赫尔穆特·普莱斯纳（Helmuth Plessner，1952，1956，1967a）表达了对20世纪50年代的惊讶，因为尽管体育具有“非凡的时代意义”，但是在这段时间被德语界的衬学和人类学所忽略。他将体育看作是一种“基本的特征”，是“我们现代社会中文化状态的基本表现”，并描绘了体育社会学的轮廓。他在映像和补偿理论的背景下探讨了体育与现代工业社会之间的关系，并认为体育有积极的机会，既可以有效地激活身体，又可以使人们在比赛中更加具有社会辨识度。体育不仅仅是游戏，因为成绩在其中扮演十分重要的角色。由于在体育之外，能够向上走的“机会和力量”稀缺不足，因此人们在不断寻找替代品，并最终在体育中找到。随着日常工作通过合理化过程变得更加高效、时间流逝感觉更快、本身更加碎片化，人们对无目的行动的兴趣逐渐增加。低分化社会中的游戏尤其适合作为大屏幕来观察个人日常生活中的压力和困境。“在人类将自身作为劳动者来理解时，”普莱斯纳说（1967a），“他们遗漏了相对应的领域。”① 几年后，汉斯·林德（Hans Linde）和克劳斯·海涅曼（Klaus Heinemann）在研究“绩效承诺与体育兴趣”之间的关系时，提出了“投射补偿理论批判”（1968）。然而，普莱斯纳（Plessner，1967）的理论认为，林德的经验主义批判并非无懈可击，并提出了对“个人提问”方法的反向批评：“我只是好奇，从这么多的现象集合中能否获得现代社会潮流的形象和它们的反应形式。林德研究的受访者并没有注意到挫折感、匿名性和补偿性愿望，对此我并不感到惊讶。”

阿尔诺德·盖伦（Arnold Gehlen，1957）在对“技术时代的精神”进行文化批判性研究的背景下指出，由于“经济和利益的压迫”及“制度的非感性”而产生的已改变的“体验方式”，已经在私人和公共领域有所体现。他断言，即使是体育运动也已转变为被动献身于大众的“演出”。此外，

① 普莱斯纳（Plessner，1967a）的论述是基于其1952年和1956年发表的短文。

体育如今已成为“国家怨愤的避难所”（1957），而不断发展的商业化给体育带来了“狂热、愤怒、花招和新闻策略”。于尔根·哈伯马斯（Jürgen Habermas，1958，1967，1975）也在其“关于工作和休闲之间关系的社会学笔记”中看到，体育运动只是劳动过程在休闲领域的延续。体育伪装成游戏，早已沦为表演型运动。职业选手成为观众花钱来观看和消遣的对象，体育中只有很小的“私有化的部分”尚未被纳入市场机制。

二、发展阶段

自19世纪中叶起，体育学的发展初期处在民族学家、文化人类学家、经济学家、心理学家、教育学家、哲学家、历史学家、作家、体育教育家、早期社会学家和文化批评家对体育和游戏进行附带的、陪衬的和无组织主题研究的阶段。当时的作者通常只发表涉及日常理论的见解，或者不加质疑地全盘接受体育教育者和运动员含有社会化和一体化看法的合法化言辞。在当时，体育要么被笼统地归入身体方面不体面、智力方面无要求及堕落的领域，要么被不加批判地看作极有教育价值的媒介，能够以特殊方式有针对性地对抗时代的缺陷和劳动生活中不断产生的情感贫乏。对于许多人来说，体育是一个真实存在的对抗衰落想法的世界，它的产生源于对社会现代化过程带来的粗暴变化和失去确定性感觉的反应。当体育在德国开始建立协会和联盟，并通过引发热情取得关注之后，对体育的讨论从世纪之交到第一次世界大战伊始逐渐增多。人们试图从不同角度观察和理解这种新兴的体育运动现象。这种努力日益增加，通过后文阐述可以证明。

爱德华·贝茨（Eduard Bertz，1900）首次撰写了全面的自行车的社会和文化史，讨论了这种作为交通工具和教育手段及“文化使者”的新型移动工具，权衡了自行车运动商业化的机会和风险，探讨了骑自行车的机会对妇女解放的作用，以及评论了功能合理的女性自行车服装的先驱意义。他认为自行车是“女性解放的预兆”，因为它刚好给女性带来了她们缺少的东西，即“通过充满力量和乐趣的运动去呼吸室外新鲜空气”。由于骑自行车是一项“危险的训练”，因此附加的第二重好处将是学会“专注、谨慎、从容、坚定、勇敢和毅力”。女性能够通过使用自行车，获得可以增强她们身体素质及精神的和道德品质上的德行，并将其用于她们的“解放斗争”。

然而，贝茨对女子自行车比赛持怀疑态度。他认为它们只服务于“男性的贪婪”，并且是“对女子天性的越轨和犯罪”。作为一项运动而言，贝茨（1900）只看到了业余自行车运动，而没有看到当时已经存在和不断发展的职业自行车运动。职业自行车手承接自行车公司和其他公司的长途骑行、环游活动，或者参加为期六天的骑行比赛，并为此获得相应的报酬。贝茨抨击这些人为“骑行人”，并把他们与走钢索的舞者、马戏团的艺术骑手、杂技演员和小丑演员相提并论。自从德国体操开始出现在学校操场，并发展出硬性规定和相应的练习要求，阻止了学生到空气新鲜的大自然中玩耍嬉戏，贝茨（1900）就在“英式运动”中发现，除游泳、滑冰、骑马、划船、徒步旅行和登山之外，骑自行车也是一种消除“强制性体操”带来的缺点的方式。当人们由于社会准入问题、匮乏的财政资源、不利的天气条件和消耗能源的工作任务仅仅能进行暂时的、形式有限的体育锻炼时，贝茨（1900）称赞这种两轮车可以作为一种特殊的疗养手段，在不给人们带来过重负担的情况下让人们进行体育锻炼，并为他们提供非凡的飞驰和穿越空间的体验。针对忙碌、噪声和空间接近带来的不断升级的、神经紧张的城市生活，他没有如人们预期的那样提出类似格奥尔格·齐美尔（Georg Simmel，1903）的建议，将骄傲自大、冷漠拘谨、个人主义和奢侈铺张当作应对措施；相反，他支持广泛使用自行车，即支持一种以身体和运动为导向的实践：“那些处在任何地位和年龄都无法逃脱的现代生活的过度刺激和一切形式的神经衰弱，在自行车运动面前都不得不低头退却。”①

欧根·山道（Eugen Sandow，1904）将其同时代人缺乏精神力量的表现视作一种常见病，他想通过一种新的身体文化来消除这种疾病：“许多人晚上疲惫地上床睡觉，清晨又一身疲惫地醒来。也许大部分人都清楚，日夜承受着过度竞争引起的神经紧绷意味着什么。”② 他建议用哑铃、球杆、手部支撑、铁饼、棍棒、“胸肌增强”和拉伸器械进行力量训练来改变这

---

① 1880—1890 年关于神经衰弱、焦虑心理的变性与法国体育运动之间的关系参见奈伊（Nye，1982）的文章。

② 批量生产的铰链传动、滚珠轴承、自由轮和充气橡胶轮胎在 1900 年间神经学话语中发挥着重要作用，以及以技术为定位的拯救与革新式投影，参见历史学家拉德考（Radkau，1998）的文章。克恩（Kern，1983）也讨论了对于速度的崇拜。

种情况。这种训练不仅是为了锻炼肌肉，也是为了培养意志力及“训练自我控制和节制的习惯”。此外，人们可以通过定期进行以力量为导向的训练获得自尊和他人的尊重，并“整体提高整个人种的平均体质”。实现目标不是对力量型运动员的奖励，而通向目标的过程本身才是。为了使他的主张尽可能贴近更多的人，山道将他的想法以体态化的形式带到了舞台上。他的力量展示和歌舞杂耍表演吸引了全世界的观众，并于20世纪之交成为首个经常被效仿的现代力量体育和健美宣传者。他接受与人类或动物搏斗的挑战，并赢得了许多赌注。“山道谨慎地将自己与马戏团表演者和奇形怪状的人——这些大受欢迎的照片人物——区别开来，他拍摄的照片表明他希望能达到与顶尖演员比肩的地位，甚至希望照片成为艺术杰作”（Kasson，2001）。在工作室拍摄的照片中，他模仿古希腊和古罗马雕像的姿势，扮演绅士和花花公子的角色，表现出现代运动员或当代自行车手的样子。在所有的表演中，他都将自己塑造为男性完美的化身，并提供了一个今天的健美先生在表演中仍在借鉴的蓝本。山道用以肌肉为基础的超男性化和男性气质的形象弥补了迄今为止的理想男性美感和力量的缺失。因此，他成为女性和男性渴望的对象，尤其是他在表演中经常只身着无花果叶和罗马式凉鞋登场，这即使是在现在也不同寻常。他建立了以裸体、白人、肌肉发达的男性身体为主导的美学参考体形，并成为男性统治的复兴标志，以及自我蜕变的意志的物质基础。[①] 在一次次的表演中，他有时会惊讶地意识到这样一个事实，即他本身也是来自台下的观众群体，却给他们展示了令人印象深刻的体育课程，但在表演完毕穿好衣服后，他仍要回归到日常角色中。他给了同时代的男同胞承诺——他们同样也可以通过复杂的训练、相应的意志力和自我节制获得自己真正想要的身材。基于文化批判、医学评估，以及男性的完美理念，山道呼吁同代人重新定位他们与身体的关系，并倡导大家进行整体力量练习。他认为忽视身体是一种“罪过”，因此提醒人们“关心身体”。学校必须更加认真地对待体育教育，并且必须配备

① 70年后，阿诺德·施瓦辛格（Arnold Schwarzenegger）和西尔维斯特·史泰龙（Sylvester Stallone）的影片拍摄工作使壮硕的肌肉型白人男性形象得到了复兴——这是典型的应对越南战争失败导致的对美国男性形象信心丧失，应对广泛的移民潮和新式女权主义兴起的方式（Kasson，2001）。

相应的后勤保障。

山道（1904）——同爱德华·贝茨（1900）、格奥尔格·齐美尔（1903）及其他同代人一样——借鉴了纽约神经学家和电子治疗师乔治·米勒·比尔德（George Miller Beard，1869，1880，1881）对现代神经病痛的解释方法，后者因提出“神经衰弱”的概念而蜚声全球。根据比尔德的说法，社会急剧变革导致人们处于单方面的超负荷状态，不可避免地使人们的神经系统失去平衡，引发焦虑和疲劳问题，如睡眠障碍、消化问题、阳痿、头痛和紧张等。对于造成人们神经衰弱的原因，比尔德认为是由于人们——特别是位居关键位置的人们——面临由经济竞争、宗教的腐蚀、蒸汽机的出现、大众媒体、电报、科学进步和妇女解放引起的巨大变化。根据他的猜测，当身体某个部位过度使用有限的能量时，会导致身体其他部位产生缺陷。经济竞争导致的心理活动增加，主要反映在大脑的过度使用、能量消耗增加及外围损失上。“这样一个要求苛刻的环境，使神经衰弱不可避免”（Porter，2001）。比尔德认为，摆脱苛刻的行为期望，如节食、个人卫生和电子模拟刺激等，可以使人体的能源储备重新达到平衡。比尔德试图用神经衰弱的概念，以一种超出对女性歇斯底里的指控、听起来更为合理的统一模式，归纳了主要由美国中上阶层的男性所承担的超负荷。通过研究，他建立了一种一直延续到第一次世界大战开始之前的解释理论，并引发了医学和精神病学领域的变化，也对相关运动领域起了作用。

因此，体育教育者认为，有针对性的身体训练可以对社会变革产生的负面外部效应起到补偿作用。对男性力量、强权和执行力的崇拜不仅体现在 1900 年普遍出现的军人美德形象上，也体现在与此相关的男性肌肉力量的升值上，正如欧根·山道（1904）在自己的力量训练室通过个人展示和广告传达的那样。[①] 他倡导的健身在功能上等同于军团学生推崇的男子气概仪式。这两种做法虽然效果差异很大，但都是为了在身体上留下明显的痕迹。男子气概仪式不同于力量训练，后者旨在充分利用每个肌肉群，改变整体肌肉轮廓，实现肉眼可见的身材改变，改善身体体验，而前者旨在以面部

---

① 关于 1900 年以来在德国体操和体育俱乐部开展的力量训练和健身运动，请参见魏德迈－科尔韦（Wedemeyer-Kolwe，2004）的文章。

疤痕为主体提供象征资本。社团学生在决斗场地用柳条击打对方的面部，在此过程中双方不能移动双脚，也不允许采用防御姿势。为了证明自己是一个不会在挑战面前退却的、光荣的、有战斗力和勇敢的人，学生必须在大学里的“决斗兄弟会”中通过流血、伤疤、忍耐疼痛、攻击性、善饮酒来证明自己，而这通常是女性开始要求获得公民权利并成功进入德国大学学习的时候。通过夸张的硬汉型外表、仪式化的纵酒、强烈的男性组织倾向及时刻准备划伤自己脸部的决心，社团中的男性使自己远离女性形象。

虽然 19 世纪下半叶的妇女解放运动给男性造成了相应的不安全感，但男性在力量运动中仍然能够创造，并以明显的方式展现出古典男性美德。男性仍可以借助哑铃去展现特定的品质，这些品质在工厂遍布的机械化世界和官僚机构的格子间里已经变得多余。随着诸如内燃机和低声嗡嗡作响的电动发电机组等技术发明涌现，男性的肌肉早已在大部分劳动生活中被技术取代。在新的员工角色中完成典型的工作流程，并不需要拥有结实的肌肉。国家手中的权力垄断也导致男性将其主要基于体能的权力基础转移到了外表上。随着远程武器的发明及杀戮的去人格化，军事方面也不再对肌肉强壮的士兵有大量需求。相比之下，山道所宣传的力量体育则代表了一个尊崇力量的特殊世界，在这个世界中，被排斥者经历了严格的蜕变过程，并作为新的身体和人格的理想典范反过来重回社会。大众媒体和 19 世纪下半叶兴起的摄影技术引起了全世界对营养过剩和身体肥胖对男性身体影响的关注。

作家和笔迹学家海因里希·施泰尼茨（Heinrich Steinitzer，1910）曾在一项小型研究中用登山运动来特别地考虑体育与文化之间的关联，批判性地研究当时的竞技体育，在名人的运动禁欲中看到了崇高品格的苗头。在试图弄清楚体育的本质时，他抵制用辞源学和历史学对体育概念进行阐释，而这种解释在他当时的时代是非常普遍的。他并不想知道体育运动在早期历史有什么意义。“我们只想知道它现在意味着什么”（1910）。施泰尼茨认为，体育概念的共同点并不在于“被视为体育的活动的相同性或相似性，而在于其执行方式。任何活动都可以作为一项体育运动来完成”。体育也是一种“社交活动”，不能单独进行。对于体育比赛来说，规则是必不可少的，制定规则的目的只有一个，即“能够对力量与能力进行最准确的测量和比较。

因此，体育的本质是测量和比较，或者说，任何一种形式的竞争”。自我测量不仅可以与人一起进行，也可以与动物或者无生命的物体（如山脉）一起进行。每个活动都可以是体育运动，“只要它是在特定的执行规则下为了与其他事物作出比较而进行的”，而职业化则会滥用和破坏体育运动。[①] 施泰尼茨（1910）试图通过追溯古希腊、中世纪欧洲和北美印第安人的历史来说明，体育整体上“并不利于文明进步”，在那些追求运动占据主导地位的地方，产生了“衰退”。他在登山运动中看到了一种潜在的对抗文化衰退的治愈手段，但是在运动化、追求创造纪录和个人成就、幻想成为第一人、不断追求速度和民族主义中觉察出一种对抗文化衰退的非常危险的治愈手段。“高山体育运动方式”加强了主体的非独立性。此外，在非运动性的登山活动中，人们可以远离日常生活，反思自己并学会认识个人意义。“当我们想到可以自在快乐地信步走在高耸入云的山中，当我们在孤独的庄严时刻，在崇高的静默中想象远离世界的山谷，我们就可以理解登山运动员，他们从日常事务中脱离出来，创造文化灿烂的新篇章，并在其中发现阻止文化衰退的唯一方法”（1910）。对运动的粗劣描绘否定了所有这些美妙的潜力。贝茨建议登山运动员对他们的经历保持沉默，不要公开自己的登山经历，因为谈论或者写下自己的登山经历和感受，只会使相似的运动和竞争以及攀比情况进一步激增。他们只是刺激了环境破坏性的复制和模仿，并引起大自然爱好者之间的不平等。

根据他的研究结果，施泰尼茨（1910）在体育和文化中观察到一种“互不相容的对立”。他为那些在20世纪初批评体育登山运动的群体发声，这些群体对体育化之前的阿尔卑斯山所代表的崇高、自由、沉默和孤独的理

---

① 值得注意的是，施泰尼茨（Steinitzer）在一百多年前就指出了体育运动中存在的矛盾。体育是一种对抗社会变革造成的“伤害”的“补救方式”；但为了创建一种对比模式，它所遵循的其实是相同的原则，即以成绩为导向和对纪录的迷恋。此外，通过其回归自然的定位，体育运动实际上加剧了对自然的破坏。它渗透到了那些“本身隔绝于我们的超文明的区域，将我们这个时代喧闹而烦躁不安的精神带到了这些区域之中”。此外，体育运动还加剧了运动之外的竞争关系与忌妒情绪。施泰尼茨认为，“体育运动的增加与自我强调的总体趋势”之间存在着密切的联系。他（1910）通过体育运动看到了“巨大的传染性，以及由此带来的生命的意志和本能的危险性”。

想被压制和排挤而感到忧郁和不满。这些群体成员强烈反对对以下登山运动方面的兴趣：未征服的难关、发现新路线和困难路线、首次登顶及在登山者之间进行比较和等级化。因此，体育运动一词出现在他们的“咒骂”中（Elias et al.，1990）。[①] 在对登山体育化的贬低及自然作为行为空间的相关工具化中，体育表达出一种对过去的怀恋和对表面完整性的怀念，这种表面上的完整性被当作唯一真实和确凿的东西。正如我们今天所知，登山活动已经与不断推进的西北欧工业化进程同步建立。就像乌尔里希·奥夫穆斯（Ulrich Aufmuth，2004）坚持认为的那样，第一个全国性登山协会于1857年在第一个工业现代化国家——英格兰成立。十二年后，在1869年，德国阿尔卑斯山协会紧随其后成立。1860—1880年，数百个阿尔卑斯山协会在全欧洲建立，从事征服山脉的各项活动。登山和徒步旅行成为早期的以自然和身体为导向的大众运动。

1914年，安东·芬德里希（Anton Fendrich）发表了一篇题为《体育、人类和运动员》的文化哲学论文，论述了体育的矛盾心理。他将体育称为“青春之泉”，如果使用得当可以创造出一种“新文化”和一批“新人类”。然而，从不同角度看来，他也将体育视作威胁，并阐释了其相应的危害。被他称为“体育魔鬼”的运动员将体育看得过分重要，并且认为他们唯一的行为意义在于大众导向的纪录实现，以及在竞争环境中顽强战胜对手的坚忍尝试。“人进行体育锻炼，而不是体育锻炼人”。芬德里希继续批判“教书先生”“谨小慎微的人”和“懦夫”，因为他们认为体育是一种巨大的恶事，“在想要建立新秩序的地方到处能嗅到乱象，所有这一切都是因为体育是一种身体活动，而他们只会自我限制、停滞不前”。对于那些“将体育运动视为人类最先进的普适疗愈方法和德国民族重生的唯一道路的人，也应该‘不失礼貌地微笑’。因为这种迷信的人和那些愚蠢的怀疑论者同样危险”。与之相反，芬德里希在体育的自然和身体导向的本质中看到一种重要的整体性，与日常生活中的机械化、官僚化、身体敌意和割裂化相对：“因为只有通过体育，人类、可怜的档案管理员、作家、坐办公室的人、

① 关于德国和奥地利阿尔卑斯俱乐部内外的非公开的深入讨论，参见马丁（Märtin，2006）的文章。

演讲者和作坊劳工才能重新感觉到自己的身体、肌腱和神经，以及生命体中持续跳动和叩击着创造奇迹的东西，并且变得快活。……如果能正确理解、聪明地总结和巧妙地使用，体育将很好地帮助人们接近这种伟大、强健和仁慈的人类文化”（1914）。他（1914）批判体育训练的历史性根据，指责操练般的室内体操，呼吁“无须指导的青年运动”，并主张游戏性的、业余导向的和多样化的体育用途。在真正意义上，“专职人员”对他来说不是运动员，而是“商人”。在对“运动员”的研究中，芬德里希由于时代思想的局限很少考虑到女性，而主要考虑男性运动员。

所有这些进步的尝试都说明，体育运动的适宜性普遍受到检验，体育引导人们参与运动，并带来健康，是为了阻挡社会中的主体敌意、退化加速和逐渐去男性化的变化。体育的主题体现在对职业体育的激烈批评中，大多数观察者甚至无法将职业体育看作体育。通过训练和竞赛挣钱以及以体育为生，在当时被当作异类，因此被视为是非体育性的。相比之下，许多观察者都高唱业余主义的赞歌，歌颂纯粹以健康为导向的体育功能。这种新颖的体育现象在文学中也引起了相应的共鸣（Görtz，1996；Fischer，1999；Fleig，2008），因为它将运动带入日常生活中，吸引大众，将人们的注意力从克服自身生存的艰辛中转移开，满足当地、地区和国家的身份认同需求。体育被视为一种新的、生机主义的生活方式的表达，它让人能够通过积极的自我实现和被动地观看尽情享受现代化的快节奏生活。

体育虽然在20世纪之交已经成为一门科学学科，却没有从社会学的角度对体育、比赛和社会之间的关系进行全面而有序的反思。格奥尔格·齐美尔（Georg Simmel）和马克斯·韦伯（Max Weber）仅在竞技比赛的形式中提及体育运动，仅仅为了自己思考宗教和冲突社会学及社会学的规则提供易于理解的例子——当时正值体育已经在大众中产生了积极作用的时刻。

民族学、文化人类学、历史学、教育学、医学、心理学、身体教育、早期社会学、文化批评及文学等都曾对体育和比赛进行过零散的分析。此后，海因茨·里斯（Heinz Risse）于1921年在《体育社会学》中首次明确尝试将体育社会学专业化，体育社会学由此进入第二发展阶段。由于该文章内容的一致性和解释力不强，加之体育和社会学在当时学术界的地位不高，紧接着纳粹上台，这篇文章的发表并没有得到多少反响。几年后，恩斯特·克拉夫特（Ernst Krafft，1925）只批评了里斯对工人体育运动的陈述，并笼统地将他的作品描述为“不科学的”，自己也没有进一步参与，将体育社会学塑造成一门科学学科。相反，他为社会主义社会秩序辩护，并指出工人体育运动对于促成集体形成的意义。弗里茨·哈默（Fritz Hammer，1933）仅在其关于大众体育的论文的参考文献中提到了海因茨·里斯的作品，而没有在正文中详细探讨里斯的论述，也没有指出体育社会学进一步发展的可能性。维利·拉滕（Willy Latten，1934）在《科隆社会学季刊》中发表的关于“体育官僚化”的文章也只和里斯的研究略有关联；他主要致力于研究由于体育规模的增长和体育领导与协会成员之间的鸿沟已经在魏玛共和国产生。拉滕预测了体育协会发展的一些问题，这些问题到几十年后才被德国的社会学协会所重视，在文章末尾，他要求在有组织性的体育运动中引入领导人原则，以此向纳粹效忠。但是，有组织的体育运动由于与纳粹意识形态具有一致性而导致的破裂和后果却没有被拉滕提及。体育社会学作为一门仍在形成过程中的学科，还无法成为独立的研究主题。在两次世界大战之间，不管是里斯（1921）、克拉夫特（1925）、哈默（1933）或拉滕（1934），都未能开展广泛而直接的后续社会学讨论。1960 年以后，只有里斯的作品因其标题独特明确、能够唤起认同，才被德国体育社会学所熟知和引用。

玛丽亚·克罗恩（Maria Kloeren，1935）和赫伯特·舍夫勒（Herbert Schöffler，1935）曾撰写有关英格兰体育运动的著作，内容翔实，但其中也并未涉及体育社会学，而是明确地提出了“文化社会学”的定位，但由于只有体育历史的论证主线和内容，因此无法得以实施。即便是诺贝特·埃利亚斯（Norbert Elias）在法兰克福大学的老师卡尔·曼海姆（Karl Mannheim，1935），在他移民到英格兰后也只在简短评论中提到过体育，将其作为塑造和升华被压抑的天性的机会，但是他参考了里斯、克拉夫特、哈默、克罗恩和舍夫勒的作品。在美国，城市和技术社会学家刘易斯·芒福德（Lewis Mumford，1934）对他那个时代的体育进行了敏锐的批判。他对“体育与‘女财神’”的论述既没有在德国社会学中引起重视，也没有融入现有的知识体系中。例如，那些在美国很早之前就有的类似引入专业联赛、体育商业化和媒体化，以及将竞技体育纳入大学培训系统的体育发展，当时却并未在德国出现，因此并未成为深入思考的对象。

除此之外，1933 年后，德国的社会学实际上已不再作为一门独立的学术学科而存在，也没有涌现新生力量。许多社会学家不得不离开德国，被强制退休或成为纳粹“清洗过程”的牺牲品。1933 年之前，柏林、法兰克福、海德堡、科隆和莱比锡的五个当地的德国社会学研究集中地都被解散了（Lepsius，1979）。由利奥波德·冯·维泽（Leopold von Wiese）出版的《科隆社会学季刊》于 1934 年停止发行。汉堡大学的社会学课程的教职仍然存在，但无法发挥更大的社会学影响。仍在其他城市开展的少数社会学课程被定位为“种族的”和“德国的”，并服务于稳定和合法化的纳粹统治意识形态。第二次世界大战结束仅七年后，普莱斯纳（Plessner，1952，1956）就对体育社会学的内容设计提出了粗略的建议。然而，他的短篇文章首先出现在非社会学出版物中，没有产生任何教育效果。

20 世纪 50 年代，社会学重新在德国立足生根，十年后已经设立十二个教职，恢复到相当于 1932 年的水平。正如莱普修斯（Lepsius，1979）在其《第二次世界大战后社会学的发展》一文中分析的那样，社会学成为“一个处在所属院系的边缘的选修科目，常常被其他院系与有意义的其他学科的界限所区分，并指向自身”。它从再教育和促进民主的努力中得到的好处远少于政治科学。20 世纪 50 年代中期，大学中的社会学仍被归类为人文科学。大部分研究在大学之外的重建或新建的机构中展开。20 世纪 60 年代末，大学的教学任务增加，社会学扩张，其研究能力缺乏的问题逐渐显现出来（1979）。1959 年在柏林召开的第 14 届社会学大会上，“创始一代”过渡到“战后一代”，在大学获得授课资格的新生代科学家首次登场，其中一些人——汉斯－保罗·巴尔特（Hans-Paul Bahrdt）、拉尔夫·达伦多夫（Ralf Dahrendorf）和海因里希·波皮茨（Heinrich Popitz）当选为“德国社会学协会”理事会成员。1960—1970 年设置了更多的社会学教职。

在第二次世界大战结束后的二十年中，由于其理论上的强化以及其分析和调节潜力的增强，社会学得到了极大的重视。在 20 世纪 60 年代，体育社会学发展在制度上开始腾飞，进入第三个发展阶段。随着首个国际协会的建立，体育的社会学分析不断深化，在数量和质量上都显著增加（Lüschen，1980）。认知专门化逐步成为现实；自我指涉的沟通关系开始逐渐分化。

此时，新生代社会学家发掘出体育的新功能，将其作为一个可以获得科学中的先锋利益和个人利益的主题。这一发展还从雷纳·柯尼希（René König）处获益，他在移民后从瑞士回到德国，并于1949年在科隆大学被任命为社会学教授。在接下来的时间，他努力使德国社会学和国际理论水平接轨，并从中形成一种经验性的独立科学，这标志着他与所谓的法兰克福学派的社会学理解明显不同，后者更多地着眼于社会哲学和文化及社会批评领域。柯尼希是国际社会学协会（1962—1964年）的联合创始人和时任主席。德国体育社会学中十分德高望重的学者君特·吕申（Günther Lüschen，1959）被迫在20世纪50年代末离开德国，前往奥地利的格拉茨大学获取体育社会学方面的博士学位。如今，人们已经可以用社会学的理论和方法研究体育，并且系统地建立与其他分析的联系。吕申在《科隆社会学和社会心理学期刊》中发表了一篇题为《体育社会学绪论》（1960）的文章，使得体育社会学研究在德语学术界有了一席之地。他于1963年在同一期刊中用一篇《年轻运动员的社会分层和社会流动》的文章对上一篇文章进行了讨论。在法国，乔治·马昆昂（George Magnane，1964）出版了第一部法语体育社会学专著。格拉尔·S. 坎农（Gerald S. Kenyon，1966）在几年后将体育社会学的发展历程描述为社会学的一门子学科，并与约翰·W. 洛伊（John W. Loy，1969）一起出版了第一本英语体育社会学的读本。埃里克·邓宁（Eric Dunning，1971b）是诺贝特·埃利亚斯（Norbert Elias）的学生，出版了一本《体育社会学文集》。在德国，社会学家库尔特·海姆里希（Kurt Hammerich）和克劳斯·海涅曼（Klaus Heinemann，1975）在他们的《体育社会学文集》中发表了外语文章。君特·吕申（Günther Lüschen）和库尔特·维斯（Kurt Weis，1976）在独立的著作中发表了与体育社会学相关的文章。

1964年，国际体育社会学协会（ICSS）建立，体育社会学得到了重大的发展和推动。该协会是国际运动和体育理事会（ICSPE）及国际社会学协会（ISA）的子协会，于1966年起拥有了专属期刊《国际体育社会学评论》，并定期举办国际交流论坛。这一举措对各国在各成员国的科学领域建立体育社会学的努力做出了决定性的支持。随后，协会举办了一系列各种不同主题的国际会议，建立了一个体育社会学爱好者的学术圈，提高了体育社会学相应的知名度。1970年，联邦体育科学研究所成立是德国体育社会学发展的又一个里程碑，因为重要的实证项目往往是通过联邦内政部的专门的分支机构发起的，年轻科学家有机会参与研究项目，从社会学角度分析体育的结构和过程，并取得学术资格。

20 世纪 70 年代后半期，德国的体育社会学进入第四个发展阶段——在大学建立和巩固体育社会学。学术成员第一次被委任以独立的教职，能够持续从事体育领域的社会学研究和教学，确定学科的重点，培养专业的全日制大学生。体育社会学同大学建立联系后产生了重要的后果：承载机构敦促体育社会学在课程方面使自身合法化，必须具备自我观察和反思的形式，编写学习和教学材料，在理论和方法上经受考验。德国的体育社会学并非在社会学院系中找到了其在大学中的位置，而是在新成立的体育科学中找到立身之本，正如人们初步可能会认为的那样。1975 年，贝罗・里高尔（Bero Rigauer）在奥尔登堡大学体育科学研究所获得了第一个体育社会学教授职位。冈特・格鲍尔（Gunter Gebauer）于 1978 年接任柏林自由大学的体育哲学和社会学教授职位。弗尔克尔・里特纳（Volker Rittner）于 1979 年获得科隆体育大学的首个体育社会学教授职位。然而，由于已经建立的传统学科呈现统治性垄断，以及体育社会学较低的科技含量，体育社会学在体育科学中仅占据了相对狭窄的院系基础，并且也从未在自然科学领域实现数量上的扩展。即便是主要以规范化为导向的体育教育学，现在也通过其在教师培训中的固定性获得了比体育社会学更广阔的院系基础。

鉴于体育的动态发展，鉴于一个新的，同时也在理论上感兴趣的年轻一代，鉴于教职分配的变化和大学形象的转型，体育社会学自 20 世纪 80 年代后期以来进入内容分化和多样化的阶段——但仍面临因分化及内部退化而失去学科统一性的危险。因此，自 20 世纪 80 年代中期以来，出现了两个来自不同起源环境的体育社会学分支：一个居于德国体育科学协会，另一个隶属于德国社会学协会。后者近期将身体主题纳入范畴，更改了名字（“身体和体育的社会学”），并由此表达其意义偏好和逻辑理解。目前，在德国大概有十几位教授明确提到体育社会学或体育与社会这一主题领域，与经济学、政治学、医学、法学或者教育学的大学教席相比是很小的数字。在德国社会学中，体育从未成为教授职位和工作领域的核心组成部分。如果说大学社会学研究所还将体育作为主题讨论，那么这是科学界个体成员的贡献，他们发掘了体育作为业余爱好的角色并将其纳入专业的研究组合中。

三、影响和推动力

20 世纪五六十年代，客体领域的意义变化导致体育社会学逐渐分化。从不足和稀缺社会转变为过剩和休闲社会之后，体育成为人们巨大的需求。它吸引越来越多的不同阶层的人主动参与到大众体育中，并且通过通信技术领域的发展，获得观赏性体育的形象。这是广大群众阶层首次获得可以从事各种不同活动的带薪假期，以及劳动后更长的闲暇时间。1936 年，柏林奥运会首次在选定的电视台投入使用电视节目，当时还没有出现狭义上的大众媒体，它自 20 世纪 50 年代以来才成为发达工业社会中私人生活的组成部分。一个独立的、以图像为导向的娱乐产业由此出现，并慢慢学会在体育中找到其最重要的主题重心之一。由于其特殊的戏剧性和表演性，竞技体育充满悬念，国内和国际上的重大竞技体育赛事——如奥运会、世界足球锦标赛、国家和跨洲竞赛以及各种联赛——很适合电视形象，能够以高效的方式满足广大观众对娱乐和身份认同的需求。体育比赛在外部资源的流入及大众媒体的帮助下传播到全世界，已经扩展成为一种全球现象。

基于这种发展，体育在世界上引起的公众关注与在学术渗透上引起的公众关注之间的不对称性越来越明显。对远离新闻和社交的科学体育分析变得越来越紧迫，最终导致体育科学的分化，其中体育社会学也在体育教育学、体育训练学、运动心理学、体育史和运动医学之后得到了确立。体育社会学不仅受益于对关系到体育大众现象的定向知识的不断增长的需求，而且还受益于至少在 20 世纪 70 年代仍然存在的作为规划科学的社会学光环。

体育科学及体育社会学持续利用体育在国家和国际政治背景下日益增长的重要性，促进其自身规模的扩张。第二次世界大战结束后，西方民主国家与东方社会主义国家之间的两极分化对政治局势起着决定性作用。因此，东西方之间的冲突并不只是表现为战争形式，还以“冷战”的形式在象征性的、全球可见的体育领域中进行。由于其斗争的基本结构及对胜败的关注，体育特别适合作为建立于规则基础上的和相对无害的冲突的替代方式。在国际比赛中，西方和东方国家希望将自己展现为更好的国家，并为其经济和政治状态赢得声誉。在德意志联邦共和国，体育与政治之间产生了相互利用的依存关系：组织化的体育将政治工具化，以获取稀缺资源并开始自身的扩张；政治则利用体育，一方面，对内通过体育成就在社会成员中唤起忠诚的集体归属感；另一方面，对外尽可能有效地贯彻国家形象政策。单个国家社会不仅在军事上，也在体育上相应地扩充升级（Bette，1984a；Bette et al.，1985）。国际奥委会于1965年决定不再像1956—1964年一样委任一支全德国的奥运代表队，而是派出两支独立的拥有不同国旗和国歌的德国代表队，自此联邦德国的竞争愈演愈烈。

在1968年的墨西哥城奥运会上，民主德国的运动员在新的条件下赢得了更多奖牌，并热烈庆祝社会主义的优越性，这给予了联邦德国体育以“斯普特尼克冲击”。鉴于不久后将于1972年在慕尼黑举办奥林匹克运动会，在自己的国家呈现落后的体育社会系统的“危险”迫在眉睫，体育开始在政治中疏通关系，建立新的体育科学机构一时兴起——希望能够显著提高本国运动员的奖牌数量。在这种“需求拉动”的影响下，体育社会学随着时间的推移开始在体育科学研究所逐渐建立起来。

事实证明，母体学科体育科学爱好者的学术支持有助于体育社会学在大学中确立成为一门学科。他们不仅做出了重要的学术贡献，而且还通过与大学里的社会学的交流联系提高了体育社会学的声誉，除此之外，还提高了体育社会学的地位。体育社会学发展得到了国际知名社会学理论家的重要推动，如诺贝特·埃利亚斯（Norbert Elias，1939）和皮埃尔·布尔迪厄（Pierre Bourdieu，1978，1985，1992），二者在他们的研究中反复涉及体育，以测试其理论方法的可行性。最重要的是他们培养了一些继承他们工作的学生，与他们一起发表了重要的后续研究成果（Elias et al.，1979，2003）。莱斯特在足球、橄榄球或球迷骚乱现象方面的研究，属于文明和形态社会学的范畴，诺贝特·埃利亚斯（1970）使用体育和游戏的典型例子，阐述社会形态中个人行为无法抹消的复杂性，并从中引出社会学相对于生物学、心理学的自主性。布尔迪厄在华康德（Loïc Wacquant，2003）的作品中，发现了一位在体育方面自学成才的学生，这位学生对芝加哥拳击比赛做了一些有趣的报道。

四、社会的体育

体育社会学作为社会学和体育科学的一个子学科，在现实的体育中找到了它的具体参照点。体育社会学面临着作为社会后进系统的特殊情况，这一系统在功能分化的结构原则整体突破之后，稍迟地弥补了社会进化的基本过程。基于社会学分化理论，人们可以很容易地认识到，体育在前现代的身体、游戏和运动实践的帮助下，能够逐渐摆脱与其他社会领域——主要是宗教、教育、医学、政治和军事（Schimank，1988；Bette，1989）——的错综纠葛，鲜明地表现自身的自我指涉性，并且运行整体的容纳流程。成绩、竞争、纪录和成功，以及健康、自然、健身、娱乐、冒险和风险已经成为体育分类的指导原则，导致体育生活环境的多元化。可能恰恰是体育的多重意义和不同的使用性，使它成为现代社会中无处不在的迷人魅力，地位稳如磐石。①

现代体育的社会文化建设的主要驱动力是功能分化过程在个人经验和行为层面产生的矛盾心理。在现代社会，身体长期失去重要意义，人们可以在不进行任何身体互动和身体运动的情况下相互交流，社区群体丧失，常规化和官僚化制造了无聊，人们由于生活节奏加快、时间紧张和期望超载而生活在压力下。体育能够引起共鸣，因为它能为个人、身体和群体提供另一种经历和行为。特别是在深受城市化、机械化和工业化影响的城市中，自 19 世纪下半叶开始，人们在工作之余产生了对多样性、休闲、惊奇、群体体验和身体活动的需求，这种需求基本都可以由体育运动满足。随着工作和休闲分离、交通工具的机械化和新的交流技术的发展（Betts，1953），如今大众不仅可以在空间中便捷地移动，还可以不受视野的限制，随时动态了解发生的大小事情。

简而言之，体育通过其多样化的行为和经历，满足了社会现代化进程引发的需求。随着工业化进程——带有民族国家的滞后性——前现代的运动实践和游戏由独立组织重构，并根据城市群众的休闲需求量身定制。例如，足球最初是一种基本没有规则的、在村庄之间进行的民间游戏，后来通过

① 关于“社会的体育”的深入分析，见贝特（Bette，2010）的文章，分析重点是：编码、变形、观赏性运动、参与者运动、体育作为现代性的综合、在无意义中寻求意义。

时间、事实、社会和空间的规则化及组织构建过程成为以联赛方式举办的大型竞技体育项目，享誉全球，直到今天仍然能激发无数人为之疯狂。

与现代性的矛盾心理类似，当前塑造体育形象的各种实践表现了塑造现代社会的相对和相应的特征（Bette et al.，1995b；Bette，2004，2005）。它们同时表现出对现代性的否定和肯定。一方面，它们是现代的，因为它们有时非常注重成绩，并且在现代技术的帮助下进行；另一方面，它们也会唱反调，质疑和批评现代性的表现形式和后果。在此基础上，体育的目标是将被压迫和被边缘化的人接纳到新的规则中。因此，当代体育是第一和第二现代性的综合体。显而易见，在人类经验和行为的各个方面，都可观察到社会现代化进程的附带效应所激发出的个人应对策略，这种策略借鉴了成就个性化和成功的概念，也吸收了超常、爆发、健康、再生和缓慢的理念，以当时典型的、清除旧意义的形式重获新生。在体育运动中，被排除在外的需求可以以一种典型的现代方式凝聚成爱好。通过主动和被动地参与体育运动，一种富有启发意义的对立揭示了功能分化过程如何影响所有的个体行为和体验，并巧妙地塑造它们。

五、研究层面和理论重点

针对社会系统和社会背景条件对社会学自我理解的意义，粗略看来，体育社会学的研究领域有三个参考点，这三个参考点通常被视为构建系统的重要层面，并且标记了不同的系统类型。换言之，体育社会学研究涉及在互动、组织和社会层面与体育相关的分析（Luhmann，1975b）。当人们在体育的微观社会情境中发生冲突，在他们的身体存在中相互感知，并根据特定的意义标准相互协调各自的行为时，其中的关系在互动层面——第一分析参考点——通常非常重要。体育通过明确地针对人、身体、训练和比赛，为社会群体的分析、面对面关系，以及直接塑造和影响体育互动的社会人物提供了广阔的发挥空间：教练员、运动员、裁判员、体育观众、体育记者、经济或政治的赞助商。以竞赛为导向的竞技体育，基于其对胜败规则的迷恋及参与者之间的全球竞争，为人们提供了独一无二的机会，可以在实验基础上研究合作与冲突，以及联合与分裂在紧张情境下的微观社会行为：从专业的团队、团队球员互相之间为了稀缺的席位陷入激烈的竞争关系，到那些业余时间聚在一起在特设小组中一起做运动的日常参与者之间的基本互动。体育社会学相关的互动可以发生在水中、陆地或空中的不同地方：街道、体育馆、体育场、游泳池、竞技场、公共场所或城市以外的各种自然环境。

体育的独特之处在于，其参与者在比赛中的互动性合作与竞争主要通过感官感知过程进行，因此大部分是非语言控制的。由于赛场上的事件发生速度极快，旨在精确指挥运动员的具体交流行为的指示无法取得成效，因此通常只能在暂停或比赛休息期间予以指示。足球比赛实际上与获取语言交际能力无关，与之有关的是在比赛中用事先整合的策略和战术来协调比赛时的身体状态——通常是偶尔给出手势和面部表情示意。竞技体育的主要特殊性——胜败规则——奠定了普遍的行为框架，并为个体运动员提供了相应的行为动机。指导体育比赛事件的核心媒介是球，球是需要驯服和掌握其物质规律的一种人造品。在体育运动中，语言只是身体动作的伴生现象。在通过感知引导和评价运动员的身体的协调失败了或者达到极限时，才会有简短的语言交流。

体育赛事在互动层面上经常沉默寡言，这与身体本身在体育中被用作信息载体有关。有格言说："身体就是信息。"一名足球运动员通过短暂冲刺，占据了球场上的某个区域并自由奔跑，向带球的队友发出非语言信号，让后者能准确地传球给他，以便从一个更有希望的位置进球。因此，在训练期间，体育成功所必需的身体和空间运动也被标准化，并且以常规化的方式传授给运动员，来提高彼此身体的同步率。足球运动员为了取得成功，主要通过感知来观察和预测身体的移动和球的轨迹，并且作为个人配合游戏的社会、空间和时间结构。

与体育社会学相关的，不仅包括运动员身体以积极的运动状态进行训练及比赛的语言和非语言交互，还包括那些与体育有关的在互动层面上建立的交际形式，而体育在其中作为观察和交流讨论的对象。当代社会，体育不仅对参与者的直接身体执行来说很重要，而且还是社交沟通的主题（Bette，1990）。因此，足球作为最受观众欢迎的体育项目之一，不仅是草坪上腿脚的比赛；在大众媒体的帮助下，它也成为那些自己没有时间或只有有限的时间踢球的人所思考和谈论的话题。日常参与者在自身的互动框架内评论各个团队的表现，权衡他们的机会和局限性，抱怨他们明星的伤势，费尽口舌讨论排名情况，对裁判实际表现出或怀疑其表现出的偏向或歧视感到不满，评论教练员成就或团队阵容，并且在情感上极大地偏向自己的国家队。例如，他们作为足球比赛代表，在欧洲或世界锦标赛上上场对抗竞争对手，争夺稀缺的象征性资本——荣誉。这种情况是可以实现的，因为体育比赛结构相对简单，并且刻意集中在观察上。基于其行动过程的机械化和结果的量化，体育构建了一个明确的、可重复和可评论的世界，成绩在其中始终占据首要地位。大众媒体还通过日常报道提供永久性的信息储备和话题。因此，将体育作为对话主题的讨论仍未达到饱和。体育赛况一直持续更新，因此它就成了开场白、让对话保持流畅的极佳方式，避免让人陷入尴尬的冷场，这种效果屡试不爽。体育与政治和宗教相反，它传达的信息对人们是无害的，甚至会主动在群体经历中引发关于体育特定可能性的争议性讨论，这在体育之外的领域非常罕见。

第二个分析参考点与体育的组织层面有关。为了在互动层面上实现体育行为，社会系统必须塑造相应的结构，确保其行为在情境方面得以全面、长期建立，不依赖于个人。那些位于系统类型互动和社会之间、作为媒介的政府机构处在利益旋涡中心，它们就是承载和实现系统典型行为的组织。在传统体育领域，这些组织包括体育俱乐部、国家体育协会、国际体育组织、成绩中心、基地、体育基金会或体育寄宿学校。有趣的是，体育社会学也包含那些将体育纳入自己纲领的体育之外的组织，如体育融入健康系统、企业、成人教育、大学、军事机构或旅游公司的情况。自 20 世纪 70 年代初，体育在德国不再只出现于传统的体育俱乐部中，还出现在商业健身房，这些与体育相关的经济组织也引起了社会学方面的兴趣，以及那些与历史悠久的体育组织相对，出现在城市内外并催生了其他体育实践的松散联合体。直到 20 世纪 80 年代，体育社会学的注意力主要集中在联邦共和国的传统体育运动员、体育俱乐部及其所属的上级机构。由此，组织类型逐渐成为研究重点，它在组织社会学中打着“自愿联合”或“利益组织”的旗号，并且严格地将自身与那种在社会学中被称为“工作组织”的组织类型区分开来。

体育社会学研究的第三个分析参考点涉及社会层面。这一层面主要是关于不同体育模式中体育社会文化的外部和内部差异，还有这些模式相互之间，以及与社会其他领域之间的绩效关系。但问题是，体育与经济、政治、大众传媒、法律、家庭或科学等其他子系统之间尽管有倾向的分歧，它们如何能一直实现利益一致并保持持久稳定？例如，竞技体育作为一个重要的主题成为政治参与者利用的工具，这与国家政治方面的意义丧失有关。在过去几十年中，民族国家不得不将重要的任务交给超国家机构，以便结构化地维持和缓和以前通常只在竞争中联合的民族国家。基于这种发展，竞技体育同时在内外部升级为国家自我表达的重要工具。由于其可见性和易于理解性，本国运动员的成功特别适合激发大众忠诚感和集体归属感，并最终超过现有的政治冲突路线。奥运功绩，如奥运会胜利或成功完成世界锦标赛等，可以使公民至少暂时走出苛政和政治失败的阴影，获得安慰。国家运动员可以通过他们获得的成绩提高国家对外的国际声誉。想想 2006 年的那场“夏日的童话”，德国取得了巨大的体育成功，德国国家足球队登场时，德国变成了旗帜的海洋，观众在街头和广场上庆祝着以前难以想象的“生命之轻”——这在世界范围内都获得了积极反响。此外，政治家在国家体育明星荫蔽下的日光浴中，打算以快速、轻松和无冲突的方式向选民展示他们在权力的媒介中获得的成绩。一般来说，政治家的系统特定行为发生在非公共空间，通常不能对外公开，无法透露谈判过程，并对社会成员造成两极化影响，因为政治决策在社会现实中发挥着不同的影响。

这个例子表明，如果只关注体育运动，那么体育的社会学就会很局限。体育社会学家为了掌握其对象领域的复杂性，必须发展对体育以外的方面的感知，因为真实存在的体育本身已经在外部实现并永久维持这些关系。在理解体育与其社会领域的事实上的关系之后，体育社会学必须处理这些参考点，并将它们纳入知识库中。因此，它是一个从特定的角度，即通过体育来看待整个社会的学科。最后，体育社会学家会发现体育社会学本身，即作为一门学科的属性，在社会中对体育运动进行社会学观察与描述是有所分化的。

除了三种交互的系统类型、组织和社会，体育社会学还涵盖了一般社会学知识库中已知的那些研究领域。此外，体育社会学和体育或体育接触中的社会分层及社会不平等问题有关，和体育与身体、体育与游戏之间的关系有关，和体育中或体育引发的暗藏和明显的社会化的可能性和局限性有关，还和体育与性别的关系、融合问题、犯规形式、衰老、移民或跨文化比较有关。[①]

在德国，直到20世纪70年代后半期，有关决定体育社会学理论的所谓“新左派”的讨论力度减弱，在当前的理论讨论中能找到四种研究范式，然而这些范式在处理程度方面具有很大的质和量的区别。自20世纪80年代初期以来，第一个范式——新社会学系统理论成了主导思想流派，该理论主要由克劳斯·卡其（Klaus Cachay）、卡尔－海因里希·贝特（Karl Heinrich Bette）和后来的安斯加尔·蒂尔（Ansgar Thiel）引入体育社会学，并且他们在许多专著中改进了该理论。[②]基于他们的兴奋剂研究，贝特和席曼克（1995a，2006a，2006b）通过运动员、游戏和传记理论认识、补充和验证了系统理论式的讨论。因此，体育社会学以一种特殊的方式受益于尼克拉斯·卢曼（Niklas Luhmann）的理论，虽然卢曼在其著作中只在个别地方明确描述了体育，但是体育社会学中与系统理论有关的讨论很大程度上受他的方法和理论的影响。直到今天，赫尔穆特·维尔克（Helmut Willke，1982，1994，1995）和特伊博纳（Teubner）、维尔克（Willke）关于系统理论和背景控制可能性的众多著作也在体育社会学中留下了讨论的痕迹（1984）。在最初的系统理论反思作品中，体育和身体还不属于人们分析的兴趣，随着20世纪80年代体育社会学已经完成的“身体转向”（Rittner，1983，1984，1985，1987，1989，1999，2004，2005），这种克制逐渐被废止。在与社会学的关系方面，体育社会学不仅是一个汲取的学科，也是一个善于给予的学科。

作为第二个范式，皮埃尔·布尔迪厄（Pierre Bourdieu）将社会学引入德国体育社会学，引入的重点是习性概念和社会领域的理论——米歇尔·富

① 参见吕申（Lüschen）、扎格（Sage）（1981）的文章。关于最新的文献讨论参见古古茨（Gugutzer，2005）的文学批评和里德尔（Riedl）、卡其（Cachay）（2007）的概述型文章。关于体育与性别之间的关系，参见哈特曼－特韦斯（Hartmann-Tews）、普菲斯特（Pfister）（2003）的文章。

② 参见贝特（Bette，1984a，1984b，1987，1989，1992，199，2004），贝特等（Bette et al.，2002），卡其（Cachay，1978，1988），蒂尔（Thiel，1997，2002）和卡其、蒂尔（2000）的文章。

科（Michel Foucault）的权力和身体研究，以及新表现和模仿理论丰富了这一理论。由冈特·格鲍尔（Gunter Gebauer）和托马斯·阿克迈尔（Thomas Alkemeyer）领导的研究小组通过应用、补充和修订布尔迪厄（Bourdieu）的思想方法，开展了大量体育和身体社会学研究，他们的出版物丰富了体育社会学的理论讨论。[①] 文化研究作为第三个思想流派在体育社会学的理论天地也留下了一笔。尽管这些分析与系统理论、习性概念或社会领域理论相比，其阐释的细腻度和同质化程度有所不足，是不同理论的大杂烩，但许多体育特有的现象可以在它们的补充下得以阐明——如新的趋势体育项目、媒体体育，以及基于体育标志的城市青年文化的成功和扩散。作为拥有众多研究的作者，体育社会学家于尔根·施维尔（Jürgen Schwier，2000，2002）在这方面独具风格。在其作品中，他沿袭了受约翰·菲斯克（John Fiske，1989）和伯明翰当代文化研究中心成员强烈影响的传统。菲斯克本人撰写了有关冲浪的沙滩文化和“O.J. 辛普森案”的社会学含义——辛普森是一名前足球明星，被指控犯有双重谋杀罪并被无罪释放（Winter et al.，2001）。自 20 世纪 60 年代末以来，塑造体育社会学的第四个也是最古老的理论方法是诺贝特·埃利亚斯（Norbert Elias）及其学生创立的文明和造型理论。他们在莱斯特发表的研究结果，在德国主要被当作分析体育起源和暴力社会学的切入点。[②] 这个体育项目始终是人们关注的焦点：有着动员和吸引全世界观众的能力的足球运动。

六、应用领域：可能性与界限

科学学科与有组织的体育相比，通常可以发展两种类型的应用领域。在工程和自然科学专业的形式中，它们首先可以提供目标和手段之间严格的“如果……那么……”的耦合技术，从而直接干预体育的身体和设备领域。技术是问题的解决方案，而用户不需要理解技术。根据生产技术学科的实际逻辑，输入和输出一定相互耦合，因此特定的输入总是伴随相同的输出。

---

① 参见阿克迈尔（Alkemeyer，1997）、阿克迈尔等（Alkemeyer et al.，2003）、格鲍尔等（Gebauer et al.，2004，2006）、施密特（2002）的文章。

② 典范参见皮尔茨（Pilz，1982）、哈恩（Hahn）、皮尔茨（Pilz）、斯都伦威尔克（Stollenwerk）、维斯（Weis）（1988）的文章。

这样通常对于用户来说有一个好处，即减轻技术的生产和使用所需的科学思维前提的负担。医生给运动员注射药品，帮助他们继续训练，而运动员无须掌握任何医学或生物化学知识。因此，药丸、注射器和工程科学制造的运动器材是使科学可以直接有效地作用于体育的实体。除了减轻思考负担，技术还代表着有组织的体育中高度重视并决定性地塑造科学形象的总体成就，即易用性、准确性和快速成功。

其次，科学学科可以持续为个人和团队体育参与者提供提升自我控制的指导知识。后者适用于所有无法自行生产技术的专业。社会学家提供交流式解释，这些解释也可能遇到壁垒，并且需要长期的学习过程。体育社会学不属于技术生产和实施的类别，这是很容易理解的。相反，它在指导知识领域发挥着自己的作用，并专注于分析和沟通。体育社会学家不希望减轻体育参与者的反思负担，而是反过来鼓励后者进行反思，因此他们往往非常不受欢迎。他们在发表意见时，重点关注与危机有关的现象、社会冲突和犯规行为。与工程和自然科学学科相比，体育联合会认为体育社会学的实践重要性相当低。他们的认识显得模糊、混乱，可能有误和具有偶然性。体育社会学家在提高体育成绩方面，不仅毫无用处，甚至被认为是执拗和顽固的人。毕竟，他们不检测身体、不进行注射，也不试图通过精神调节措施来减少守门员在点球时的恐惧。

体育社会学家在社会学中处于声誉等级的底端，这既可以用功能分化也可以用文明理论来解释：体育是不同社会功能领域的总和中一个可有可无的量（Bette et al.，2006a）。相比之下，经济、政治、科学、法律和教育是现代社会无法割舍的子系统。由于它们的异质性和它们为环境提供的服务，这些社会领域具有“自我替代制度”（Luhmann，1997）。如果其中出现问题，没有人会想要简单地放弃这些领域。与经济体系中的失业、政治制度中的政治厌恶或教育系统中的学校困境相比，体育中的特定问题，如使用兴奋剂或球迷骚乱，尽管在公众话语中被频繁讨论，但它们是可以忽略的琐事。社会学家在不可或缺的社会领域工作，有时也会在这个领域之外引发需求，他们为了帮助分析和改善该领域的运作条件，以不同凡响的思想方法推导出知识，其自身的作用不可或缺。

延续诺贝特·埃利亚斯（Norbert Elias）的文明理论，英国体育社会学家埃里克·邓宁（Eric Dunning，1971a）认为，普通社会学家对体育和体育社会学的蔑视是一种世俗化的新教职业道德的余波，即压抑人类的情感、文明化他们的身体和高度评价他们的工作。对于许多人来说，体育在今天仍被视为“没有灵魂”的活动，它不能改善社会现实，只是致力于个人娱乐。此外，不少社会学家认为，由于其明确的身体指涉性，体育主要具有自然科学的相关性。因此，体育社会学家通常会获得从两方面都被拒绝的有趣体验。首先，他们经常被参与体育活动的参与者视为烦人的或多余的观察者，他们将反思的负担和批判性问题带入社会领域，而许多人本来就是故意为了减轻反思负担和忘记自身的存在才造访这些领域的。其次，体育社会学家被认为是社会学界的“边缘人”，因为他们的学术和社会地位被视为与其研究对象——运动——相同，因此是可有可无的。由此他们怀疑，他们将自己的职业生涯献给一个与休闲、放松、肉体、情感、社交和思想禁欲有关的社会领域，并且被许多人附上“生命之轻”的标签，而不是存在的重量。布尔迪厄（Bourdieu，1992）一针见血地总结出体育社会学作为一个整体的紧张关系：“被社会学家鄙视，也被运动员怀疑。”

布尔迪厄恰如其分地描述的这种世界观只能这样来反驳：如果体育在其各种表现形式上没有保持主体化，并且在社会学上没有被严肃对待，那么现代社会就无法被恰当地理解和解释。例如，人们通过将观众的需求定位于对运动员的明星崇拜，或观察运动在健身导向的生活方式中的广泛应用，可以了解抽象性、与身体的距离、人与人的疏远，以及社会现代化进程造成的群体性缺失。体育——作为一种新型意义的广泛应用——可以上升到民间宗教的地位，不仅指向体育本身及其特点，而且还反过来指向人们在功能差异化过程中呈现的矛盾心理。因此，现代社会不仅是一个信息、工作、知识、风险、决策、休闲、组织或体验社会，更确切地说它是一个体育社会，这一点显而易见。体育的特点是全社会可见的，并从社会普遍性中提取出体育的意义，因此是体育社会学必须持续关注的一项任务。无论如何，如果没有体育社会学的分析能力，现代社会的重要方面仍然无法观察和描述，对人们来说仍然是陌生的。如果没有体育社会学——这一在外部观察和制度上属于体育科学的代理学科——的反思，那么体育参与者对于他们每天从事活动的行为领域也将知之甚少。

参考文献

Alkemeyer, Thomas, 1996: »Inszenierte Sport-Welten. Von der Mimesis der sozialen Praxis zu den Fiktionen des Fernsehsports«. In: Bernhard Boschert/ Gunter Gebauer (Hg.), Texte und Spiele. Sprachspiele des Sports. Sankt Augustin: Academia Verlag, 141-183.

Alkemeyer, Thomas, 1997: »Sport als Mimesis von Gesellschaft: Zur Aufführung des Sozialen im symbolischen Raum des Sports«. In: Zeitschrift für Semiotik, Band 19, Heft 4, 365-395.

Alkemeyer, Thomas/Bernhard Boschert/Robert Schmidt/Gunter Gebauer (Hg.), 2003: *Aufs Spiel gesetzte Körper. Aufführungen des Sozialen in Sport und populärer Kultur*. Konstanz: UVK.

Allison, Maria T., 1982: »Basketball – wie ihn die Anglo-Amerikaner verstehen und die Navajo ihn spielen. Ein kulturspezifischer Zugang zur Sportsozialisation«. In: Peter Becker (Hg.), Sport und Sozialisation. Reinbek bei Hamburg: Rowohlt, 115-134.

Allison, Maria T., 1995: »Breaking Boundaries and Barriers: Future Directions in Cross-Cultural Research«. In: Karl-Heinrich Bette/Alfred Rütten (Hg.), International Sociology of Sport: Contemporary Issues. Festschrift in honor of Günther Lüschen. Stuttgart: Naglschmid, 45-60.

Anderson, Benedict, 1983: *Imagined Communities. Reflections on the Origin and Spread of Nationalism.* London: Verso.

Archetti, Eduardo P., 2001: »The spectacle of a heroic life: the case of Diego Maradona«. In: David L. Andrews/Steven J. Jackson (Hg.), Sport Stars. The cultural politics of sporting celebrity. London und New York: Routledge, 151-163.

Aufmuth, Ulrich, 2004: »Vom Erleben des Alpinisten«. In: Karl-Heinrich Bette (Hg.) Sport im Wandel. 18. Darmstädter Sportforum. Darmstadt: Institut für Sportwissenschaft/Technische Universität Darmstadt, 89-96.

Avedon, Elliott M./Brian Sutton-Smith, 1971: *The Study of Games*. New York et al.: John Wiley and Sons.

Barthes, Roland, 1957: *Mythologies*. Paris: Les Éditions du Seuil.

Beard, George M., 1869: »Neurasthenia, or Nervous Exhaustion«. In: Boston Medical and Surgical Journal, Nr. 3, 217-221.

Beard, George M., 1880: *A Practical Treatise on Nervous Exhaustion (Neurasthenia): Its Symptoms, Nature, Sequences, Treatment*. New York: W. Wood.

Beard, George M., 1881: *American Nervousness: Its Causes and Consequences*. New York: Putnam.

Beck, Ulrich, 1986: *Die Risikogesellschaft*. Frankfurt a.M.: Suhrkamp.

Beck, Ulrich/Elisabeth Beck-Gernsheim, 1994: »Individualisierung in modernen Gesellschaften«. In: dies. (Hg.), Riskante Freiheiten. Frankfurt a.M.: Suhrkamp, 10-39.

Beckmann, Jürgen, 1991: »Zuschauereinflüsse auf sportliche Leistung«. In: Sportpsychologie, Heft 4, 16-20.

Bertz, Eduard, 1900: *Philosophie des Fahrrads*. Dresden und Leipzig: Carl Reißner Verlag.

Bette, Karl-Heinrich, 1984a: *Strukturelle Aspekte des Hochleistungssports in der Bundesrepublik. Ansätze für eine System-Umwelt-Theorie des Hochleistungssports*. Sankt Augustin: Hans Richarz.

Bette, 1984b: *Die Trainerrolle im Hochleistungssport. Systemund rollentheoretische Überlegungen zur Sozialfigur des Trainers*. Sankt Augustin: Hans Richarz.

Bette, Karl-Heinrich, 1987: »Wo ist der Körper?« In: Dirk Baecker/Jürgen Markowitz/ Rudolf Stichweh/Hartmann Tyrell/Helmut Willke (Hg.), Theorie als Passion. Niklas Luhmann zum 60. Geburtstag. Frankfurt a.M.: Suhrkamp, 600-628.

Bette, Karl-Heinrich, 1989: *Körperspuren. Zur Semantik und Paradoxie moderner Körperlichkeit*. Berlin und New York: de Gruyter. Zweite überarbeitete und ergänzte Auflage Bielefeld: transcript 2005.

Bette, Karl-Heinrich, 1990: »Sport als Thema geselliger Konversation. Zur Choreographie mikrosozialer Situationen«. In: Willi Kleine/Wolfgang Fritsche (Hg.), Sport und Geselligkeit. Aachen: Meyer & Meyer, 61-80.

Bette, Karl-Heinrich, 1992: *Theorie als Herausforderung. Beiträge zur systemtheoretischen Reflexion der Sportwissenschaft*. Aachen: Meyer & Meyer.

Bette, Karl-Heinrich, 1999: *Systemtheorie und Sport*. Frankfurt a.M.: Suhrkamp.

Bette, Karl-Heinrich, 2001: »Kollektive Personalisierung: strukturelle Defizite im Dopingdiskurs«. In: Helmut Digel (Hg.), Spitzensport: Chancen und Probleme. Schorndorf: Hofmann Verlag, 26-42 (siehe Kapitel 5 in diesem Buch).

Bette, Karl-Heinrich, 2003: »X-treme. Soziologische Betrachtungen zum modernen Abenteuerund Risikosport«. In: Thomas Alkemeyer/Bernhard Boschert/Robert Schmidt/Gunter Gebauer (Hg.), Aufs Spiel gesetzte Körper. Aufführungen des Sozialen in Sport und populärer Kultur. Konstanz: UVK, 19-36 (siehe Kapitel 3 in diesem Buch).

Bette, Karl-Heinrich, 2004: *X-treme. Zur Soziologie des Abenteuerund Risikosports*. Bielefeld: transcript.

Bette, Karl-Heinrich, 2005: »Risikokörper und Abenteuersport«. In: Markus Schroer (Hg.), Soziologie des Körpers. Frankfurt a.M.: Suhrkamp, 295322 (siehe Kapitel 4 in diesem Buch).

Bette, Karl-Heinrich, 2006: »Doping als transintentionales Konstellationsprodukt«. In: Wolfgang Knörzer/Giselher Spitzer/Gerhard Treutlein (Hg.), Dopingprävention in Europa – Grundlagen und Modelle. Aachen: Meyer & Meyer, 75-91 (siehe Kapitel 7 in diesem Buch) .

Bette, Karl-Heinrich, 2010: *Sportsoziologie*. Bielefeld: transcript.

Bette, Karl-Heinrich/Friedhelm Neidhardt, 1985: *Förderungseinrichtungen im*

Hochleistungssport. Strukturen und Probleme. Schorndorf: Hofmann.

Bette, Karl-Heinrich/Uwe Schimank, 1995a: *Doping im Hochleistungssport. Anpassung durch Abweichung*. Frankfurt a.M.: Suhrkamp.

Bette, Karl-Heinrich/Uwe Schimank, 1995b: »Zuschauerinteressen am Spitzensport – Teilsystemische Modernisierung des gesamtgesellschaftlich Verdrängten«. In: Jochen Hinsching/Frederik Borkenhagen (Hg.), Modernisierung und Sport. Jahrestagung der dvs-Sektion Sportsoziologie vom 14.-16. September 1994 in Greifswald. Sankt Augustin: Academia Verlag, 181-191.

Bette, Karl-Heinrich/Uwe Schimank, 1996a: »Coping mit Doping: die Sportverbände im Organisationsstress«. In: Sportwissenschaft, 26. Jg., Heft 4, 357-382.

Bette, Karl-Heinrich/Uwe Schimank, 1996b: »Auszeit vom Alltag, Freistoß für die Seele«. In: Psychologie heute, Heft 7, 60-65.

Bette, Karl-Heinrich/Uwe Schimank, 1999: »Eigendynamiken der Abweichung. Doping und Terrorismus im Vergleich«. In: Jürgen Gerhards/Ronald Hitzler (Hg.), Eigenwilligkeit und Rationalität sozialer Prozesse. Festschrift zum 65. Geburtstag von Friedhelm Neidhardt. Opladen: Westdeutscher Verlag, 316-335.

Bette, Karl-Heinrich/Uwe Schimank, 2000a: »Doping als Konstellationsprodukt. Eine soziologische Analyse«. In: Michael Gamper/Jan Mühlethaler/Felix Reidhaar (Hg.), Doping. Spitzensport als gesellschaftliches Problem. Zürich: Verlag NZZ, 91-112.

Bette, Karl-Heinrich/Uwe Schimak, 2000b: »Sportevents. Eine Verschränkung von ›erster‹ und ›zweiter Moderne‹«. In: Winfried Gebhardt/Ronald Hitzler/Michaela Pfadenhauer (Hg.), Events. Soziologie des Außergewöhnlichen. Opladen: Leske + Budrich, 307-323.

Bette, Karl-Heinrich/Uwe Schimank, 2006a: *Die Dopingfalle*. Bielefeld: transcript.

Bette, Karl-Heinrich/Uwe Schimank, 2006b: *Doping im Hochleistungssport. Anpassung durch Abweichung*. Frankfurt a.M.: Suhrkamp. Erweiterte

Neuauflage.

Bette, Karl-Heinrich, Uwe Schimank, Ulrike Weber, Dominik Wahlig, 2002: *Biographische Dynamiken im Leistungssport. Möglichkeiten der Dopingprävention im Jugendalter*. Köln: Sport und Buch.

Betts, John Rickards, 1953: »The Technological Revolution and the Rise of Sport, 1850-1900«. In: Mississipi Valley Historical Review, XL, 231-256 (wiederabgedruckt in: John W. Loy, Jr./Gerald S. Kenyon (Hg.), 1969: Sport, Culture, and Society. A Reader on the Sociology of Sport. London: The Macmillan Company, 145-166).

Blanchard, Kendall, 1981: *The Mississippi Choctaws at Play*. Urbana, Illinois: University Press.

Blöbaum, Bernd, 1994: *Journalismus als soziales System. Geschichte, Ausdifferenzierung und Verselbständigung*. Opladen: Westdeutscher Verlag.

Boschert, Bernhard, 1996: »SPIEGEL-Bilder. Beobachtungen zur Sportpräsentation eines Nachrichtenmagazins (1972-1986)«. In: Bernhard Boschert/Gunter Gebauer (Hg.), Texte und Spiele. Sprachspiele des Sports. Sankt Augustin: Academia Verlag, 41-76

Bourdieu, Pierre, 1978: »Sport and Social Class«. In: Social Science Information, Vol. 17, Nr. 6, 819-840.

Bourdieu, Pierre, 1985: »Historische und soziale Voraussetzungen modernen Sports«. In: Merkur, 39. Jg., Heft 7, 575-590.

Bourdieu, Pierre, 1992: »Programm für eine Soziologie des Sports«. In: ders., Rede und Antwort. Frankfurt a.M.: Suhrkamp, 193-207 (ursprünglich Paris 1987).

Bourdieu, Pierre, 1998: *Über das Fernsehen*. Frankfurt a.M.: Suhrkamp.

Burzan, Nicole, Brigitta Lökenhoff, Uwe Schimank, Nadine M. Schöneck, 2008: *Das Publikum der Gesellschaft. Inklusionsverhältnisse und Inklusionsprofile in Deutschland*. Wiesbaden: VS Verlag Wiesbaden.

Buytendijk, Frederik, 1933: *Wesen und Sinn des Spiels. Das Spielen des Menschen und der Tiere als Erscheinungsform der Lebenstriebe*. Berlin: Wolff.

Cachay, Klaus, 1978: *Sportspiel und Sozialisation*. Schorndorf: Hofmann. Cachay, Klaus, 1988: *Sport und Gesellschaft. Zur Ausdifferenzierung einer Funktion und ihrer Folgen*. Schorndorf: Hofmann.

Cachay, Klaus/Ansgar Thiel, 2000: *Soziologie des Sports. Zur Ausdifferenzierung und Entwicklungsdynamik des Sports der modernen Gesellschaft*. Weinheim und München: Juventa.

Caillois, Roger, 1958: *Les jeux et les hommes*. Paris: Gallimard.

Catlin, George, 1841: *Letters and Notes on the Manners, Customs, and Conditions of the North American Indians*. 2 Bände. London: Egyptian Hall, Piccadilly.

Cohen, Stanley/Charles Taylor, 1977: *Ausbruchsversuche. Identität und Widerstand in der modernen Lebenswelt*. Frankfurt a.M.: Suhrkamp (erstmals London 1976).

Coleman, James S., 1986: *Die asymmetrische Gesellschaft. Vom Aufwachsen mit unpersönlichen Systemen*. Weinheim und Basel: Beltz (erstmals 1982).

Conover, Adele, 1997: »Little Brother of War: Lacrosse Sticks were Tools of the Trade in a Rugged Indian Game«. In: Smithsonian, 28/9, 32-34.

Dreitzel, Hans-Peter, 1968: *Die gesellschaftlichen Leiden und das Leiden an der Gesellschaft: eine Pathologie des Alltagslebens*. Stuttgart: Enke Verlag.

Dumazedier, Joffre, 1963: »Contenue culturel du loisir ouvrier dans six villes d' Europe«. In: Revue Francais de Sociologie, 4, 1, 12-21.

Dunning, Eric, 1971a: »Some Conceptual Dilemmas in the Sociology of Sport«. In: Rolf Albonico/Katharina Pfister-Benz (Hg.), Soziologie des Sports. Theoretische und methodologische Grundlagen. Referate des 10. Magglinger Symposiums, durchgeführt vom 7.-13. September 1969. Basel: Birkhäuser Verlag, 34-47.

Dunning, Eric (Hg.), 1971b: *The Sociology of Sport: a Selection of Readings*. London: Cass.

Eisenberg, Christiane, 2008: »Die Fußball-Weltmeisterschaft: Seit wann ist sie ein Weltereignis?« In: Stefan Nacke/René Nacke/Tobias Werron (Hg.), Weltereignisse. Theoretische und empirische Perspektiven. Wiesbaden: VS

Verlag für Sozialwissenschaften, 87-100.

Elias, Norbert, 1939: *Über den Prozeß der Zivilisation. Soziogenetische und psychogenetische Untersuchungen*. 2 Bände. Frankfurt a.M.: Suhrkamp, 5. Auflage, 1978.

Elias, Norbert: 1970: *Was ist Soziologie?* München: Juventa.

Elias, Norbert/Eric Dunning, 1970: »The Quest for Excitement in Unexciting Societies«. In: Günther Lüschen (Hg.), The Cross-Cultural Analysis of Sport and Games. Champaign, IL: Stipes, 31-51.

Elias, Norbert/Eric Dunning, 1979: *Sport im Zivilisationsprozeß. Studien zur Figurationssoziologie*. Münster: LIT Verlag.

Elias, Norbert/Eric Dunning, 2003: *Sport und Spannung im Prozeß der Zivilisation*. Frankfurt a.M.: Suhrkamp.

Elias, Norbert/John L. Scotson, 1990: *Etablierte und Außenseiter*. Frankfurt a.M.: Suhrkamp (erstmals 1965).

Fendrich, Anton, 1914: *Der Sport, der Mensch und der Sportsmensch*. Stuttgart: Franckh'sche Verlagsbuchhandlung.

Fischer, Nanda, 1999: *Sport als Literatur. Traumhelden, Sportgirls und Geschlechterspiele*. Eching: F & B Verlag.

Fiske, John, 1989: *Understanding Popular Culture*. Boston: Unwin Hyman. Fleig, Anne, 2008: *Körperkultur und Moderne. Robert Musils Ästhetik des Sports*. Berlin: de Gruyter.

Foucault, Michel, 1977: *Überwachen und Strafen: die Geburt des Gefängnisses*. Frankfurt a.M.: Suhrkamp (erstmals 1975).

Franck, Georg, 1998: *Ökonomie der Aufmerksamkeit*. München und Wien: Carl Hanser Verlag.

Gebauer, Gunter, 1984: »Hand und Gewissheit«. In: Dietmar Kamper/Christoph Wulf (Hg.), Das Schwinden der Sinne. Frankfurt a.M.: Suhrkamp, 234-260.

Gebauer, Gunter, 1989: »Der erzählte Sport«. In: Nanda Fischer (Hg.), Heldenmythen und Körperqualen. Clausthal-Zellerfeld, 7-24.

Gebauer, Gunter/Thomas Alkemeyer/Bernhard Boschert/Uwe Flick/Robert

Schmidt (Hg.), 2004: *Treue zum Stil. Die aufgeführte Gesellschaft*. Bielefeld: transcript.

Gebauer, Gunter/Stefan Poser/Robert Schmidt/Martin Stern (Hg.), 2006: *Kalkuliertes Risiko. Technik, Spiel und Sport*. Frankfurt a.M. und New York: Campus.

Gehlen, Arnold, 1957: *Die Seele im technischen Zeitalter*. Hamburg: owohlt.

Gissel, Norbert, 2006: »Walter Werner: Ein Institut für Körperkultur an der Universität Gießen (1921)«. In: Jürgen Court/Eckhard Meinberg (Hg.), Klassiker und Wegbereiter der Sportwissenschaft. Stuttgart: Kohlhammer, 105-111.

Goffman, Ervin, 1971: »On Cooling the Mark Out. Some Aspects of Adaptation to Failure«. In: Arnold M. Rose (Hg.), Human Nature and Social Process. London: Routledge, 482-505 (erstmals 1962).

Goffman, Erving, 1986: *Interaktionsrituale. Über Verhalten in direkter Kommunikation*. Frankfurt a.M.: Suhrkamp (erstmals Garden City und New York 1967).

Göbel, Markus/Johannes F. K. Schmidt, 1998: »Inklusion/Exklusion: Karriere, Probleme und Differenzierungen eines systemtheoretischen Begriffspaares«. In: Soziale Systeme 1, 87-118.

Görtz, Franz Josef, 1996: »›Dichter, übt euch im Weitsprung‹. Sport und Literatur im 20. Jahrhundert«. In: Hans Sarkowicz (Hg.), Schneller, Höher, Weiter. Eine Geschichte des Sports. Frankfurt a.M.: Insel Verlag, 342355.

Gross, Peter, 1994: *Die Multioptionsgesellschaft*. Frankfurt a.M.: Suhrkamp.

Gross, Peter, 2000: »One world is not enough«. In: du. Die Zeitschrift der Kultur, Heft 707, 2-5.

Gugutzer, Robert, 2005: »Und sie bewegt sich doch! Neue Impulse für und durch die Soziologie des Sports«. In: Soziologische Revue, 28. Jg., 109119.

Gumbrecht, Hans Ulrich 2003: *1926. Ein Jahr am Rand der Zeit*. Frankfurt a.M.: Suhrkamp.

Habermas, Jürgen, 1958: »Soziologische Notizen zum Verhältnis von Arbeit und Freizeit«. In: Gerhard Funke (Hg.), Konkrete Vernunft. Festschrift für Erich Rothacker. Bonn: Athenäum, 219-231. Wiederveröffentlicht in: Helmuth Plessner/Hans Eberhard Bock/Ommo Grupe (Hg.), Sport und Leibeserziehung. München: Piper 1967, 28-46.

Habermas, Jürgen, 1975: »Nachwort«. In: Helmuth Plessner/Hans Eberhard Bock/Ommo Grupe (Hg.), Sport und Leibeserziehung. München: Piper. 4. Auflage, 121.

Hahn, Alois, 2000: *Konstruktion des Selbst, der Welt und der Geschichte*. Frankfurt a.M.: Suhrkamp.

Hahn, Erwin/Gunter A. Pilz/Hans J. Stollenwerk/Kurt Weis, 1988: *Fanverhalten, Massenmedien und Gewalt im Sport*. Schorndorf: Hofmann.

Hammer, Fritz, 1933: *Der Massensport. Versuch einer soziologischen Analyse seiner Bedingungen und Erscheinungsweise*. Heidelberg: Carl Winter.

Hammerich, Kurt/Klaus Heinemann (Hg.), 1975: *Texte zur Soziologie des Sports. Sammlung fremdsprachiger Beiträge*. Schorndorf: Hofmann.

Hartmann-Tews, Ilse/Gertrud Pfister (Hg.), 2003: *Sport and Women. Social issues in international perspective*. London und New York: Routledge.

Heinilä, Kalevi, 1982: »The Totalization Process in International Sport«. In: Sportwissenschaft 12, 235-254.

Hirsch, Fred, 1976: *Social Limits to Growth*. London: Routledge.

Hopf, Wilhelm, 1985: »Sport ohne Rekord? Nachwort zu: Maria Kloeren, 1935: Sport und Rekord. Kultursoziologische Untersuchungen zum Eng-land des sechzehnten bis achtzehnten Jahrhunderts«. Reprint. Münster: LIT Verlag, 295-298.

Horton, Donald/Richard R. Wohl, 1956: »Mass Communication and Parasocial Interaction: Observations on Intimacy at a Distance«. In: Psychiatry 19, 215-229.

Howard, George Elliot, 1912: »Social Psychology of the Spectator«. In: The American Journal of Sociology, 18. Jg., 33-50.

Huizinga, Johan, 1938: *Homo ludens. Vom Ursprung der Kultur im Spiel.*

Amsterdam: Pantheon (zitiert nach Reinbek bei Hamburg: Rowohlt 2006).

Hutter, Michael/Gunther Teubner, 1994: »Der Gesellschaft fette Beute. Homo juridicus und Homo oeconomicus als kommunikationserhaltende Fiktionen«. In: Peter Fuchs/Andreas Göbel (Hg.), Der Mensch – das Medium der Gesellschaft? Frankfurt a.M.: Suhrkamp, 110-145.

Jefferson, Tony, 1997: »›Härter als alle anderen‹: Mike Tyson und die zerstörerischen Antriebe von Männlichkeit«. In: Joachim Kersten/Heinz Steinert (Hg.), Starke Typen: Iron Mike, Dirty Harry, Crocodile Dundee und der Alltag von Männlichkeit. Baden-Baden: Nomos, 101-119.

Kasson, John F., 2001: *Houdini, Tarzan and the Perfect Man. The white male body and the challenge of modernity in America*. New York: Hill and Wang.

Kenyon, Gerald S., 1966: »A Sociology of Sport: On Becoming a Sub-Disziplin«. Paper presented at the History and Philosophy Section, AAHPER National Convention. Chicago, March 18.

Kepplinger, Hans Mathias, 1992: *Ereignismanagement. Wirklichkeit und Massenmedien*. Zürich: Edition Interfrom.

Kern, Stephen, 1983: *The Culture of Time and Space 1880-1918*. Cambridge, Massachusetts und London, England: Harvard University Press.

Kessel, Martina, 1996: »›Balance der Gefühle‹. Langeweile im 19. Jahrhundert«. In: Historische Anthropologie, 4. Jg., Heft 2, 234-255.

Kieserling, André, 1999: *Kommunikation unter Anwesenden. Studien über Interaktionssysteme*. Frankfurt a.M.: Suhrkamp.

Kloeren, Maria, 1935: *Sport und Rekord. Kultursoziologische Untersuchungen zum England des sechzehnten bis achtzehnten Jahrhunderts*. Münster: LIT Verlag 1985.

Krafft, Ernst, 1925: *Vom Kampfrekord zum Massensport. Umrisse einer Geschichte des Sports*. Berlin: I. H. W. Dietz Nachfolger.

Latten, Willy, 1934: »Die Bürokratisierung im Sport«. In: Kölner Vierteljahreshefte für Soziologie, 12. Jg., 297-304.

Le Breton, David, 1991: *Passions du Risque*. Paris: Éditions Métailié (deutsche

Ausgabe: *Lust am Risiko*. Frankfurt a.M.: dipa-Verlag 1995).

Lepsius, M. Rainer, 1979: »Die Entwicklung der Soziologie nach dem Zweiten Weltkrieg 1945 bis 1967«. In: Günther Lüschen (Hg.), Deutsche Soziologie seit 1945. Sonderheft 21 der Kölner Zeitschrift für Soziologie und Sozialpsychologie. Opladen: Westdeutscher Verlag, 25-70.

Linde, Hans, 1967: »Zur Soziologie des Sports. Versuch einer empirischen Kritik soziologischer Theoreme«. In: Helmuth Plessner/Hans Eberhard Bock/ Ommo Grupe (Hg.), Sport und Leibeserziehung. München: Piper, 103-120 (zitiert nach der 4. Auflage 1975).

Linde, Hans/Klaus Heinemann, 1968: Leistungsengagement und Sportinteresse. Eine empirische Studie zur Stellung des Sports im betrieblichen und schulischen Leistungsumfeld. Schorndorf: Hofmann.

Lindner, Rolf/Heinrich Th. Breuer, 1978: *›Sind doch nicht alle eckenbauers‹*. Frankfurt a.M.: Syndikat Verlag.

Lipp, Wolfgang, 1993: »Charisma – Schuld und Gnade. Soziale Konstruktion, Kulturdynamik, Handlungsdrama«. In: Winfried Gebhardt/Arnold Zingerle/ Michael N. Ebertz (Hg.), Charisma. Theorie Religion Politik. Berlin und New York: de Gruyter, 15-32.

Loy, John W./Gerald S. Kenyon, 1969: *Sport, Culture, and Society. A Reader on the Sociology of Sport*. London: The Macmillan Company.

Luhmann, Niklas, 1964: *Funktionen und Folgen formaler Organisationen*. Berlin: Duncker & Humblot.

Luhmann, Niklas, 1970: »Selbststeuerung der Wissenschaft«. In: Niklas Luhmann, Soziologische Aufklärung Band 1. Opladen: Westdeutscher Verlag, 232-252.

Luhmann, Niklas, 1975a: »Einführende Bemerkungen zu einer Theorie symbolisch generalisierter Steuerungsmedien«. In: ders., Soziologische Aufklärung Band 2. Opladen: Westdeutscher Verlag, 170-192.

Luhmann, Niklas, 1975b: »Interaktion, Organisation, Gesellschaft«. In: ders., Soziologische Aufklärung Band 2. Opladen: Westdeutscher Verlag, 9-20.

Luhmann, Niklas, 1981a: »Unverständliche Wissenschaft. Probleme einer theorieeigenen Sprache«. In: ders., Soziologische Aufklärung Band 3. Opladen: Westdeutscher Verlag, 170-177.

Luhmann, Niklas, 1981b: »Die Unwahrscheinlichkeit der Kommunikation«. In: ders., Soziologische Aufklärung Band 3. Opladen: Westdeutscher Verlag, 25-34.

Luhmann, Niklas, 1983: »Anspruchsinflation im Krankheitssystem. Eine Stellungnahme aus gesellschaftstheoretischer Sicht«. In: Philipp Herder-Dorneich/Alexander Schuller (Hg.), Die Anspruchsspirale. Schicksal oder Systemdefekt. Stuttgart, Berlin, Köln, Mainz: Kohlhammer, 28-49.

Luhmann, Niklas, 1984: *Soziale Systeme. Grundriß einer allgemeinen Theorie.* Frankfurt a.M.: Suhrkamp.

Luhmann, Niklas, 1995: »Was ist Kommunikation?« In: ders., Soziologische Aufklärung Band 6. Opladen: Westdeutscher Verlag, 113-124.

Luhmann, Niklas, 1996: *Die Realität der Massenmedien.* Opladen: Westdeutscher Verlag.

Luhmann, Niklas, 1997: *Die Gesellschaft der Gesellschaft.* 2 Bände, Frankfurt a.M.: Suhrkamp.

Luhmann, Niklas, 2000: *Politik der Gesellschaft.* Frankfurt a.M.: Suhrkamp.

Lüschen, Günther, 1959: *Die Lebenslage der Turnfestjugend und ihre Stellung in der Gesellschaft.* Dissertation Graz.

Lüschen, Günther, 1960: »Prolegomena zu einer Soziologie des Sports«. In: Kölner Zeitschrift für Soziologie und Sozialpsychologie, 12. Jg., Heft 3, 505-515.

Lüschen, Günther, 1975: »The Development and Scope of a Sociology of Sport«. In: American Correctional Therapy, Vol. 29, No. 2, Sonderdruck ohne Seitenangaben.

Lüschen, Günther, 1980: »Sociology of Sport: Development, Present State, and Prospects«. In: Annual Reviews of Sociology, 6, 315-347.

Lüschen, Günther, 2006: »Heinz Risse: Soziologie des Sports (1921)«. In: Jürgen Court/Eckhard Meinberg (Hg.), Klassiker und Wegbereiter der

Sportwissenschaft. Stuttgart: W. Kohlhammer, 87-94.

Lüschen, Günther/Kurt Weis (Hg.), 1976: *Die Soziologie des Sports*. Darmstadt und Neuwied: Luchterhand.

Lüschen, Günther/George H. Sage (Hg.), 1981: *Handbook of Social Science of Sport (with an international classified bibliography)*. Champaign, IL.: Stipes Publishing Company.

Magnane, Georges, 1964: *Sociologie du Sport*. Paris: Gallimard.

Mannheim, Karl, 1935: Mensch und Gesellschaft im Zeitalter des Umbruchs. Leiden: A. W. Sijhoff; zitiert nach der 1958 von der Wissenschaftlichen Buchgesellschaft in Darmstadt veröffentlichten Fassung.

Mattenklott, Gerd, 1983: *Der übersinnliche Leib. Beiträge zur Metaphysik des Körpers*. Reinbek bei Hamburg: Rowohlt.

Märtin, Ralf-Peter, 2006: »Heinrich Steinitzer: Sport und Kultur. Mit besonderer Berücksichtigung des Bergsports (1910)«. In: Jürgen Court/Eckhard Meinberg (Hg.), Klassiker und Wegbereiter der Sportwissenschaft. Stuttgart: Kohlhammer, 50-60.

Mead, George Herbert, 1934: *Mind, Self, and Society*. Chicago: University of Chicago Press (zitiert nach der deutschen Ausgabe. Frankfurt a.M.: Suhrkamp 1980).

Merton, Robert K., 1968: »Social Structure and Anomie«. In: ders., Social Theory and social Structure. New York: Free Press, 184-214 (erstmals 1949).

Messner, Reinhold, 1991: *Die Freiheit, aufzubrechen, wohin ich will. Ein Bergsteigerleben*. München und Zürich: Piper.

Messner, Reinhold, 2002: *Everest solo. Der gläserne Horizont*. Frankfurt a.M.: Fischer Verlag, 2. Auflage.

Meyer, Ulfilas, 2003: *Born to run. Zum Laufen geboren. Aus dem Leben des Extremläufers Achim Heukemes*. Reinbek bei Hamburg: Rowohlt.

Mills, C. Wright, 1953: »Introduction to the Mentor Edition«. In: Thorstein Veblen, The Theory of the Leisure Class. An Economic Study of Institutions. New York und Scarborough (ursprünglich New York: The Macmillan

Company 1899), VIXIX.

Mumford, Lewis, 1934: *Technics and Civilization*. New York: Harcourt, Brace and Company.

Nye, Robert A. (1982): »Degeneration, Neurasthenia and the Culture of Sport in Belle Epoque France«. In: Journal of Contemporary History, 17. Jg., 51-68.

Parry, Albert, 1934: »Sports«. In: Encyclopedia of the Social Sciences. Bd. 14. New York: Macmillan, 305-308.

Perrow, Charles, 1984: *Normal Accidents*. New York: Basic Books.

Pilz, Gunter A. (Hg.), 1982: *Sport und körperliche Gewalt*. Reinbek bei Hamburg: Rowohlt.

Pilz, Gunter A., 1994: »Sportsoziologie«. In: Harald Kerber/Arnold Schmieder (Hg.), Spezielle Soziologien. Problemfelder, Forschungsbereiche, Anwendungsorientierungen. Reinbek bei Hamburg: Rowohlt, 443-455.

Plessner, Helmuth, 1952: »Soziologie des Sports. Stellung und Bedeutung des Sports in der modernen Gesellschaft«. In: Deutsche Universitätszeitung, 7. Jg., Heft 22, 9-11 und Heft 23/24, 12-14.

Plessner, Helmuth, 1956: »Die Funktion des Sports in der Industriellen Gesellschaft«. In: Wissenschaft und Weltbild, 9, 262-274.

Plessner, Helmuth, 1967a: »Spiel und Sport«. In: ders./Hans-Erhard Bock/Ommo Grupe (Hg.), Sport und Leibeserziehung. München: Piper 1975, 1727 (Wiederabdruck der Artikel aus den Jahren 1952 und 1956).

Plessner, Helmuth, 1967b: »Nachwort«. In: ders./Hans-Erhard Bock/Ommo Grupe (Hg.), Sport und Leibeserziehung. München: Piper, 121-122 (zitiert nach der 4. Auflage. München: Piper 1975).

Popitz, Heinrich, 1995: *Der Aufbruch zur Artifiziellen Gesellschaft*. Tübingen: J.C.B. Mohr.

Porter, Roy, 2001: »Nervousness, Eighteenth and Nineteenth Century Style: From Luxury to Labor«. In: Marijke Gijswijt-Hofstra/Roy Porter (Hg.), Cultures of Neurasthenia. From Beard to the First World War. Amsterdam und New York: Rodopi, 31-49.

Radkau, Joachim, 1998: *Das Zeitalter der Nervosität. Deutschland zwischen Bismarck und Hitler*. Darmstadt: Wissenschaftliche Buchgesellschaft.

Riedl, Lars/Klaus Cachay, 2007: »Sportwissenschaft und Schulsport: Trends und Orientierungen (8): Sportsoziologie«. In: Sportunterricht, 56. Jg., Heft 12, 355-365.

Riess, Stephan A., 1995: *Sport in Industrial America 1850-1920*. Wheeling, IL: Harlan Davidson.

Risse, Heinz, 1921: *Soziologie des Sports*. Berlin: Reher (zitiert nach der Ausgabe Münster: LIT Verlag 1979).

Risse, Heinz, 1984: *Der Diebstahl und andere Nachrichten aus der Soziologie des Sports, der Moral und der Sprache*. Vastorf: Merlin.

Rittner, Volker, 1983: »Zur Soziologie körperbetonter sozialer Systeme«. In: Sonderheft 25 der Kölner Zeitschrift für Soziologie und Sozialpsychologie, hrsg. von Friedhelm Neidhardt, 233-255.

Rittner, Volker, 1984: »Körper und Sport«. In: Klaus Carl/Heinz Mechling/Wulf Preising (Hg.), Handbuch Sport. Wissenschaftliche Grundlagen von Unterricht und Training Bd. 2. Düsseldorf: Schwann, 607-620.

Rittner, Volker, 1985: »Sport und Gesundheit. Zur Ausdifferenzierung des Gesundheitsmotivs«. In: Sportwissenschaft, 15. Jg., Heft 2, 136-154.

Ritzer, George, 1993: *The McDonaldization of Society*. Thousand Oaks: Pine Forge Press.

Rosenberg, Edwin, 1984: »Athletic Retirement as Social Death«. In: Nancy Theberge/Peter Donnelly (Hg.), Sport and the sociological Imagination. Toronto, 245-258.

Salter, Michael A., 1977: »Play in Ritual: An Ethnohistorical Overview of Native North America«. In: Stadion 3, 230-243.

Sandow, Eugen, 1904: *Kraft und wie man sie erlangt*. Berlin: Gustav Möckel. Reprint nach der Originalausgabe. Hannover: Verlag Th. Schäfer 1993.

Schenkel, Elmar, 2006: »Eduard Bertz: Philosophie des Fahrrads (1900)«. In: Jürgen Court/Eckhard Meinberg (Hg.), Klassiker und Wegbereiter der

Sportwissenschaft. Stuttgart: W. Kohlhammer, 31-36.

Schimank, Uwe, 1988: »Die Entwicklung des Sports zum gesellschaftlichen Teilsystem«. In: Renate Mayntz u.a., Differenzierung und Verselbständigung. Zur Entwicklung gesellschaftlicher Teilsysteme. Frankfurt a.M.: Campus, 181-232.

Schimank, Uwe, 2000a: *Handeln und Strukturen. Einführung in die akteurtheoretische Soziologie*. Weinheim und München: Juventa.

Schimank, Uwe, 2000b: »Das ›stahlharte Gehäuse der Hörigkeit‹, revisited – James Colemans ›asymmetrische Gesellschaft‹«. In: Uwe Schimank/Ute Volkmann (Hg.), Soziologische Gegenwartsdiagnosen I. Opladen: Leske und Budrich, 239-254.

Schimank, Uwe, 2001a: »Die gesellschaftliche Entbehrlichkeit des Spitzensports und das Dopingproblem«. In: Helmut Digel (Hg.), Spitzensport: Chancen und Probleme. Schorndorf: Hofmann, 12-25.

Schimank, Uwe, 2001b: »Organisationsgesellschaft«. In: Georg Kneer/Armin Nassehi/Markus Schroer (Hg.), Klassische Gesellschaftsbegriffe der Soziologie. München: Wilhelm Fink Verlag, 278-307.

Schmidt, Robert, 2002: *Pop – Sport – Kultur. Praxisformen körperlicher Aufführungen*. Konstanz: UVK.

Schneider, Gerhard, 1968: *Puritanismus und Leibesübungen*. Schorndorf: Hofmann.

Schöffler, Herbert, 1935: *England, das Land des Sportes*. Reprint LIT Verlag, Münster 1986.

Schwier, Jürgen, 2000: *Sport als populäre Kultur. Sport, Medien und Cultural Studies*. Hamburg: Czwalina.

Schwier, Jürgen (Hg.), 2002: *Mediensport. Ein einführendes Handbuch*. Schorndorf: Schneider Verlag Hohengehren.

Sennett, Richard, 1983: *Verfall und Ende des öffentlichen Lebens*. Frankfurt a.M.: Fischer (erstmals New York: Alfred A. Knopf 1977).

Serres, Michel, 1981: *Der Parasit*. Frankfurt a.M.: Suhrkamp.

Simmel, Georg, 1903: »Die Großstädte und das Geistesleben«. In: ders., Brücke und Tür. Essays des Philosophen zur Geschichte, Religion und Gesellschaft. Im Verein mit Margarete Susmann, herausgegeben von Michael Landmann. Stuttgart: Duncker & Humblot 1957, 227-242.

Simmel, Georg, 1908: »Der Streit«. In: ders., Soziologie. Untersuchungen über die Formen der Vergesellschaftung. Berlin: Duncker & Humblot (zitiert nach der 6. Auflage 1983).

Simmel Georg, 1911: »Das Abenteuer«. In: ders, Philosophische Kultur. Gesammelte Essais. Leipzig (zitiert nach der 1998 im Verlag Klaus Wagenbach/Berlin publizierten Ausgabe, 25-38).

Simon, Fritz B., 1993: *Meine Psychose, mein Fahrrad und ich. Zur Selbstorganisation von Verrücktheit*. Heidelberg: Carl Auer Verlag, erstmals 1990.

Simon, Fritz B., 1997: *Die Kunst, nicht zu lernen. Und andere Paradoxien in Psychotherapie, Management, Politik*. Heidelberg: Carl Auer Verlag.

Sloterdijk, Peter, 1998: *Der starke Grund, zusammen zu sein*. Frankfurt a.M.: Suhrkamp.

Spencer, Herbert, 1861: *Education: Intellectual, Moral und Physical*. London: Williams and Norgate.

Stammler, Rudolf, 1906: Wirtschaft und Recht nach der materialistischen Geschichtsauffassung. Eine sozialphilosophische Untersuchung. Leipzig: Veith & Co, zweite verbesserte Auflage.

Steinitzer, Heinrich, 1910: *Sport und Kultur. Mit besonderer Berücksichtigung des Bergsports*. München: Verlag der Deutschen Alpenzeitung.

Stichweh, Rudolf, 2005: »Der Wettkampfsport und sein Publikum: Risikoverhalten und Selbstbegrenzung im modernen Hochleistungssport«. In: ders., Inklusion und Exklusion. Studien zur Gesellschaftstheorie. Bielefeld: transcript, 113-129.

Strauß, Bernd, 1994: »Orientierungen von Sportzuschauern«. In: Psychologie und Sport. Zeitschrift für Sportpsychologie, 8. Jg., 19-25.

Sutton-Smith, Brian, 1972: *The Folkgames of Children*. Austin und London: University of Texas Press.

Sutton-Smith, Brian, 1978: *Dialektik des Spiels. Eine Theorie des Spiels, der Spiele und des Sports*. Schorndorf: Hofmann.

Teubner, Gunther/Helmut Willke, 1984: »Kontext und Autonomie: Gesellschaftliche Selbststeuerung durch reflexives Recht«. In: Zeitschrift für Rechtssoziologie, 5 Jg., Heft 1, 4-35.

Thiel, Ansgar, 1997: *Steuerung im organisierten Sport. Ansätze und Perspektiven*. Stuttgart: Naglschmid.

Thiel, Ansgar, 2002: *Konflikte in Sportspielmannschaften des Spitzensports. Entstehung und Management*. Schorndorf: Hofmann.

Touraine, Alain, 1995: *Critique of Modernity*. Oxford: Blackwell.

Triplett, Norman, 1898: »The dynamogenic factors of pacemaking and competition«. In: American Journal of Psychology, 9. Jg., Heft 4, 507-533.

Tyler, Edward Burnett, 1879: »The History of Games«. In: The Forthnightly Review. London: Chapman and Hall, Jan. 1 June 1, 735-747. Wiederabgedruckt in: Elliott M. Avedon/Brian Sutton-Smith (Hg.), The Study of Games. New York et al.: John Wiley and Sons, 63-93.

Tyler, Edward Burnett, 1896: »On American Lot-Games, as Evidence of Asiatic Intercourse Before the Time of Columbus«. In: Supplement to International Archives for Ethnographie, 9, 56-66. Wiederabgedruckt in: Elliott M. Avedon/Brian Sutton-Smith (Hg.), The Study of Games. New York et al.: John Wiley and Sons, 77-93.

Veblen, Thorstein, 1899: *The Theory of the Leisure Class*. New York: The Macmillan Company (zitiert nach der Mentor Ausgabe von 1953).

Vennum, Thomas, 1994: *American Indian Lacrosse. Little Brother of War*. Washington: Smithsonian Press.

Vierkandt, Alfred, 1931: »Sittlichkeit«. In: ders. (Hg.), Handwörterbuch der Soziologie. Stuttgart: Enke, 533-545.

Voigt, Dieter, 1975: *Soziologie in der DDR*. Köln: Verlag Wissenschaft und

Politik.

Voigt, Dieter/Frank Thieme, 1993: »Zum Entwicklungsstand der Sportsoziologie in Deutschland«. In: Soziologie, Heft 2, 129-139.

Wacquant, Loïc (2003): Leben für den Ring. Boxen im amerikanischen Ghetto. Konstanz: UVK.

Weber, Max, 1920: *Gesammelte Aufsätze zur Religionssoziologie I*. Tübingen: Mohr (zitiert nach der 9. Auflage. Tübingen: Mohr 1988).

Weber Max, 1922: *Aufsätze zur Wissenschaftslehre*. Tübingen: Mohr (zitiert nach der 8. Auflage. Tübingen: Mohr 1988).

Wedemeyer-Kolwe, Bernd, 2004: *»Der neue Mensch«. Körperkultur im Kaiserreich und in der Weimarer Republik*. Würzburg: Königshausen & Neumann.

Werron, Tobias, 2010: *Der Weltsport und sein Publikum*. Weilerswist: Velbrück.

Weyh, Florian Felix, 1999: *Die ferne Haut. Wider die Berührungsangst*. Berlin: Aufbau Verlag.

Willke, Helmut, 1982: *Systemtheorie I: Grundlagen*. Stuttgart: Lucius & Lucius.

Willke, Helmut, 1989: *Systemtheorie entwickelter Gesellschaften*. Weinheim und München: Juventa.

Willke, Helmut, 1994: *Systemtheorie II: Interventionstheorie*. Stuttgart: Lucius & Lucius.

Willke, Helmut, 1995: *Systemtheorie III: Steuerungstheorie*. Stuttgart: Lucius & Lucius.

Willke, Helmut, 1998: *Systemisches Wissensmanagement*. Stuttgart: Lucius & Lucius.

Winter, Rainer/Lothar Mikos (Hg.), 2001: *Die Fabrikation des Populären. Der John Fiske-Reader*. Bielefeld: transcript.

Wirkus, Bernd, 1996: *Deutsche Sozialphilosophie in der ersten Hälfte des 20. Jahrhunderts*. Darmstadt: Wissenschaftliche Buchgesellschaft.

Zijderveld, Anton C., 1970: *The Abstract Society. A Cultural Analysis of our* Time. Harmondsworth: Penguin.

Zimmermann, Martin, 1996: »›Erzähl' Geschichten…!‹ Über den Sport als Report«. In: Bernhard Boschert/Gunter Gebauer (Hg.), Texte und Spiele. Sprachspiele des Sports. Sankt Augustin: Academia Verlag, 77-94.

后　记

本书的各章都是基于笔者近年来在不同地点和不同场合所撰写的文章。笔者对本书的所有文章都做了仔细审查，删去了重复性内容，并对部分内容做了必要补充。此外，为便于读者理解文章，笔者还插入了相应的图。本书的第五章、第六章和第七章得益于笔者近年来与乌韦·席曼克（Uwe Schimank）所合作的极具收获的研究。此外，笔者还要向马库斯·施罗尔（Markus Schroer）表示感谢，正是他在多年前对笔者进行鼓励，建议笔者撰写有关体育社会学的概论。在原计划外，笔者对第八章的内容进行了大幅修改和补充，最终的成稿即 Transcript 出版社于2010 年出版的这本书。虽然安排了阅读顺序，但事实上，本书中的任何一章都可以单独阅读。因此，读者无须从头读至最后，可以享受“随性”翻阅的便利。